Präsenz im Heute Gottes

TVZ

Samuel Jakob (Hg.)

Präsenz im Heute Gottes

Impulse für eine Spiritualität auf den Spuren von Josua Boesch

T V Z

Theologischer Verlag Zürich

Publiziert mit freundlicher Unterstützung des Fördervereins Josua Boesch und der Evangelisch-reformierten Kirche des Kantons Zürich.

Der Theologische Verlag Zürich wird vom Bundesamt für Kultur für die Jahre 2021–2024 unterstützt.

Bibliografische Informationen der Deutschen Nationalbibliothek

Die Deutsche Nationalbibliothek verzeichnet diese Publikation in der Deutschen Nationalbibliografie; detaillierte bibliografische Daten sind im Internet über http://dnb.dnb.de abrufbar.

Umschlaggestaltung
Mario Moths, Marl

Titelbild
Josua Boesch, Der Seiltänzer, 1985

Ikonen im Innenteil (wo nicht anders angegegeben): Josua Boesch
Fotos: Doro Röthlisberger, Marcel Egli und Veronika Kuhn

Druck
AZ Druck und Datentechnik GmbH, Kempten

ISBN 978-3-290-18482-7 (Print)
ISBN 978-3-290-18483-4 (E-Book: PDF)

Zum Titelbild

Ikone *Der Seiltänzer* von Josua Boesch

«Der neue Mensch
geht auf dem Seil.
Nur Schritt für Schritt.
Er schaut nicht rückwärts,
nicht nach vorn,
nur auf das Seil
und auf den Fuss, der tastend geht
zum DU hinüber.»

Die Abbildung der Ikone, die 1985 entstand, dieser Text und ein Kommentar von ihm sind zu finden in: Josua Boesch, arte contemplativa, Heilkraft aus dem Schauen (Neuauflage Zürich 2022, 52–55).

Inhalt

Vorwort

Ich freue mich sehr über diesen Sammelband mit neuen Texten anlässlich des 100. Geburtstags von Josua Boesch. Er vermag durch seine Komposition etwas von dem abzubilden, was Josua Boesch ein tiefes Anliegen war: Eine integre Spiritualität, Dialog und Brückenbauen. Auf den folgenden Seiten treten Menschen in den Dialog mit ihm, und vermitteln uns verschiedene Perspektiven auf diesen Schweizer Theologen, Künstler, Mystiker und Lyriker. Sie zeigen auf, worin Boeschs bleibende Aktualität und seine Anziehungskraft in unserer Gegenwart liegt.

Selber bin ich Josua Boesch zum ersten Mal über eine seiner Ikonen begegnet. Es war eine Inspiration. Beim Aufenthalt im Bildungszentrum Mattli traf ich fasziniert auf sein «Leeres Kreuz». Das bronzengoldene Metallkreuz, das einen zuerst meinen lässt, es hinge an ihm eine dunkle, nur schematisch dargestellte Christusfigur. Wer sich dem Christus aber nähert und das Kruzifix genauer betrachtet, stellt fest, dass gar keine Christusfigur auf das Kreuz appliziert ist. Sie ist ausgespart. Man sieht durch das Kreuz hindurch. Christus ist präsent, indem er ausgesägt und weggenommen worden ist.

Dieses Kruzifix steht nicht für eine grausame Folterungsszene und verkündet nicht den Tod als tragische Ungerechtigkeit über das Leben. Kein geschundener Leib hängt an diesem Kreuz, den wir instinktiv befreien und retten möchten. Gleichzeitig ist das Kreuz nicht einfach leer, sondern wird zu einem Symbol für die Hoffnung auf den lebendigen und auferstandenen Christus. Unser Auge nimmt den Kontrast wahr. Das Gehirn setzt das Bild zusammen und sieht den Christus. Und das Herz weiss: Er ist nicht mehr da. Er ist auferstanden!

Darin liegt für mich die Kraft des künstlerischen Ausdrucks von Josua Boesch: Seine Ikone leitet meinen Blick, gibt mir etwas zu sehen – und zu verstehen. Im Dialog zwischen meinem Blick und meinem Glauben wird sie zu einem Bild des Auferstandenen. Ich könnte auch nur eine Aussparung erkennen. Oder eine kunsthandwerklich geschickte Christusdarstellung. Erst in der Verbindung zwischen Kunstwerk und dem, was ich sehen kann, und dem, was ich nicht sehen, sondern nur glauben kann, entsteht diese Lebendigkeit. Dadurch öffnet sich mir im Kreuz das Leben; durch diese Öffnung kann ich mein Leben und das was wir sind, anders sehen – ins rechte Bild gerückt.

Bekanntlich hat Boesch damit gehadert, Theologe zu sein. Es war eine Befreiung für ihn, dies nicht mehr sein zu müssen, sondern ein «Theophil» zu sein. Ein Freund Gottes. Mir scheint, dass darin seine Gegenwärtigkeit liegt. Nicht zu sagen, wie es ist, sondern ein bleibendes Gegenüber zu sein, das unser eigenes Leben und Sein ins Bild rückt, uns die richtigen Fragen stellt, die Fragen, die uns helfen, uns selbst als Freundinnen und Freunde Gottes in den Blick zu bekommen. Als theophiler Theologe, der einlädt, unseren Glauben mit seinen Ikonen und Texten in Dialog zu setzen, war er seiner Zeit weit voraus.

Hoffentlich bieten dieses Jubiläum und dieser reiche Sammelband einem breiteren Publikum Anlass, sich dieser behutsamen Fragebewegung hinzugeben, zu antworten und damit das, was an Boesch theophil war, lebendig zu erhalten. Möge sein Werk uns in diese Ruhe und Gottesnähe führen, wie er sie in seiner Übersetzung und Übertragung des Psalm 23 beschreibt:

> «Deet git er mir d seel wider zrugg,
> dass i de wääg wider finde, hinderem drii.
> ER wott mich ganz nööch bi siich haa.»

Rita Famos, Präsidentin Evangelisch-reformierte Kirche Schweiz

Einleitung

Josua Boeschs Weg und Werk überzeugen auch heute. Wie viele Menschen damals, ab den 1980er Jahren, nachdem er 1979 das Pfarramt verlassen hatte, um im Eremitenkloster Camaldoli in der Toskana ein Leben in der Stille zu führen. Was er mit dem, was ihn vorher schon beschäftigte, in dieser Stille aus der Tiefe klärte und schöpfte – in Bild und Wort – ist unverbraucht frisch, auch zehn Jahre nach seinem Tod. Es inspiriert auch heute. So die Autorinnen und Autoren der Texte in diesem Sammelband, der aus Anlass seines 100. Geburtstags erscheint. Einige haben Josua Boesch persönlich gekannt, für andere ist es eine erste Begegnung mit ihm, d. h. mit seinem schmalen, jedoch gewichtigen Werk, das im Verlag TVZ zeitgleich in aktualisierten Neuauflagen erscheint.

Josua Boesch war die Ökumene wichtig, die Versöhnung des Männlichen mit dem Weiblichen, der Dialog zwischen Theologie und Psychologie, der aufrechte Gang, sei es der Gang des Einzelnen oder das aufrechte Miteinander in einer Gesellschaft, in der es «geschwisterlich» zugeht: Frieden statt *Kain gegen Abel* – ein Urkonflikt der Menschheit bis heute, solange man den Schatten im Aussen, und nicht in sich selber erkennt.

Diese Themen führten zur Auswahl der Autorinnen und Autoren, die sich hier in einer breiten Palette im Dialog mit Josua Boesch zu Worte melden: mit theologischen und spirituellen Texten aus den drei grossen christlichen Traditionen, ergänzt mit psychologischen und weiteren Beiträgen aus anderen Perspektiven, Stimmen von Frauen und Männern. Josua Boesch litt unter der «alten Welt», auch des bisherigen Christentums. Er träumte von einer «neuen», einer zutiefst biblisch-jesuanischen. Er zog aus, aus alten Denk- und Erlebensmustern, suchte und fand neue – und nimmt uns mit auf eine Reise, die auch heute eine Suchspur von vielen ist – sein muss, angesichts der Realitäten, in denen wir leben.

Zu den Beiträgen in diesem Sammelband

Im ersten Text erinnert sich Josua Boeschs Tochter *Verena Frei-Boesch* an ihre Familienzeit – und die Stationen ihres Vaters im Pfarramt. Schon früh sucht er als junger Pfarrer ab den 1960er-Jahren nach neuen Wegen im kirchlichen Alltag: mehr direkte Nähe, mehr Dialog, Predigten und Liturgie in Mundart (und ohne Talar) … sein Herz schlägt vor allem für die Jugendlichen. Er wittert neue Projekte, engagiert sich zuerst in Buchthalen/Schaffhausen für ein neuartiges Gemeindezentrum, vergeblich, dann für die Erweckung des ehemaligen Zisterzienserklosters in Kappel am Albis zu neuem geistlichem Leben. In Affoltern a. A. verbindet er nach seinem 50. Geburtstag den Pfarrer mit dem Künstler, richtet sich eine eigene Gold- und Silberschmied-Werkstatt ein. 1975 erfolgt die Scheidung, nachdem Tochter und Sohn selbstständig geworden sind, er reduziert sein Pfarramt auf eine halbe Stelle – damals ein Novum, was ihm als erstem Pfarrer in der Zürcher Kirche bewilligt wird –, auch um sich vermehrt ins Projekt Kappel einzubringen. 1977 leitet er in der dortigen «Experimentierphase» Meditationen für Einzelne und Gruppen an, bewirbt sich für die neu geschaffene Stelle als Leiter für die «Aufbauphase Kappel», jedoch erfolglos. Als auch dieses Projekt für ihn scheitert, verlässt er 1979 das Pfarramt, und findet er seine neue, eigentliche Berufung in der Stille.

Josua Boeschs Tochter beschreibt diese bislang weitgehend unbekannte Zeit bis und nach diesem Einschnitt. Sie verschweigt dabei auch nicht Krisen und Probleme, etwa, dass seine ehemalige Frau bis heute nicht über diese Schritte ihres einstigen Partners hinwegkommt (sie feierte im August 2022 ihren 100. Geburtstag). Beim Verfassen ihrer Erinnerungen stiess Verena Frei-Boesch auf einen Brief ihres Vaters, der als Schlüsseldokument gelten kann, Josua Boeschs Weg und Wesen zu verstehen. Er ist aus diesem Grund in voller Länge in ihrem Beitrag wiedergegeben.

Im zweiten Beitrag beschreibt der reformierte Pfarrer *Heinz Brauchart* den spirituellen Weg von Josua Boesch ab der Zeit seines Rückzugs in die Stille: er geht in die Tiefe der Gottesbegegnung, um sich selber zu finden, und sich davon berühren und verwandeln zu lassen. In seinem Tagebuch *Morgendämmerung*[1] wird sichtbar: Wandlung vollzieht sich

---

1 Josua Boesch, Morgendämmerung, Tagebuch einer Wandlung, Oberegg 1995.

unter Krisen. Sie ist kein Programm, das planmässig abläuft. «Normal» wäre es, Gottes Absichten aus dem Weg zu gehen und der Veränderung Widerstand zu leisten. Josua Boesch hingegen stellt sich ihnen und geht durch diese Widerstände hindurch. In dreissig Jahren entstehen so aus der klösterlichen Stille Ikonen, Texte, Übersetzungen der Psalmen und des Johannesevangeliums ins *Züritüütsch* – immer kreisend um das Thema Wandlung: transparent und durchscheinend werden für Gott. Braucharts Bilanz: «Josua Boesch gab der wortorientierten reformierten Kirche die Bilder, das Schweigen, die Mystik zurück.»

Reto Müller begegnete Josua Boesch schon während seinem Theologiestudium. Als junger Diakon lebte er ein Jahr lang im Eremo di Camaldoli Zelle an Zelle neben ihm, und stand auch danach mit ihm bis zu dessen Ableben in einem engen Kontakt. In seinem Text beschreibt er, welche Bedeutung das berühmte Kreuz von San Damiano in Assisi für Josua Boesch hatte: kein toter, sondern ein lebendiger – auferstandener – Christus begegnete ihm dort. Eine Erlösung: Das Ende ist nicht der Karfreitag, sondern die Auferstehung! Er erzählt das zweite Schlüsselerlebnis mit dem Kreuz: wie Josua Boesch beim sorgfältigen Aussägen der Jesus-Figur aus der Form des Damiano-Kreuzes aus Messing, am Schluss diese Figur – und er selber sozusagen gleichzeitig mit ihr zusammen – durch das Kreuz hindurchfiel, und er dem *leeren Kreuz* begegnete. Fortan ein zentrales Motiv in Boeschs Werk.

Mit dem Thema Kreuz und Auferstehung bei Boesch befasst sich auch *Pierre Bühler* als Professor für reformierte Systematische Theologie. Er führt in seinem Beitrag ein kreuzestheologisches Gespräch zwischen Martin Luther und Josua Boesch. Dies zur Frage, ob bei Boesch das «leere Kreuz» nicht doch – nun umgekehrt – die andere Seite: das Sterben und den Tod, zu leicht nimmt? In diesem Rahmen untersucht er die in Josua Boeschs Formel «auferstehungsleicht» anvisierte Leichtigkeit kritisch. Er weist darauf hin, dass auch in der Kreuzesbotschaft Freude und Hoffnung enthalten sind.

Ein zweiter – katholischer – Beitrag aus dem Fachbereich der Systematischen Theologie stammt von der in Chur lehrenden Professorin *Eva Maria Faber*. Sie geht Boeschs Wegen der Wandlung nach und zeigt dabei, dass Josua Boesch nicht bloss seinem subjektiven Erleben folgt, sondern dieses sehr wohl theologisch – auch gegenüber der Tradition – reflektiert. Zu seinem Schwanken zwischen manchmal überschwänglichen Momenten, die oft wieder ernüchternden Rückfällen weichen, schreibt sie: «In seiner Empfindsamkeit für aufbrechendes Neues findet sich Josua Boesch doch je und je in der charakteristischen Situation des ‹alten Menschen› wieder, der zur Neuheit zwar berufen ist, sie aber nur auf dem langen Weg des Wachsens erreichen kann.»

Der inzwischen als Professor für Spiritual Care an der Universität Zürich wirkende katholische Theologe *Simon Peng-Keller* geht in seinem Beitrag Boeschs Entwicklung der ikonischen Bildsprache nach, und fragt nach der «Heilkraft aus dem Schauen». Er deutet die Ikonen als Früchte eines persönlichen Heilungswegs, für den die kontemplative Dimension eine zentrale Rolle spielte. Geschrieben wurde auch dieser Beitrag vor dem Hintergrund persönlicher Begegnungen. So beschreibt Peng-Keller etwa die Atmosphäre, den Glanz des Lichts und die Stille, die Josua Boesch und seine Ikonen in seiner Eremiten-Cella in Farneta di Soci umgaben, als er ihn dort erstmals 1991 besuchte. Berichtet wird auch von der Zeit nach Josua Boeschs Rückkehr nach Zürich, als das Buch *auferstehungsleicht* in vielen wöchentlichen Gesprächen entstand.[2] Er stellt im Rückblick darauf fest, dass Boeschs Ikonen nicht nur über den bisherigen reformierten Umgang mit sakralen Darstellungen hinausgehen, sondern auch weit über die ikonografischen Traditionen der byzantinischen und katholischen Tradition hinaus: «Sie sind jenseits dessen angesiedelt, was Josua Boesch als das «konstantinische Christentum» bezeichnete.»

Die Kunsthistorikerin und Kunstpädagogin *Veronika Kuhn* hat sich von ihrem Fachbereich her mit den Ikonen von Josua Boesch befasst sowie bereits mehrere Ausstellungen seiner Ikonen kuratiert. Sie geht in ihrem Beitrag vom Selbstverständnis des Künstlers Josua Boesch aus und kommentiert seine Weiterentwicklung der christlichen Ikonografie auch unter Einbezug der Einflüsse der Kunst des 20. Jahrhunderts.

2 Simon Peng-Keller, auferstehungsleicht. Der ikonografische Weg von Josua Boesch, Zürich 2022 (Erstauflage: Oberegg 1999).

Anhand von 4 Ikonen zeigt und beschreibt sie einige Gestaltungselemente, die seine Ikonen auszeichnen.

Für Josua Boeschs Weg – und auch mit seinen Ikonen – waren Franz von Assisi und das mit ihm verbundene Damiano-Kreuz einerseits, Niklaus von Flüe und sein Radbild andererseits zentrale «Mentoren», so *Marianne Vogel Kopp*. Die Theologin und Erwachsenenbildnerin lässt sich in ihrem meditativen Beitrag von einer Ikone berühren und inspirieren, die beides in sich vereinigt: Josua Boeschs Niklausrad-Ikone. Sie erlebt, indem sie sich auf dieses Zusammentreffen des Auferstandenen mit dem Rad des Innerschweizer Mystikers in dieser Ikone einlässt, eine eigentümliche Spannung zwischen dem ruhenden Zentrum und dem dynamischen Prozess des Rades: ein Spiegel des Lebendigen oder wie sie – in Abwandlung von Albert Schweitzer – formuliert: «Ich bin Heiliges, das sich entfaltet, inmitten von Heiligem, das sich entfaltet.»

Der serbisch-orthodoxe Priester und Theologe *Miroslav Simijonovic,* selber auch Ikonenmaler, geht in seinem Beitrag dem Geheimnis des Antlitzes in Josua Boeschs Ikonen nach. Er kontrastiert die bewusste Offenheit und Unbestimmtheit seiner Darstellungen mit der Theologie des Antlitzes in der frühen christlichen Theologie. Das Thema *prosopon* (Antlitz, *persona*) spielt sowohl bei Boesch wie in der ostkirchlich-orthodoxen Tradition eine wichtige Rolle. Mit zwar zum Teil konträren Darstellungsformen, die sich jedoch darin treffen, dass es sowohl bei Boesch wie in der orthodoxen Tradition um die *theosis* des Menschen geht: um seine Berufung zur Gottähnlichkeit (dem das Gold in den Ikonen Ausdruck verleiht). *theosis,* die Vergöttlichung des Menschen, die der westlichen Tradition fremd, ja suspekt erscheint, spielt bei Josua Boeschs *Ikonisch-Werden des Menschen* wieder eine zentrale Rolle. Vielleicht wäre sie bei ihm mit dem Begriff *Durchgöttlichung* präziser benannt, da er immer wieder vom *transparent werden* für das Göttliche spricht. Am Schluss seines Gangs durch die Theologie- und die Geistesgeschichte des Ostens bezeichnet der Autor dieses Beitrags Josua Boesch – angesichts der Verkündung des Todes Gottes im Westen durch Friedrich Nietzsche Ende des 19. Jahrhunderts – als «sanften Propheten des 20. Jahrhunderts».

In der Entstehungszeit dieses Sammelbands startete Russland seinen Angriff auf die Ukraine. Aus Anlass dieses Krieges malte Miroslav Simijonovic die Ikone eines *Weinenden Christus*, der nun den Auftakt zu seinem damals bereits abgeschlossenen Text bildet. Dieser Christus fragt den Betrachter: *In welchem Auftrag tötet ihr?*

Judith Hélène Stadler ist Josua Boesch 1977 begegnet; als Gymnasiastin, die am Sonntag und in den Ferien jeweils als Küchenhilfe in der Anstalt Kappel arbeitete, als dieser dort seine Werkstatt eingerichtet hatte und erste Meditationsgruppen in der «Experimentierphase Kappel» begleitete. Inzwischen Bibelwissenschaftlerin mit dem Schwerpunkt Judaistik geht sie – anhand des zunächst fremd erscheinenden Schlüsselbegriffs *Avodah* – in ihrem Beitrag jüdischen Anklängen in Josua Boeschs Werk nach. Dass ihm Zahlen, Zeichen, Buchstaben, Wörter und Namen in ihrer symbolischen Bedeutung wichtig wurden, lag an seinem Interesse für das Judentum, das ihm insbesondere durch die Zugänge zum Heiligen des jüdischen Kabbala-Spezialisten *Friedrich Weinreb* erschlossen wurden. Nach seiner Demissionierung als Pfarrer nimmt Josua Boeschs «Gottesdienst» (*Avodah*) andere Formen an: Er findet bei der «Arbeit» an Ikonen oder mit Bibeltexten statt – *Marc Chagall* ähnlich, der von sich sagte: «Ich bin Mystiker. Ich bete, indem ich arbeite.» «Heilige Arbeit» solcher Art als Bestimmung des Menschen hat das Potenzial, *tikkun olam* zu werden: durch sich und das Werk, dem man sich hingibt, einen Beitrag zur Wiederherstellung des harmonischen Zustands der Welt zu geben.

Die Psychotherapeutin *Ulrike Schatzmann* betrachtet Josua Boeschs Entwicklungsweg als psychologischen und zugleich auch spirituellen therapeutischen Prozess. Dieser setzt in seinem *Tagebuch einer Wandlung* markant ein durch die Diskushernie kurz vor seinem 50. Geburtstag, die ihn wochenlang lähmte, bis eine Operation möglich wurde. *Jörg Zinks* Buch *Womit wir leben können* entnimmt er am Morgen vor der Operation den Ruf des Petrus an einen Gelähmten (Apg 3,1–10): *Steh auf und geh!* Diese Aufforderung wird zur Initiation seiner Reise zu sich selbst. Psychotherapeutische Unterstützung und *C. G. Jungs* Beschreibung der *Individuation* werden ihm zu wichtigen Navigationshilfen auf dieser Reise zu seiner Ganzwerdung: Ehrlich mit sich selber, erkennt er sukzessive die Tiefenschichten seiner Psyche, die Maske des Bettlers zum Beispiel, oder die Polarität zwischen seiner hellen Abel- und seiner dunklen Kain-Seite, wo er den Mut aufbringt, diese Schattenseite in sich zu erkennen, zu erforschen und im Licht der göttlichen Liebe zu integrieren. Die Vereinigung der inneren Gegensätze ist ein harter Kampf. Indem er dafür die Stille aufsucht, geschieht auch Heilendes in der Tiefe. In ihrem Beitrag beschreibt die Psychotherapeutin die zu solchen Prozessen gehörenden Schritte, damit diese Individuation heranreifen kann: Mittels Dis-Identifikation innere Distanz schaffendes Beobachten, Erkennen, Annehmen und Loslassen von unheilvollen Mustern.

Josua Boeschs innere Arbeit an sich selbst, wird im Beitrag des Psychologen *Samuel Jakob* mithilfe der amerikanischen Theologin und Mystikerin *Cynthia Bourgeault* tiefer ausgeleuchtet, die gleichzeitig im Sufismus und in der Nondualitätstradition verankert ist. Mystik meint mehr, als angenehme religiöse Erfahrungen und spirituelle Highlights aufzusuchen. Sie ist ein *radikaler Weg nach innen,* den Josua Boesch mit seiner ganzen Existenz konsequent gegangen ist. Erschrocken-unerschrocken, bis in die tiefsten Tiefen der menschlichen *conditio humana* hinab. Um sich einer *Transfiguration* (wie er in der 7. Station seines Auferstehungswegs diese Verwandlung nennt) hinzugeben, die alle Identitätsbilder, an denen wir Menschen uns festhalten zu müssen meinen, Schritt für Schritt hinter sich lässt. Dazu gehören persönliche Traumata, jedoch auch kollektive Altlasten. Josua Boesch spricht immer wieder beide Dimensionen an. Jede und jeder trägt in seinem Rucksack Anteile davon. Wer dem Ruf Jesu wirklich folgt, *sein Kreuz auf sich zu nehmen* – anstatt ihm auszuweichen oder es andern anzuhängen – erlebt, dass auf diesem Weg diese Last zwar oft nicht leicht zu tragen ist, jedoch schliesslich *auferstehungsleicht* wird. Ein *urneuer* Begriff («urneu», auch das eine seiner Wortschöpfungen!), auf den Josua Boesch auf seinem radikalen Weg nach innen gestossen ist. Und der aus dieser Tiefe heraus Wirkungen entfaltet zu einer «Transformation von Kirche und Welt» (Josua Boesch), die von innen kommt. Bourgeault beschreibt sie als Dienst einer *kosmischen Dialyse*: als Beitrag, die Welt von ihren Toxinen und ihrem todbringenden Gestank zu reinigen.

Der reformierte Theologe und in Genf international tätige Sozialethiker *Christoph Stückelberger* beschliesst mit seinem Beitrag diesen Sammel-

band. Er erinnert daran, dass Kontemplation und Aktion zusammengehören und erst dann ein Ganzes bilden, wenn sie immer wieder in eine ausgewogene Balance zusammenfinden. Auch für ihn ist die Ikone, die am nachhaltigsten auf ihn wirkte, Josua Boeschs *Leeres Kreuz*: Durch Jesu Auferstehung ist *Raum für eine neue Freiheit* entstanden. Das Lebendige kommt in neue Bewegung – Leben ist Tanz. Die Balance zwischen Aktion und Kontemplation ist ein dynamisches Geschehen, das Stückelberger in den Dreischritt *Inspiration – Innovation – Aktion* fasst. Josua Boesch hat sich bei seinem Weg in die Stille nicht von der Welt abgeschottet. Er und sein Werk stehen in Resonanz mit dem Zeitgeschehen, welches er aus Distanz immer wach wahrgenommen hat. Er war kein politischer Aktivist. Sein Charisma und sein Beitrag galten der Kontemplation, jedoch nicht einer selbstgenügsamen, sondern einer, die sich in einer Veränderung der Welt im Hinblick auf Gerechtigkeit und Geschwisterlichkeit ausdrückt. Auch Stückelberger begegnete – wie Judith Hélène Stadler – Josua Boesch als junger Theologiestudent im selben für Boesch entscheidenden Jahr 1977 in Kappel. Später erwarb er von ihm die Ikone *Der Seiltänzer*, die das Titelbild dieses Sammelbands ziert. Selber künstlerisch veranlagt, liess er sich von Josua Boesch zu eigenen Gestaltungen anregen: Seine *Trinitätsikone* aus Messing und seine Skulptur *Globalance*, die im Zusammenhang von Globalisierungsthemen steht, sind aus diesem Seiltänzermotiv heraus entstanden – und in seinem Beitrag auch abgebildet. Auf dieser Inspirationslinie gestaltete der Autor auch das grosse Fenster der Kirche des Protestantischen Theologischen Seminars in Wuhan, dies kurz vor der dort 2019 ausgebrochenen Coronakrise. Der Sammelband endet mit Christoph Stückelbergers Sätzen: «Wir brauchen angesichts der riesigen globalen Herausforderungen inspirierte Innovation: Kraft zum Handeln aus der Tiefe.»[3]
Insgesamt wird in den verschiedenen Facetten der in diesem Band versammelten Beiträge das reichhaltige Potenzial deutlich, das in der Person und im Werk von Josua Boesch steckt, Knospen ähnlich. Anstatt einem sogenannt nachchristlichen Europa nachzutrauern, weisen seine

3 Die theologische Studie von Theodor Pindl, Das dialogische Potential der Ikonenkunst Josua Boeschs im Licht orthodoxer Spiritualität (2021) konnte für diesen Sammelband leider nicht mehr berücksichtigt werden. Sie ist auf www.josuaboesch.ch zu finden.

Impulse in die Zukunft einer nachkonstantinischen Phase des westlichen Christentums, die sich in den letzten Jahrzehnten immer deutlicher abzeichnet: Ein Altes, an seinem Abend angekommen, geht zu Ende – es dämmert ein neuer Morgen.

Zu den Abbildungen und Neuauflagen

Josua Boesch war die Einheit von Wort und Bild wichtig. Aus diesem Grund sind den 13 Wortbeiträgen in diesem Band auch Bilder zur Seite gestellt. Im ersten Beitrag sind dies Fotos aus der Familie Josua Boeschs. Im Weiteren werden Ikonen von ihm abgebildet, die in einzelnen Texten angesprochen werden, jedoch auch Bilder darüber hinaus, die einen Bezug zu seinem Werk haben.

Viele Abbildungen zu Josua Boeschs Werkprozessen und seinen Ikonen sind im Buch von Simon Peng-Keller dokumentiert, 13 Ikonen in Josua Boeschs *arte contemplativa* sowie die 8 Stationen seines Auferstehungswegs in *via resurrectionis*. Diese Publikationen und auch sein *Johannes-Evangeelium Züritüütsch* erscheinen anlässlich seines 100. Geburtstags allesamt in Neuauflagen.[4] Abschliessend sei auf die *Kunstkarten* hingewiesen, die auf der Website des Fördervereins erhältlich sind.

Ausblick und Dank

Die Entstehung dieses Sammelbands war für mich als vom Förderverein Josua Boesch beauftragter Herausgeber eine spannende Reise. Aus manchen Kontakten ergaben sich Mosaiksteinchen, die sich plötzlich unerwartet zu interessanten Bildern fügten. Teils erwiesen sie sich als Antworten auf offene Fragen (z. B. Josua Boeschs immer wieder angedeutete Mühe mit der Theologie, zu der man ihn nicht mehr direkt

4 Josua Boesch, arte contemplativa. Heilkraft aus dem Schauen; via resurrectionis. Auferstehungsweg. Im Heute Gottes leben; S Johannes-Evangeelium. Züritüütsch, alle Zürich 2022 (Erstauflagen: Oberegg 1988, 1985, 1986). Weiterhin erhältlich: Josua Boesch, Morgendämmerung, Tagebuch einer Wandlung (Zürich 2018), d Psalme Züritüütsch (Zürich 1988), sowie seine späten Gedichte und Gebete (von ihm nach der Aufgabe seiner Werkstatt «Wortikonen» genannt): Abig-glüe. Aktuelli Verdichtige uf Züritütsch (Zürich 2004).

befragen kann), teils zeigen sie – wie unter einer Lupe – Phänomene, die im Werk von Josua Boesch nur angedeutet sind oder nur von Aussenstehenden gesehen werden können, jedoch von grundsätzlicher Natur sind (z. B. wie sich die Pole Kopf und Herz in verschiedenen Bibelübersetzungen niederschlagen, oder die Spannung zwischen Theologie und Mystik). Sie enthalten auch Einsichten, die angesichts der gegenwärtigen Konjunktur des Begriffs Spiritualität tiefer zu bedenken sind (etwa die Frage, wie weit eigene spirituelle Erfahrung eine verlässliche Basis darstellt, auf dem man aufbauen kann). Ich habe das Interessanteste davon in einem *Nachwort* zusammengestellt.

Das Erscheinen dieses Sammelbands im Theologischen Verlag Zürich – auch der Neuauflage vergriffener Werke von und über Josua Boesch in diesem Verlag – ist bedeutsam: Josua Boesch bekommt dadurch einen Stellenwert, der diesem Pfarrer der Zürcher Kirche mit seinen in die Zukunft weisenden Impulsen zusteht. Es schliesst sich damit ein Kreis: Der TVZ brachte 1974 das erste von Josua Boeschs Werken, *Gebätt i der Mundart,* längst vergriffen und vergessen, heraus. Nun wird der TVZ sozusagen zum Verleger von Boeschs Werk. Dies verdankt der Förderverein insbesondere *Lisa Briner* und *Hansruedi Hausherr,* die als Leitungsteam des Verlags das Risiko mit unserem jungen Verein eingingen, indem sie gleich zur Publikation der ganzen Wunschpalette für das Josua-Boesch-Jubiläumsjahr 2022 spontan Hand boten – und während den nicht immer einfachen Umsetzungsprozessen auch selber kreativ und engagiert Hand anlegten. Dafür ein kräftiges *Danke*!

Für den Förderverein Josua Boesch: Samuel Jakob (Karsamstag 2022)

Josua Boesch, Tulpenbaum (Entstehungsjahr unbekannt)

Verena Frei-Boesch

Josua Boesch – Erinnerungen als Tochter

Geschichte und Stationen unserer Familie

Als Tochter entdeckte ich das, was meinen Vater in seinem ganzen Wesen ausmachte, erst in seinen späten Jahren. Im Folgenden beschreibe ich seinen Weg und den seiner Familie, bis zu seinem Aufbruch 1979 aus Familie und Pfarramt, um seiner Berufung und einem Leben in Stille mehr Raum geben zu können. Was dies für uns alle bedeutet hat sowie von seiner letzten Lebensphase, in der mir ganz neue Möglichkeiten geschenkt wurden, ihm näherzukommen – davon schreibe ich in diesen persönlichen Erinnerungen.

Niederweningen – Kindheit und Jugend

Mein Vater wurde am. 15. November 1922 in Niederweningen geboren, wo sein Vater Lehrer war. Er hatte drei Geschwister: eine 2½ Jahre ältere Schwester, eine 2½ Jahre jüngere Schwester sowie einen 10 Jahre jüngeren Bruder. Sie alle wuchsen im Sekundarschulhaus in Niederweningen auf. Hier im Dorf ging mein Vater als Jugendlicher zu den Pfadfindern und erhielt den Pfadi-Namen Brüggli. Als Teenager hatte er den Wunsch Balletttänzer zu werden. Ein Schulkamerad meinte jedoch, dass er dies viel früher hätte beginnen müssen, jetzt sei es zu spät dafür. Seine leichtfüssige Gangart jedoch blieb lebenslang sichtbar.

Josua Boesch 1949, während seines Theologiestudiums.

Mein Vater begann stattdessen eine Lehre als Gold- und Silberschmied. Während seiner Lehrzeit reiste er jeweils mit dem Zug nach Zürich, wo er über Mittag bei seiner Grossmutter weilte, die dort mit ihrem Mann zusammen das erste vegetarische Restaurant in der Stadt führte. Während der Zugfahrten konnte es vorkommen, dass man meinen Vater strickend angetroffen hat.

Erst nach seiner Lehre und Weiterarbeit bei seinem Lehrmeister, der ihn gerne als künftigen Nachfolger für seine Werkstatt gesehen hätte, stieg ihn ihm der Wunsch auf, Theologie zu studieren. Dank der liebevollen Unterstützung seines Pfarrers, bei dem er konfirmiert worden war, sowie der Möglichkeit einer Familienstiftung, erstgeborene Boesch-Bürger aus Mogelsberg mit einem Stipendium für das Studium des Pfarrberufs zu unterstützen, holte er die Matura nach und begann danach das Theologiestudium, zunächst in Zürich, dann in Basel und Bielefeld.

Die Eltern meines Vaters

Josua Boeschs Vater hatte das Evangelische Lehrerseminar Unterstrass besucht, wurde 1906 Primalehrer, studierte anschliessend Naturwissenschaften in Genf und Zürich. 1915 kam er als Sekundarlehrer, später auch Organist, nach Niederweningen. Im selben Jahr hatte er meine

Josua Boesch, geb. 1886 in Obstalden GL, gest. 1964 in Niederweningen (ZH).

Elsa Boesch-Weber, geb. 1887 in Gurtnellen (GL), gest. 1976 in Detmold (D).

Grossmutter kennengelernt, Elsa Weber. 1916 musste er in die Rekrutenschule und hernach in den Aktivdienst während des Ersten Weltkriegs einrücken. Mein Grossvater liebte die Natur. Auf seinen Wanderungen hatte er meistens auch seine Blockflöte mit dabei. Oben angekommen, stiess er seine unvergesslichen Jauchzer über das Tal.

Josua Boeschs Mutter war Telefonistin und arbeitete auf einem Telegrafenamt (wie das damals hiess). Eigentlich wäre sie ebenfalls gerne Lehrerin geworden. Sie hatte eine dichterische Ader und Freude an Fremdsprachen. Sie spielte gerne Theater und machte sich für die Frauen in Niederweningen und im Wehntal stark. Sie war es gewohnt, die Führung zu haben und sich durchzusetzen. Mein Vater erwähnte immer wieder einmal, wie er gelitten hatte, wenn er für scheinbare Missetaten von ihr geschlagen und eingesperrt wurde. «Einem solchen Jungen müsse man das Rückgrat brechen, damit aus ihm einmal ein richtiger Mann werde», meinte sie. So kannten wir Enkel sie zum Glück nicht! Jedoch in Vaters Tagebüchern bleibt seine Mutter noch lange eine Belastung und erscheint auch in seinen Träumen.[1]

---

1 Josua Boesch, Morgendämmerung, Tagebuch einer Wandlung, Oberegg 1995, 14ff. Siehe hierzu auch den Beitrag von Ulrike Schatzmann in diesem Sammelband, Seite 209–232.

Ann Boesch-Patzen, geb. 1922 in Scharans, Graubünden. Hier 1948 in Zürich, während ihrer Ausbildung zur Säuglingsschwester.

Meine Mutter und ihre Eltern

1949 lernt mein Vater meine Mutter kennen, Ann Patzen. Sie war mit 4 Geschwistern aufgewachsen, zwei Brüdern und zwei Schwestern. Meine Mutter hatte von Geburt an einen Herzfehler und litt an Asthma. Uns erzählte sie, wie sie als junges Mädchen auf die Alp hochgerannt sei, um ihren Vater im Sommer 1939 über die sofortige Einberufung in den Krieg zu informieren. Kaum übermittelt, hätten sie ihre Kräfte verlassen und sie hätte für kurze Zeit das Bewusstsein verloren.

Meine Mutter liess sich zur Säuglingsschwester ausbilden, ihre Patin, die Hebamme war, half meiner Mutter bei ihrer Berufsfindung. So kam sie von den Bündner Bergen ins Unterland, in die Stadt Zürich. Unter ihren Kolleginnen lernte sie die Schwester meines Vaters kennen, und durch sie dann Josua Boesch, meinen Vater.

Der Vater meiner Mutter (David Patzen, 1891–1968, mein «Neni»), war im Bündnerland im Sommer Bauer: Er lebte mit seiner Familie die meiste Zeit im Dorf, zeitweise auch oben auf der Alp. Im Winter war er auch Lehrer und Organist. Neni war ein grossartiger Geschichtenerzähler. Am Abend setzte er sich jeweils aufs Sofa in der Stube und wir Kinder beobachteten ihn, wie er seine Tabakpfeife stopfte. Wir setzten uns rechts und links neben ihn und lauschten seinen Erzählungen. Gerne hörten wir ihm auch zu, wenn er sich ans Harmonium setzte und vorspielte.

Verlobung von Ann Patzen und Josua Boesch; links ihre, rechts seine Eltern. Am 18. September 1951 erfolgte die Heirat in Niederweningen.

Die Mutter meiner Mutter (Karolina Patzen-Eggmann, 1901–1988, unsere «Nane»), kam aus dem Kanton Thurgau. Sie war gelernte Schneiderin. Diese Fähigkeit hat sie auch meiner Mutter weitervererbt, die ebenfalls sehr gerne nähte. Nane hatte grosse Freude an ihren Bienen und wir bekamen jeden Tag einen Löffel Honig vor dem Schlafengehen, wenn wir bei unseren Grosseltern in den Ferien waren. Unvergesslich bleiben auch Ferien mit meinen Eltern auf dem Maiensäss von Neni und Nane, wo wir allabendlich von unserm Bett aus die weidenden Hirsche beobachten konnten.

Rothrist (1951–1954) und Mathon (1954–1957)

Nach dem Studium trat mein Vater in Rothrist sein erstes Pfarramt an. 1952 wurde dort meine ältere Schwester Regula geboren, die schon 3 Tage danach diese Welt wieder verliess. 1953 kam ich in Aarau zur Welt.

1954 wechselte mein Vater als Pfarrer in die Bündner Kirchgemeinde Mathon, Lohn und Wergenstein. Nach einem schwierigen Start im Aargau als Familie sahen meine Eltern die Chance, hier einen Neuanfang zu wagen, zumal meine Mutter aus dem Bündnerland stammte

Mathon im Bündnerland.

Mein Grossvater, mein Vater und mein Bruder Martin.

und immer etwas Heimweh nach den Bergen hatte. Mein Vater lernte hier, Fideln zu bauen, die er selber schnitzte. Beide Eltern lernten dieses Instrument auch zu spielen. Meine Mutter setzte sich für die Pflege von Kranken im Dorf ein und war für die Mütterberatung zuständig. 1955 kam mein Bruder Martin in Chur zur Welt.

Stallikon (1957–1967)

1957 verliessen wir das Bündnerland und zogen um nach Stallikon, ins Zürcher Säuliamt. Hier verbrachten wir unsere längste Zeit als Familie. Wir wohnten in einem grossen Pfarrhaus, das vielen offen stand. Hier trafen sich die Kinder im «Hütedienst» (Hort), während ihre Eltern den Gottesdienst besuchten. In der Jugendgruppe wusste man zum Beispiel, dass man Fehlendes im Kühlschrank des Pfarrhauses holen durfte.

Wir hatten Platz in Haus und Garten. Familienanlässe, Feriengäste oder Nachbarskinder schenkten Abwechslung und Begegnungsmöglichkeiten. Nicht zu vergessen unsere Haustiere, insbesondere unser Berner Sennenhund, von dem wir uns leider wieder trennen mussten, da er sich mit dem Sigrist nicht verstand, wenn dieser zum Pfarrhaus musste. Danach kam eine Colliehündin in unser Leben, die 6 Welpen

Pfarrhaus und Kirche in Stallikon.

Familienleben: Meine Eltern, Martin und ich.

zur Welt brachte. Wenn wir den Hundezwinger öffneten, um als Familie spazieren zu gehen, rannten die jungen Hunde hinaus, hinter ihrer Mutter her, dann wir Kinder, hernach unsere Eltern, und als letzte unsere beiden Katzen. Auch die Kirchgänger erfreuten sich jeweils an der süssen Hundeschar, deren Zwinger an die Treppe zur Kirche angrenzte.

Meine Mutter unterstützte neben ihrem eigenen Bereich auch meinen Vater. Sie half ihm zum Beispiel, den Altersnachmittag zu gestalten, half in Konfirmanden- und Jugendgruppenlagern mit, sorgte für Blumengestecke in der Kirche, hütete mit uns die Kinder der Gottesdienstbesucherinnen und -besucher. Sie war in der Mütterberatung des Reppischtals tätig und wir hatten ab und zu den Säugling oder das Kleinkind einer alleinerziehenden Mutter in Pflege. Meine Mutter war gerne in der Natur, sie bastelte und gestaltete gerne. Sie lernte in dieser Zeit auch Motorrad- und Autofahren, sie filmte, nähte und strickte, sowohl von Hand als auch mit der Strickmaschine.

Über einen Pfarrkollegen, der öfters in Furna weilte, lernten meine Eltern diesen Ort im Prättigau kennen. So verbrachten auch wir Ferien in Furna und es entstand der Wunsch, dort ein eigenes Ferienhaus zu bauen. Mit Hilfe eines befreundeten Architekten entstanden Pläne zur Erbauung einer Blockhütte aus Rundbalken und Naturstein. Dieses Ferienhaus – unser «Spicher» – war einfach, rustikal und in die wunderbare Natur der umliegenden Berge eingebettet. Erholung pur! Mein Vater hatte nur wenige Wochen pro Jahr gemeinsam mit uns Ferien. Hier konnte er abschalten, sein und ausspannen. Und wir Kinder waren froh, ihn für kurze Zeit ganz für uns zu haben! Jetzt hatte er Zeit zum Vorlesen, zum Spielen, Singen, Wandern und Fotografieren; wir lernten Holz spalten, Heuen, mit Feuer umzugehen, lernten Pflanzen und Tiere kennen.

Als Geschenk zu den Sommerferien erhielten wir Kindern jeweils ein Buch zum Selberlesen und eines, aus dem uns unser Vater vorlas. In bester Erinnerung bleiben mir *Die schwarzen Brüder*. Nachdem Vater es fertig vorgelesen hatte, fuhren wir daraufhin ins Tessin nach Sonogno, in das Dorf, in welchem die Geschichte der Knaben begann, bevor sie nach Mailand verkauft wurden, wo sie als Kaminfeger arbeiten mussten.

Buchthalen (1967–1971)

Nach Buchthalen, an die Stadt Schaffhausen angrenzend, zog es meinen Vater, weil dort die Idee für ein Gemeindezentrum lockte, das eine andere, zeitgemässe Art der Gemeindearbeit ermöglichen sollte. Die bewegten 1968er-Jugendunruhen berührten ihn, und er spürte, dass die klassische Arbeit des Pfarrers nicht mehr zu ihm passte.[2] Dass die Kirchgemeindeversammlung das projektierte Zentrum ablehnte, setzte meinem Vater zu. Er stellte der Kirchenpflege danach seinen Rücktritt in Aussicht, umso mehr, als zwei Bekannte aus Affoltern am Albis von

2 Nachzulesen in Boesch, Morgendämmerung, 16ff.

der dort freiwerdenden Pfarrstelle mit einem Schwerpunkt für Jugendarbeit und Unterricht berichteten.

Meinem Bruder fiel es in dieser Zeit schwer in der Schule. So liessen sich meine Eltern beraten und entschieden sich, Martin einen Wechsel in ein Internat auf dem Hasliberg zu ermöglichen. Ich selber war froh, dass mir der Anschluss an Schule und Mitschüler in Buchthalen gut gelungen war.

Affoltern am Albis (1971–1979)

Mein Vater hatte offenbar schon 1968 von Plänen gehört, die «Anstalt Kappel» – dieses ehemalige Zisterzienserkloster in Kappel am Albis – zu neuem geistlichen Leben zu erwecken.[3] Die Nähe zu Kappel und diese Idee, waren für ihn der Grund, sich nach dem gescheiterten Buchthaler-Projekt nach Affoltern am Albis wählen zu lassen. Besuche in Taizé hatten ihn inspiriert, sich vermehrt Zeit zu nehmen für Meditation und Stille. 1972 – mit 50 – empfand mein Vater zunehmend den Wunsch, die Weichen in seinem Leben nochmals ganz neu zu stellen. All dies realisierte ich allerdings erst viele Jahre später, zum Teil erst nach seinem Tod aufgrund seiner Tagebuchaufzeichnungen. In der Kirchgemeinde setzte sich mein Vater vor allem für die Jugendarbeit ein.[4] Meine Mutter arbeitete Teilzeit in der Spitex. Sie half auch eine Zeit lang in einem Stoffladen mit. Selber nähte sie ja gerne und war auch sonst sehr kreativ. Wir hatten immer wieder Gäste oder Mitbewohner, die für kurze Zeit, manchmal auch über Jahre immer wieder Familienanschluss und Unterschlupf bei uns fanden. Mein Bruder Martin fand hier wieder ein Zuhause, nach seiner Zeit im Internat. Hier hatte er Freunde und

3 A. a. O., 10

4 Er machte mit damaligen Konfirmanden einmal die Erfahrung, dass diese eigentlich nicht daran interessiert waren, von ihm über Gott und die Bibel zu hören. Wie könnte er diese jungen Menschen anders erreichen, fragte er sich. So entstand die Idee eines gemeinsamen Projektes: ein grosses Kreuz aus einzelnen, kleinen Webrahmen, welche die Konfirmanden selber ausgestalten konnten. Dies wurde zu einem unvergesslichen Erlebnis für alle: Aus mühsamen Konfirmanden wurden durch diese gemeinsame kreative Arbeit schöpferische Künstler. Aus seinem Kreuz mit den Konfirmanden ist auf diese Weise ein Kreuz für die Gemeinde entstanden, das bis ca. 2007 die Kirche in Affoltern schmückte.

Pfarrhaus Affoltern und «Wöschhüsli», Vaters Werkstatt.

machte seine Ausbildung als Werbegrafiker in Zürich. Mit zwei Freunden gründete er eine Band. Bevor unser Vater 1974 das an das Pfarrhaus angrenzende «Wöschhüsli» als Werkstatt für seine Metallarbeiten und als Meditationsraum nutzte, diente ihnen dieses als Musikschuppen. Ich selber war meist nur noch während meiner Ferien oder in meiner Freizeit zu Hause.

Mein Vater war viel für seine Arbeit unterwegs oder arbeitete zu Hause in seinem Büro. Für uns als Familie war er oft abwesend. Während dem Essen nutzten wir die Möglichkeit mit ihm auszutauschen, denn hernach war er meistens wieder beschäftigt. Mein Vater liebte Musik, spielte Fidel, Flöte, Gitarre und hatte auch Freude am Singen. Ihn interessierte Kunst, Geschichte, Psychologie, Religion, Mystik, Astrologie und auch die Numerologie. Er fotografierte gerne, malte, schnitzte, strickte, kochte, tanzte, fuhr Ski. Mein Vater war ein sehr kreativer Mensch, doch konnte er aus Zeitmangel seine Ideen oft gar nicht umsetzen. Zu meinem 20. Geburtstag fertigte er 1973, noch im Atelier seines ehemaligen Lehrmeisters, einen Ring, den ich auch noch heute gerne trage.

Meine Eltern lebten sich offenbar immer mehr auseinander. Dass mein Vater immer mehr unter der Ehe litt, verstärkt vermutlich durch sein homophiles Empfinden, das ihm lange nicht bewusst war und von dem er sich auch nie etwas anmerken liess, realisierte ich damals noch nicht. Dass er – oft traurig gestimmt – in dieser Zeit nach Neuem und seiner Berufung suchte, erfuhr ich von ihm erst viel später.[5] Beim Verfassen dieser Erinnerungen bin ich auf einen handschriftlichen Brief von ihm gestossen, den er – damals schon lange in Italien – einem Mönch geschrieben hatte. Dieser zeigt eindrücklich, was in dieser Zeit in ihm vorgegangen ist – und was sich in ihm in den Jahren danach entfaltete. Der Brief trägt den Titel «Ein Mönch, wer ist das?», und ist von ihm aus der Erinnerung handschriftlich mit «1995?» datiert. Der Name des Angeschriebenen wird hier mit der Initiale abgekürzt:

> Lieber I.
>
> Du hast mir nicht irgendeine Frage gestellt, als Du mich batest, Dir Antwort zu gebe darauf. Es ging um Deine Existenz. Nur das, was Dich ausmacht und Deinem Leben Sinn gibt. Wie sollte ich Dir anders antworten als auch mit dem, was mich ausmacht vor Gott und vor Menschen? Da ist sie, meine Antwort. Ich kann sie in ein einziges Wort zusammenfassen. Der Mönch ist ein *Theophil*. Um aber zu begreifen, was ich damit ausdrücken will, muss ich Dir meine eigene Geschichte erzählen.
>
> Es war in einem Kreis von Theologen, die mich seit dem Studium kannten. Ich drückte wieder einmal mehr mein Leiden an der Theologie aus. Da legte einer brüderlich seine Hand auf meine Schulter und sagte: «Weisst Du, Du bist eben kein Theologe, Du bist ein Theophil.» Dieses Wort durchfuhr mich wie eine *grosse Erleuchtung*. War das befreiend, kein Theologe mehr sein zu müssen, sondern nur ein Theophil! Ja, das war meine Wahrheit, Gott nicht nur zu denken, sondern ihn zu lieben. Endlich durfte ich sein, wer ich war: kein Schalterbeamter, der über Gott alle Auskünfte zu geben weiss, sondern ein in Gott Verliebter. Ja, das war ich, in Gott verliebt und von Ihm geliebt. *Ein theophiler Mensch.*
>
> Das hatte seine Konsequenzen. Nicht nur für meinen Pfarrdienst (ministero), sondern auch für meine Ehe. Ich ahnte gleich das Ende einer Überforderung, die ich mir selber aufgeladen hatte unter Gesellschaftsdruck. Es war ein langer, schmerzhafter Weg bis zu diesem Ende; aber ich bin ihn gegangen ohne einen Schritt zu überspringen. Und ich bin erst noch aufrecht geblieben dabei. Das kam mir wie ein Wunder vor. Darum war

---

5 Zu dieser Zeit siehe Boesch, Morgendämmerung, 34ff.

es mir ganz leicht, auf Geld und Gut zu verzichten und es meiner Frau zu überlassen. Nun konnte ich endlich sein, der, der ich im Grunde war: weder heterophil noch homophil, sondern eben theophil. Als ich mich von meiner Frau verabschiedete, um als Eremit und Ikonograf weiterzuleben, gestand sie mir, dass ihr meine Mutter bei ihrer ersten Begegnung gesagt habe:» Du musst wissen, dass Josua viel Einsamkeit und Stille nötig hat.» Einsamkeit und Stille, wahrhaftig, sie machten mich aus. Aber nun waren sie nicht mehr wie ein Verhängnis zur Untauglichkeit der Partnerschaft, sondern wie eine Gabe an die Menschen. Von nun an war ich nicht mehr gezeichnet, sondern ausgezeichnet. Als ich kürzlich zu einem Freund sagte, ich hätte mich auf meinem eremitischen Weg noch nie einsam gefühlt, meinte er ganz lapidar: «Du bist eben *allsam* geworden.» Auch dieses Wort existiert noch nicht in unserem christlichen Vokabular. Aber es ist so wichtig wie «theophil», wenn wir die Bedeutung des Mönches im Heute Gottes und der Menschen anschaulich formulieren wollen. Der Mönch wird mit diesem neuen Wort eine *Türe zu einer Gemeinschaft über alle Grenzen* der Klasse, der Rasse oder Religion, der Zugang sogar zur kosmischen Allsamkeit.

Zum Mönch als theophiler und allsamer Mensch kommt noch eine dritte Komponente, die schauende hinzu. Er ist auch *Prophet und Mystiker*. Vor dieser Seite hatte ich mehr als bloss Respekt. Wenn ich etwas an ihm fürchtete, dann das Profetische. Ich habe geradezu einen Tarnmechanismus entwickelt, um nicht aufzufallen mit dem, was ich an den Kirchen kritisch durchschaute. Wenn immer möglich suchte ich meinem Leiden an der Kirche ikonische Gestalt zu geben und mit Metallen erst durchs Feuer zu gehen, bevor ich den Mund auf tat. Aber manchmal brach es doch unmittelbar aus mir heraus, wie nach jenem Traum im Eremo, als ich an Stelle seiner Mauern, blühende Mandelbäume schaute. Es wurde meine letzte Predigt im Eremo. Ein paar Monate später zog ich ins Tal hinunter in die eigene Klause. War ich feige? Offensichtlich hatte ich noch einmal 7 Jahre nötig, um mein Jona-Syndrom zu verarbeiten und zu verabschieden. So ernst nimmt uns Gott mit unseren Ängsten. Und so behutsam lässt er uns reifen zur *Ikone*. Das ist es doch, was Gott in der Gestalt des Mönchs *transparent machen* will: *die Urgestalt des Menschen*, Sein DU als dialogische Existenz. Das ist das tiefste Geheimnis von Mönch und Mönchin Wenn wir ins Monologische absinken, so werden wir zur personifizierten Verzerrung der Ikone. Gespenstisch so zu sagen. Das kennst Du ja aus eigener Anschauung. Und Du ahnst auch das Leiden Gottes über solchem Elend.

DER MÖNCH, WER IST DAS?

1995 ?

Lieber!

Du hast mir nicht irgend eine Frage gestellt, als Du mich batest, Dir Antwort zu geben darauf. Es ging um Deine Existenz. Um das, was Dich ausmacht und Deinem Leben Sinn gibt. Wie sollte ich Dir anders antworten als auch mit dem, was mich ausmacht vor Gott und vor Menschen? Da ist sie, meine Antwort. Ich kann sie in ein einziges Wort zusammenfassen. Der Mönch ist ein Theophil. Um aber zu begreifen, was ich damit ausdrücken will, muss ich Dir meine eigene Geschichte erzählen.

Es war in einem Kreis von Theologen, die mich seit dem Studium kannten. Ich drückte wieder einmal mehr mein Leiden an der Theologie aus. Da legte einer brüderlich seine Hand auf meine Schulter und sagte: „Weisst Du, du bist eben kein Theologe, Du bist ein Theophil." Dieses Wort durchfuhr mich wie eine grosse Erleuchtung. War das befreiend, kein Theologe mehr sein zu müssen sondern nur ein Theophil! Ja, das war meine Wahrheit, Gott nicht nur zu denken sondern ihn zu *

Ob Du weisst, dass meine reformierten Väter vor 400 Jahren beides verworfen haben, den Mönch und das Bild? Sie haben das fixierende Bild verbrannt, weil sie das lebendige Wort entdeckten. Und sie haben die Klöster entleert, um der Weltflucht die Weltverantwortung gegenüberzustellen. Aber sie haben in ihren Eifer «das Kind mit dem Bade ausgeschüttet», die Ikone samt dem Bild. Es war ein mühsamer Weg für mich, Ikone und Mönch wieder zu finden in ihrer Ursprünglichkeit. Die Brüder von Taizé haben mir den Anstoss dazu gegeben. 19 Jahre später fand ich es wieder, das *worthafte Bild* und auch den *weltverantwortenden Eremiten*. So langsam reiften sie in mir. Und dann öffnete sich mir das Tor zum Eremo von Camaldoli fast wie von selbst.

Was ich in Camaldoli gelernt habe? *Die unselige Verknüpfung von Mönch und Priester.* Mit dem Priester werden dem Mönch die prophetischen Flügel gestutzt. Er wird zum Funktionär eines Machtapparates. Leonardo Boff hat ein unüberhörbares Signal gegeben mit seinem Verzicht auf den Priester und auf den Orden. Du bist als einziger von den Brüdern dabei gewesen, als ich nach meiner Amtsniederlegung, in jener Meditation für die Gäste sagte, der Sabato Santo sei seit der Erschaffung der Welt zum schöpferischsten Augenblick der Geschichte der Menschheit geworden. Das war die dritte grosse Erleuchtung meines Lebens. Ich auferstand in die Freiheit und Unverfügbarkeit des theophilen Menschen, in meine Ikone.

Ich habe nicht wiederholt, was seit Jahrhunderten über den Mönch gesagt wurde. Du wolltest es neu hören aus dem Munde eines unbelasteten Zeugen. Da ist es. Ich will es mit einem Gleichnis abschliessen. Der Mönch ist wie das Licht des Mondes: er macht das Licht der Sonne in der Nacht der Menschen transparent. Der Mönch bewahrt uns in der Hoffnung auf den Morgen. Das Licht des Mondes ist am wärmsten, fast orange-gelb, wenn es dämmert am Horizont. Ein *Mensch der Dämmerung*, das ist ein Mönch. Ist es nicht das, was Deinem und meinem Leben Sinn gibt und Existenzberechtigung?

– brüderlich, Josua[6]

---

6 Die hier kursiv gesetzten Worte sind im handschriftlichen Original unterstrichen hervorgehoben, siehe abgebildetes Faksimile

Ab 1972 engagierte sich mein Vater intensiv in der dafür vom Zürcher Kirchenrat eingesetzten Kommission für die Umgestaltung der damals als Anstalt benutzten ehemaligen Klosteranlagen in Kappel zu neuem geistlichem Leben. 1977 wirkte er in einer ersten Probephase mit (Retraiten für Einzelne und Gruppen) und nahm seine Werkstatt dafür nach Kappel mit. Die Enttäuschung, trotz Einladung zur Bewerbung für die Stelle eines Leiters der «Aufbauphase Kappel» durch den kantonalen Kirchenrat dann doch nicht berücksichtigt zu werden, war gross. Sie wies ihm schliesslich den Weg aus dem Pfarramt hinaus, in die Stille des Eremo di Camaldoli, zu dem er schon 1974 in Kontakt gekommen war.[7]

Mein Vater hat uns Kindern nie seinen eigenen Glauben aufgedrängt. Er hat uns auch nie gezwungen, in seine Gottesdienste zu kommen. Umso mehr freute er sich natürlich, wenn wir teilnahmen. Ich erinnere mich auch gerne an den eigenen Konfirmandenunterricht, wo ich erfahren durfte, dass mein Vater es sehr wohl verstand, das uns eher Fremde, Religiöse, auch für uns Jugendliche einleuchtend nahezubringen. Das war nie trocken und langweilig! Wir waren meist auch motiviert, mitzudenken und mitzugestalten. Und es gab viel zu lachen! Das gilt auch für andere gemeinschaftliche Anlässe, die Altersnachmittage, Anlässe mit der Jugendgruppe oder Familientreffen oder -feste. Von meinem Vater wurde ich getauft, konfirmiert und schliesslich auch getraut.

Scheidung (1975) – und die Zeit danach

Was offenbar nach 1972 in der Luft lag, führte im Herbst 1975 zur Scheidung meine Eltern. Sie erklärten uns, dass sie immer vorgehabt hätten, mit einer Scheidung zuzuwarten, bis wir Kinder volljährig wären. Mein Bruder, der noch zu Hause wohnte, bekam von der schwierigen Zeit vor und nach der Scheidung wohl einiges mit und hat vor allem mit meiner Mutter mitgelitten. Unsere Eltern haben jedoch nie mit uns über ihre persönlichen Krisen im Leben gesprochen. Mit mir hatten sie nie, weder über ihre Beziehung noch über eine Trennung, gesprochen. Für mich kam die Scheidung sehr überraschend. Klar machte sie mich

7 Zu diesen dichten Jahren in Affoltern siehe Boesch, Morgendämmerung, 43–83.

Meine Mutter mit ihren beiden Enkeln, 1985.

betroffen und traurig. Trotzdem war ich mir sicher, dass meine Eltern genau wussten, warum sie diesen Weg so und nicht anders wählten. Und ich glaubte auch fest daran, dass sie es schaffen würden, sich ein neues Leben aufzubauen und dass sie sich trotzdem in Zukunft respektvoll und in Frieden neu begegnen konnten. 1980 fand jedoch unser letztes gemeinsames Familienfest statt: die Hochzeit von mir. Um mich mit meinem Mann in der Kirche Stallikon zu trauen, war mein Vater aus Camaldoli angereist, wohin er sich 1979, nach der Aufgabe des Pfarramts, zurückgezogen hatte.

In den kommenden Jahren versuchte ich ab und zu, meiner Mutter ein wenig von Vater und seinem Erleben zu erzählen; doch ich musste immer wieder erfahren, dass dies bei ihr nicht gut ankam. Einmal versuchte ich, ihre beiden Wege anhand einer symbolischen Geschichte in einem Brief aufzuzeigen. Danach musste ich ihr versprechen, nie wieder mit ihr über meinen Vater zu reden. Daran muss ich mich bis heute halten. So ist meine Mutter bis heute nicht informiert über den weiteren Weg meines Vaters. Sie kehrte nach der Scheidung zurück ins Bündnerland, wohnte in Chur, war jedoch öfters auch in Furna. Dort zog sie sich völlig zurück, wurde einsam und litt. Völlig geschwächt wurde sie ins Spital nach Schiers eingeliefert. Hier wurde sie liebevoll gepflegt und auf einen Neubeginn vorbereitet. Zum Glück fand sie Arbeit in einem

Martin und ich, 1987.

Alters- und Pflegeheim in Chur; sie liess sich noch in Bewegungstherapie für Senioren weiterbilden. In ihrer Freizeit war sie oft auf Wanderungen oder in Furna in unserem «Spicher». Nach ihrer Pensionierung fand sie Anschluss bei «Senioren helfen Senioren», einige Zeit sogar aktiv im Vorstand. So war sie wieder regelmässiger in Kontakt mit anderen Menschen. Dann war da ja auch noch meine eigene Familie. Meine Mutter besuchte uns immer wieder mal, anfangs noch mit dem eigenen Auto, oder wir besuchten sie in Chur. Sie freute sich auch sehr an ihren Enkelkindern.

1995 starb mein Bruder Martin. Auch sein Weg war von verschiedenen Krisen und Herausforderungen gezeichnet. Er war kreativ, liebte es zu gestalten, zu spielen, war musikalisch. Als Erwachsener lebte er zuerst in der Schweiz, dann mit seiner Freundin und deren zwei Kindern in Spanien. Seine letzten Jahre bis zu seinem Tod verbrachte er wieder in der Schweiz, jedoch alleine. Er wollte sich ein neues Leben aufbauen. Auch er litt oft, und hatte bis zuletzt immer wieder gehofft, sein Leben wieder neu gestalten zu können. In seiner Hilflosigkeit hatte er jedoch Hilfe öfters im Alkohol gesucht, was schliesslich auch zu seinem frühen Tod führte, in seinem 40. Lebensjahr. Zur Beerdigung reiste mein Vater aus Italien zu uns in die Schweiz. Es wurde das erste Treffen zwischen meinen Eltern seit langem. Ich sehe noch vor mir, wie er meine Mutter liebevoll in die Arme nehmen wollte, sie ihn jedoch von sich wies, und kaum ein Wort mit ihm sprach. Das tat weh! Wie viel Schmerz musste sich in all den Jahren in ihr angesammelt haben, dass sie so abweisend blieb?

In den letzten Jahren zog meine Mutter sich immer mehr zurück. Im Herbst 2015 – mit 93 Jahren – war sie bereit zu einem Umzug ins Alters- und Pflegeheim. Sie verlässt ihr Zimmer inzwischen schon länger nicht mehr. Wenn meine Mutter und ich über ihren Wunsch, bald sterben zu dürfen reden, kommen ihr jeweils die Worte ihrer Grossmutter in den Sinn: «Anneli, lass los!» Trotz allem Warten ist sie sehr dankbar, für das schöne Zimmer mit Blick in die Natur und für die liebevolle Pflege, die sie zu schätzen weiss. Im August dieses Jahres 2022 feierten wir tatsächlich mit ihr ihren 100. Geburtstag!

Meine Eltern: Beide waren sie Menschen, die gerne für andere da waren. Doch auch sie selber kamen da und dort an ihre Grenzen, hatten gesundheitliche und seelische Krisen und benötigten Hilfe. Mein Vater nahm sich dann Auszeiten, suchte sich Hilfe bei Beratern oder Ärzten, die ihm entsprachen. Meine Mutter wusste andern sehr gut zu helfen; selber Hilfe anzunehmen, fiel ihr jedoch schwer. Vielleicht hatte sie auch keine Idee, wer ihr die für sie richtige Hilfe geben könnte. Beide hatten ihre Kämpfe, stiessen an ihre Grenzen, bedingt auch durch ihre sensiblen Seiten. Meine Mutter erlebte mehrere starke Tiefs, schon in ihrer Jugend und auch als erwachsene Frau, was ich jedoch nie von ihr, sondern nur von meinem Vater vernommen habe. Mehr als einmal habe sie ihrem Leben ein Ende setzen wollen. Alter Schmerz und tiefe seelische Verletzungen machten sie sehr verwundbar, leidend und auch abgrenzend. Mein Vater hingegen, so vermute ich, konnte trotz seelischer Nöte und körperlicher Zusammenbrüche, durch eine sich vertiefende innere Verbindung zum Göttlichen, immer wieder Mut und Kraft zu neuer Verwandlung finden und erfahren.

Dadurch, dass mein Vater aus gesundheitlichen Gründen 1997 wieder in die Schweiz zurückkehrte, hatten wir wieder mehr Gelegenheiten, uns gegenseitig zu besuchen. So konnte er seine Enkel und Urenkel näher kennenlernen, und er freute sich sichtlich darüber, *Bisnonno* (ital. Urgrossvater) geworden zu sein. Erst wohnte er in Zürich-Fluntern in einer Alterswohnung, hernach auf dem Zollikerberg in einer Alters-

wohnung des Diakoniewerks Neumünster. Mit diesem und seinen Diakonissen war er an seinem Lebensabend noch eng verbunden. Seine letzte Zeit verbrachte er im Alters- und Pflegeheim Rehalp, einem Ableger des Diakoniewerks. Ich konnte durch unseren vermehrten Kontakt nun mehr über meinen Vater, sein Leben, seine Ikonen und Bücher erfahren sowie Menschen kennenlernen, die ihn aus früheren Zeiten kannten oder neu kennenlernten. Wir freuten uns gemeinsam mit ihm über die letzten Ausstellungen, die für ihn und seine Ikonen gestaltet wurden.

Am 10. Juli 2012 ist mein Vater in seinem 90. Lebensjahr in diesem Alters- und Pflegeheim verstorben. Ich durfte ihn begleiten, bis er friedlich eingeschlafen war. Ich sehe ihn noch heute vor mir auf seinem Bett liegend, in seinem neuen braunen Seidenpyjama. Er hatte sich ein solches gewünscht, genau für diesen Moment. Es sah aus wie eine braune Mönchskutte, und er darin wie ein Mönch. Welch friedliches Bild!

Er schrieb 2007 in eines seiner letzten Tagebuchhefte: «Ich bin als Eremit einer, der Frieden verbreiten darf, kein Solist! Irgendwie bekomme ich mit meinem zweiten Namen noch so spät die Möglichkeit, etwas Bedeutsames zu tun, was wohl? Eben, *Frieden verbreiten, so etwas wie ansteckende Gesundheit! Was für eine Herausforderung!* Fridolin: *Jahwe (Gott) ist Hilfe, um zärtlichen Frieden (durch mich) zu verbreiten.* Ja, das ist der Sinn meines Lebens. Und er wird es weiterhin bleiben.»

Im Rückblick

Erneut berührt vom Leben meiner Eltern und unserer Familie habe ich in diesen Erinnerungen gegraben. Meinen Eltern gegenüber empfinde ich heute grosse Dankbarkeit; für alles, was sie mich gelehrt und mir ermöglicht haben. Sie gaben mir eine wertvolle Grundausstattung für mein Leben mit. In mir wuchs und wächst noch immer mein unermüdliches Interesse an Gesundheit und Heilung, an der Entwicklung und Entfaltung des Menschen, auch an seiner spirituellen Entwicklung.

Vor kurzem bekam ich die unten abgebildete Tulpenbaum-Ikone geschenkt. Diese hatte mein Vater für Doris und Sven Richter gestaltet, ein Heilpraktiker-Paar mit eigener Praxis in Cham. Jetzt habe ich sie von ihnen bekommen. Ihnen gehört auch abgesehen davon mein ganz besonderer Dank: Durch sie habe ich ihre *Spirituelle Baumheilkunde nach Richter* kennengelernt, die mir zu einem grossen Schatz geworden ist. Seit über 20 Jahren begleiten die beiden mich und eine Gruppe Gleichgesinnter in unserer Aus- und Weiterbildung Diese Heilkunde gab mir auch jetzt wertvolle Orientierung: sie weckt in mir Verständnis und Akzeptanz für das erfahrene Leid und die Herausforderungen meiner Eltern. So schaue ich betroffen, jedoch von Frieden begleitet, auf ihr Leben zurück.

Tulpenbaum-Ikone
bzw. Aufbruch von Innen
(so werde ich diese Ikone nennen).

Josua Boesch, Animus-Anima, 1997

Heinz Brauchart

«Das hätt i miir nie la tänke!»

Der spirituelle Weg von Josua Boesch

1 Vorbemerkung

Der reformierte Pfarrer, Ikonograf, Mystiker und Dichter Josua Boesch war ein Mensch, der «im Geist atmet und an Gottes Quelle trinkt», wie er es beschrieb; ein «geistlicher» Mensch, der es verstand, Spiritualität und Kunsthandwerk auf eine einzigartig persönliche Weise miteinander zu verbinden.[1]

Boesch hat in rund dreissig Jahren künstlerischer Tätigkeit Metallikonen aus Gold, Silber, Messing und Kupfer geschaffen. Dabei hat er den Brennvorgang des Metalls als Metapher für den eigenen inneren Werdegang verstanden. Die Verwandlung durch das Feuer ist ihm ein Gleichnis für den spirituellen Wandlungsprozess.

«Es sind Fenster und Türen aufgegangen durch den Schmelzprozess, durch den ich selber gegangen bin», sagte Boesch in einem Gespräch mit dem Autor im Dezember 2001.

Auf der «Suche nach den inneren Schichten des Lebens» (so Boesch in diesem Gespräch) wusste er nicht, wo der Weg ihn hinführen würde. Beruflich, familiär und spirituell erlebte er tiefgreifende Krisen und Veränderungen. Dennoch begleitete ihn stets das Vertrauen, dass der

---

1 Josua Boesch, underwägs. Nöji Verdichtige uf Züritüütsch, Zürich 2001, 21.

auferstandene Christus, «Persévère», wie er ihn nannte, ihm vorausgehe. Die Schritte, die er wagte, führten ihn über Stationen, über die er im Nachhinein selber staunte. «Das isch doch unglaublich!» oder «Das hätt i miir nie la tänke!» sind Äusserungen, die man im Gespräch mit ihm öfters hörte. Gott ist für ihn ein «brillanter Improvisator».[2]

Nachdem Boesch seine ersten Metallarbeiten geschaffen hatte, stiess er zufällig auf das Buch von *Paul Evdokimouv* mit dem Titel *L'art de l'icône*.[3] Zum eigenen Erstaunen stellte er fest, dass seine Werke «Ikonen» sind: Bilder mit religiöser Aussagekraft, Kunstwerke, die Gottes Schönheit erahnen lassen, Fenster in die Welt der göttlichen Wirklichkeit. Im Unterschied zu den ostkirchlichen Ikonen sind Boeschs Ikonen jedoch nicht gemalt, sondern sozusagen im Feuer gebrannt. «Das Feuer malt, ich kann nicht malen», sagte er über sein Werk.[4] Seine Ikonen sind in sorgfältiger Feinarbeit zuvor skizziert und zugeschnitten, bevor sie dem Schmelzprozess übergeben werden. Die Farben und deren Glanz entstehen durch das Feuer. Gold und Silber werden mit Kupfer und Messing verschmolzen, edles mit unedlem Metall. Die Motive sind auf einfache geometrische Formen wie Dreieck, Quadrat, Parabel und Kreis beschränkt. Jedes Metall, jede Form, jedes Grössenverhältnis hat seine Symbolik. Gold steht für das Göttliche, Silber für das Menschliche. Messing versinnbildlicht das Alltägliche, Kupfer das Leidvolle. Wie sich die Metalle im Schmelzprozess miteinander vermischten, war für den Künstler unvorhersehbar und jedes Mal zum Staunen. Mit den Jahren wurden die Strukturen feiner und die Farben glänzender und kräftiger.

«Kunsthandwerk ist gesammeltes Schweigen», schreibt er in seinem Tagebuch.[5] Die Ikonen kommen aus der Stille und führen in die Stille. Sie laden zur Betrachtung ein, sind Lockrufe auf den inneren Weg. Ihre Schönheit spricht unmittelbar zum Herzen. Es ist, als würde die Schönheit, die Boesch gesehen, geschaut, erfahren hat, in seinen Werken fortbestehen. Er schreibt:

---

2 Josua Boesch, Morgendämmerung. Tagebuch einer Wandlung, Oberegg 1995, 116.

3 Paul Evkdokimov, L'art de l'icône. Théologie de la beauté, Paris 1970.

4 Gespräch mit Josua Boesch, Dezember 2001.

5 Boesch, Morgendämmerung, 50.

> «Heute früh hat mich die Schönheit angehaucht wie selten einmal. Sie kann unmöglich nur eine Abstraktion des menschlichen Hirns sein, wenn sie so tief und so nachhaltig wirkt. Ich fühle mich von ihr berührt und eingeladen, an einem grossen Geheimnis teilzunehmen.»[6]

Boeschs Ikonen lassen auch die Betrachterinnen und Betrachter an diesem Geheimnis teilhaben. Sie geben Anteil an der Herrlichkeit Gottes. Sie sprechen eine mystagogische Sprache und verweisen auf den göttlichen Geist, der in ihnen geheimnisvoll präsent ist. Boesch notierte in diesem Zusammenhang:

> «Gestern habe ich mit Peter und Katharina gesprochen. Dass ich nämlich aus Angst vor Erfolg und Verehrung vor meinem Auftrag davongelaufen sei. Peter machte eine befreiende Bemerkung: ich solle doch Erfolg und Verehrung durch Wirkung ersetzen. Denn ich wirke doch einfach auf andere, ohne mein Dazutun. Und da sei doch eine grössere Wirklichkeit mit im Spiel. Wie recht er hat!»[7]

2 Der Weg ist das Ziel: Wandlung

Boesch hat seinen spirituellen Weg in seinen Tagebüchern reflektiert. Schreibend ist ihm die Freundschaft mit Gott immer bewusster und lebendiger geworden. Das Tagebuch wurde zu einem inneren Du, das sich als Du des Auferstandenen offenbarte.

1995 veröffentlichte Boesch eine Auswahl aus seinen Tagebüchern. Sie trägt den Titel *Morgendämmerung. Tagebuch einer Wandlung*. Wandlung ist ein zentraler Begriff in Boeschs Spiritualität. Er bedeutet, dass ein Mensch von Gott verwandelt wird, indem er sich von allem Statischen und Fixierten löst. Diese Ablösung ist mit Schmerzen und Krisen verbunden. Aber auch Gott, so Boesch, hat sich auf den Prozess der Wandlung eingelassen.

> «Das zentrale Wort der Theophilie heisst Wandlung. Es ist wohl das Drama des Menschen, dass er dem Leben die Wandlung verweigert. Und doch läge gerade darin seine Gott-Ebenbildlichkeit. Denn auch Gott bewahrt

6 A. a. O., 222.
7 A. a. O., 214.

> seine Lebendigkeit nur durch Wandlung von Mutationssprung zu Mutationssprung. Einfacher ist Leben nicht zu haben.»[8]

Wandlung vollzieht sich unter Krisen. Sie ist kein «Programm», das planmässig abläuft. «Normal» wäre es, Gottes Absichten aus dem Weg zu gehen und der Veränderung Widerstand zu leisten. Doch Boesch wollte standhalten, sich vom Feuer Gottes aufzehren lassen, sich verbrennen lassen. «Einer muss DICH aushalten in DEINEM Verwandeln», schrieb er, «und nicht mehr kneifen.»[9] Das Medium aber, der innere Rahmen oder das Umfeld, in dem der Wandlungsprozess stattfindet, sind Stille und Schweigen.

> «Kargheit und Stille wecken in mir die Hoffnung auf Verwesentlichung und Wandlung.»[10]

Da die Ikonen in der Stille entstanden sind und die Kraft der Stille vermitteln, können sie den Prozess der inneren Wandlung unterstützen und fördern:

> «*arte contemplativa*: Schaffen aus der Stille,
> aber mehr noch aus einer inneren Präsenz,
> der eigenen und einer anderen.
> Die andere zuerst.
> Die macht dann die eigene erst möglich,
> in der Gestalt liebender Aufmerksamkeit.
> *arte contemplativa* ist lebensverändernd,
> ein Weg, auf dem man unmerklich
> das eine und andere hinter sich hat,
> man kann nicht mehr zurück.
> Man wird verwandelt,
> neu und transparent.»[11]

---

8 A. a. O., 242.
9 A. a. O., 130.
10 A. a. O., 155.
11 Josua Boesch, arte contemplativa. Heilkraft aus dem Schauen, Zürich 2022 (Erstauflage: Oberegg 1988), 5.

3 «Ikonisches Menschsein»

Transparent zu sein – durchscheinend für die Wirklichkeit Gottes – ist das Ziel der Wandlung. Ein geistlicher Mensch ist «transparent» für die Präsenz des Göttlichen. Er ist «ikonisch», d. h. durchscheinend für das Bild, das die schöpferische Gottheit erschaffen hat und er unzerstörbar in sich trägt und zu verwirklichen hat. Die Transparenz des Göttlichen nannte Boesch «das Ikonische».

> «Gglüet wèèrden im füür vom läbe
> macht äim tranzparänt
> für s glüe vo gott under mäntsche.»[12]

Schon in die erste Zeit seines Aufbruchs fiel die Einsicht, dass Gott und Mensch einander wie Ikonen sind. Schöpfer und Geschöpf sind einander ebenbildlich. Das Menschliche ist transparent für das Göttliche, das Göttliche transparent für das Menschliche.

> «Welch ein Geheimnis: ER ist meine Ikone, so wie ich die SEINE bin.»[13]

Was es bedeutet, Ikone Gottes zu sein – identisch mit dem Bild, das Gott sich vom Menschen gemacht hat – beschäftigte Boesch ein Leben lang. Für ihn stand fest, dass nicht nur der Mensch Gott, sondern auch Gott den Menschen braucht, um sich selbst zu erkennen.

> «Ich darf mit meinem Gesicht Gott spiegeln, wer er ist. Denken Sie nur, Gott weiss nicht, wer er ist, wenn er uns nicht ins Gesicht schauen darf!»[14]

In seinem Tagebuch schreibt er:

> «Ikone. Ebenbildlichkeit.
> Mein Bild auf SEINEM Antlitz schauen

---

12 Boesch, underwägs, 29.
13 Boesch, Morgendämmerung, 52.
14 Gespräch mit Josua Boesch, Dezember 2001.

Und IHN SEIN Bild auf meinem Antlitz schauen lassen.
Das aushalten lernen.»[15]

4 Der Auferstehungsweg

Boesch nannte den Weg des ikonischen Menschseins auch «Auferstehungsweg». Der ikonische, für Gottes Wirklichkeit transparente Mensch ist zugleich der neue, auferstandene Mensch, wie Gott ihn von Anfang an gemeint hat. Zuletzt werden wir Gott als *den* erkennen, so Boesch, «der nie aufgehört hat, den Menschen als seine Ikone zu schauen, als auferstandenen, dialogischen, teilnehmenden Menschen, transparent für Gott und seine Welt».[16]

Auferstehung beginnt nach Boesch nicht erst an Ostern. Sie beginnt am Ursprung der Schöpfung, wo der Geist Gottes den Menschen in seiner künftigen, vollendeten, ikonischen Gestalt vor sich sieht. In seinem *Auferstehungsweg* wendet sich Boesch an einen jungen spanischen Mönch und erklärt:

> «Du merkst, der Auferstehungsweg beginnt nicht erst am Ostermorgen, schon sehr viel früher: im Ursprung des Menschseins. Vor aller Schöpfung. In der Kontemplation Gottes, wo er schon den auferstandenen Menschen schaut.»[17]

Der auferstandene Mensch ist das Verlangen des Schöpfers. Nach dem auferstandenen Menschen sehnt sich die Gottheit. Sie wartet auf ihn, hofft auf ihn, träumt von ihm, bis sich die Zeit erfüllt. In einem seiner späten Gedichte schrieb Boesch:

«ER hät mi würkli tröimt
Vor langer ziit
Und ghofft und gwaartet mit geduld
Bis ales sich erfüli Zur rächde ziit –

---

15 Boesch, Morgendämmerung, 174

16 Josua Boesch, via resurrectionis. Auferstehungsweg. Im Heute Gottes leben, Zürich 2022 (Erstausgabe: Oberegg 1985), 11.

17 A. a. O., 10.

Es isch sowiit!
Jetzt isch es überstande
Und iich bin uuferstande
Äimaalig miich als traum vo IMM.»[18]

5 Ein neuer Lebensstil?

Bis es «soweit war», und Boesch am Ziel seines Auferstehungsweges angelangt war, galt es allerdings viele Veränderungen, Krisen und Neuanfänge durchzustehen. Das Aufstehen nach einem schweren Rückenleiden wurde für ihn zum Neuanfang und zur Metapher für das geistliche «Auferstehen»:

«Aber nun bist DU gekommen, mein Kyrios, und hast zu mir gesagt: Steh auf und geh! Jetzt weiss ich, dass ein neues Leben und ein neuer Lebensstil beginnen sollen.»[19]

Der Aufruf zu einem neuen Lebensstil fiel in eine schwere Zeit. Krisen im Pfarramt, Krisen in der Ehe und das Scheitern eines geplanten spirituellen Zentrums, in das Boesch viel Hoffnung gesetzt hatte, liessen ihn an sich selber und an seiner Lebenstauglichkeit zweifeln. Während einer Retraite in Taizé gewann er neuen Mut. Nach langem Suchen hatte er das «spirituelle Zentrum» gefunden – im eigenen Herzen. Auf seinem Weg machte Boesch eine weitere unerwartete Entdeckung. Der mittlerweile Fünfzigjährige wurde sich seiner homosexuellen Veranlagung bewusst. Er empfand diese Erkenntnis als Vertiefung seines ureigensten Wesens.

«Mein Urgewicht heisst Homophilie. Das ist der Stein, geschaffen von DIR ...»[20]

Boesch dachte daran, seine Familie zu verlassen und sich frühpensionieren zu lassen, doch das Pflichtgefühl Frau und Kindern gegenüber

18 Boesch, underwägs, 10.
19 Boesch, Morgendämmerung, 9.
20 A. a. O., 31.

hielt ihn davon ab. Die Gestalt des Niklaus von Flüe, der seine Familie verliess, um sich uneingeschränkt dem Gebet widmen zu können, war ihm in dieser schwierigen Zeit der Selbstfindung und des Suchens nach einem neuen Lebensstil besonders wichtig. Während eines Ferienaufenthaltes in Schweden hatte er eine mystische Begegnung mit Franziskus von Assisi, die seinen weiteren Weg entscheidend prägen sollte.

> «Als ich gestern dem Siljansee entlang zurück in die Pension ging, setzte ich mich auf eine Bank und schaute in die Weite. Auf einmal war mir, als sässe Franziskus neben mir. Rechts neben mir, auf derselben Bank. Einfach so. Still und ohne etwas zu sagen. Nach einer Weile legte er seine linke Hand auf meine rechte. Lange. Ganz lange. War ich je einmal so glücklich? Dann habe ich ihm sein Zeichen bestätigt. Genauso behutsam habe ich meine rechte auf seine linke Hand gelegt. Bevor er ging, fragte er: Was verbindet mich mit deiner Zukunft?»[21]

Boesch richtete sich im Hinterhof seines Pfarrhauses eine Werkstatt ein. Im gleichen Jahr schuf er seine erste Metallikone in der Form eines San-Damiano-Kreuzes und nannte sie «Auferstehungsikone», weil ihn das Erlebnis in Schweden auf den Auferstehungsweg brachte. Was ist das Verbindende zwischen ihm und Franziskus? Boesch ahnte, dass es das Mönchtum sein würde. Mit dem Zeitpunkt der Trennung von seiner Frau begann sein eremitisches Leben als Pfarrer und «Ikonenmacher», wie er im Gespräch sein Kunsthandwerk bezeichnete.

Im Juni 1977 weilte er zum ersten Mal im Kloster Camaldoli. Eremiten, so wurde ihm bewusst, spiegeln ein Stück wahres Menschsein, weil ihr Lebensstil auf das Wesentlichste reduziert ist. Die Erfahrung der Einsamkeit und Stille ist nicht für sie selbst bestimmt. Boesch schrieb in sein Tagebuch:

> «Ich ahne: ein Eremit ist so etwas wie die zentripetale Kraft der Kirche in einer zentrifugalen Welt. So beginnt sich mein Traum nach dem ersten Besuch in Camaldoli zu erfüllen. Ich habe die Pforte meiner inneren Klause geküsst und bin den zentrifugalen Kräften nicht mehr ausgeliefert. Ich habe

---

21 A. a. O., 35.

ein Recht, mich auf ein ganz kleines Terrain zurückzuziehen, um für die Menschen die zentripetale Kraft zu empfangen und sie mit ihnen zu teilen.»[22]

Boesch stand zu dieser Zeit noch im Pfarrdienst. Immerhin konnte er im Spätherbst 1977 – damals ein Novum, um das er kämpfen musste – sein Pensum halbieren. So gewann er Freiraum für Kontemplation und künstlerisches Schaffen.

Am 3. April 1979 traf er in Camaldoli ein, um sich dem Leben der Brüder im Kloster anzuschliessen. Freunde hatten ihm geholfen, die schwere Werkbank zu transportieren. Die Stille, der karge Lebensstil, die Schönheit der Umgebung, die Liturgie, die Gemeinschaft mit den Brüdern und die freie Zeit für sein Kunsthandwerk taten ihm wohl. Genau dies hatte er gesucht.

«Die Stille wächst. Sie schafft sich Raum in meiner Hütte und in meiner Arbeit. Auch in mir. ... Das habe ich immer gemeint. ... Das habe ich seit eh und je gesucht. Nur das. Und jetzt erfüllt es sich. Ich weiss selbst nicht wie. Es füllt meine Leere. Und rinnt und rinnt durch alle Adern.»[23]

In Camaldoli hat Boesch eine Reihe von Eindrücken, Begegnungen, Visionen und Träumen mystischer Art. Gestalten der Transzendenz erscheinen ihm, u. a. Johannes der Täufer, der Erzengel Michael oder Romualdo, der Gründer des Camaldulenser Ordens. Er führt innere Dialoge mit Christus, Niklaus von Flüe, Franz von Assisi. Eine Vision der Augen des Auferstandenen beeindruckt ihn besonders tief:

«19. Oktober 1984. Heute schaute ich in DEINE Augen. In die unendliche Weite des Himmels und in die Urtiefen des Meeres. So schöne Augen habe ich noch nie gesehen. Nur für einen Augenblick. Warum sollte ein Augen-Blick nicht genügen?»[24]

Seit je fand in den Träumen eine intensive spirituelle Auseinandersetzung statt, doch in Camaldoli verdichteten sich die Bilder. Boesch

---

22 A. a. O., 92.
23 A. a. O., 92.
24 A. a. O., 147.

träumte von Schmuckstücken und Diamanten, vom Weinberg und vom Tau-Kreuz, von einem alten Krüppel, dem Eingeschlossen-Sein in einer Telefonkabine und von der Sonne, die aus seinem eigenen Bauch aufgeht. Die Symbolik seiner Traumbilder interpretierte er mit Intuition und Scharfblick. Durch seine bei C. G. Jung geschulte Traumdeutung wurde ihm vieles klarer und bewusster auf dem Weg.

> «Träume sind wie Engel. Sie haben eine Botschaft, die immer offen bleibt für Neues. Sie sind so lebendig, dass sie nicht ausgeschöpft werden können.» (S. 155)

Im Dezember 1984 wurde die Konzelebration durch die römische Kurie untersagt. Für Boesch, der immer wieder unter der «Institution Kirche» und deren starren Formen gelitten hatte – nicht nur der römisch-katholischen, auch der Zürcher Kirche – war der Ausschluss äusserst schmerzhaft. Hatten ihn die Mönche anfangs noch mit offenen Herzen willkommen geheissen, so spürte er mit der Zeit auch Aggressionen sich und seiner Anwesenheit gegenüber. Die Zeit des ökumenischen Zeichens, das in Camaldoli gelebt wurde, näherte sich ihrem Ende. Im September 1985 zog Boesch sich in die *Casa Bocci* zurück, einen abgelegenen Bauernhof. Über die Jahre im Kloster schrieb er im Rückblick:

> «Jetzt habe ich das Bild für meine sechsjährige Präsenz in Camaldoli gefunden: die Raupe, die sich in einen Schmetterling verwandelt. Im siebten Jahr ist der Sommervogel ausgeschlüpft. Noch trocknet er die Flügel an der Sonne. Bald fliegt er weg. Wie sollte ich Camaldoli nicht dankbar sein für die Möglichkeit meiner Verpuppung!»[25]

Durch den Entzug der Gemeinschaft mit den Brüdern war Boesch noch mehr zum Eremiten geworden. Er empfand das Alleinsein anfänglich als Sterben, das ihm von Gott abverlangt wird. Er spürte eine tiefe, letztlich aber heilsame Leere.

---

25 A. a. O., 155.

> «Leer werden. Leer von allem Überflüssigen. Von allem, was bisher meine Identität ausmachte: Ehepartner, Vater, Pfarrer, Mönch. Ich bin ganz leer geworden. Wer bin ich nun, so völlig leer? Ich weiss es wirklich nicht. Bonhoeffer schrieb in sein Tagebuch: Dein bin ich, o Gott. Ja, so halte ich die Leere aus.»[26]

Auferstehungskraft, so hatte Boesch erfahren, kommt aus der Stille. Stille ist die Quelle der göttlichen Inspiration, der Raum der Eingebungen und inneren Dialoge. Umso intensiver wurde die Verbindung zu Gott.

> «Das ganze Leben will zu Gott gehoben werden. Immer. Und mit jeder Geste. Alles will Gebet werden. Selbst die Werkzeuge.»[27]

In der Stille und Abgeschiedenheit der Casa Bocci vollzog sich nochmals eine bedeutende Wandlung. Im Einsiedlerdasein fand Josua Boesch sein innerstes Wesen.

> «Mein Urgestein ist nicht Granit, sondern Eremit. Ein in die Gesellschaft nicht einfügbarer Stein. Und dennoch kostbar für die Gesellschaft, denn er weist auf die grössere Gemeinschaft hin. Auf die Gemeinschaft zwischen Himmel und Erde.»[28]

Nicht einfügbar aber bedeutet: unverfügbar. Boesch hatte den Mut, seine Rollen als Ehemann, Vater, Pfarrer oder Mönch abzulegen, um sich ganz der Kontemplation und dem ikonografischen Schaffen zu widmen. Auch Gott, der HERR, lässt sich nicht in eine Form zwingen. Der Auferstandene überwindet die Starrheit der Kreuzform. Er lässt sich weder festlegen noch besitzen. Er sprengt die Grenzen der Vorstellungskraft. Boeschs Symbol für Unverfügbarkeit ist die Parabel. Sie kommt aus dem Unendlichen und geht ins Unendliche.

So sind die Christusfiguren seiner Ikonen mit ihren typisch weit geöffneten Armen aus drei Parabeln geformt, die sich in der Mitte

---

26 A. a. O., 162.
27 A. a. O., 159.
28 A. a. O., 135.

berühren. Die Ikonen, die in der Werkstatt der Casa Bocci entstanden, wurden immer leichter, verspielter, kunstvoller, strahlender, origineller. Neue Gestaltungselemente wie Keramik, Plexiglas, Holz, Knochen, Felsgestein, Ziegelsteine usw. kamen hinzu. Boeschs Christusgestalten scheinen förmlich zu tanzen. Mit ihren ausgebreiteten Armen sehen sie aus, als wollten sie die Welt umarmen.

«Wir sind unterwegs zum Ganzwerden», hatte Josua Boesch seinem Tagebuch anvertraut[29]. In den Jahren in der Casa Bocci kam er diesem Ziel ein grosses Stück näher. Eines seiner letzten Werke, die Ikone *Animus-Anima* von 1997, zeigt das Ganzwerden des Menschen als Verbindung zwischen Männlichem und Weiblichem[30]. Wie bei vielen anderen Aspekten des menschlichen Daseins, die Boesch thematisierte – Himmel und Erde, Licht und Dunkelheit, Kain und Abel, Jesus und Judas, Ordnung und Chaos, Ewigkeit und Vergänglichkeit und anderes – wird in der *Animus-Anima*-Ikone eine Art Beziehung oder Verbindung der Gegensätze dargestellt, die eine Voraussetzung für das Ganzwerden und den neuen Lebensstil ist (siehe Abbildung Seite 44).

6 «Auferstandene Freundschaft»

In der mystischen Literatur wird die Erfahrung der Einheit oder Gemeinschaft mit Gott als *unio mystica* bezeichnet. Boesch verwendete dafür den Begriff der Freundschaft. «Auferstandene Freundschaft» meint, dass die weltliche und überweltliche, die menschliche und göttliche Komponente sich miteinander verbinden und eins werden. Er erlebte diese Einswerdung als innere Freundschaft, als Urbeziehung zwischen Schöpfer und Geschöpf.

> «Gott hat genauso Hunger und Durst nach dem lebendigen Menschen wie wir nach dem lebendigen Gott.»[31]

Der elementare Grund dieser wechselseitigen Sehnsucht liegt in der schöpfungsmässigen Ebenbildlichkeit. Die Menschen wurden nach

---

29 A. a. O., 130.
30 A. a. O., 203.
31 A. a. O., 239.

dem Bild Gottes ins Leben gerufen, IHM ähnlich. Aufgrund der Ebenbildlichkeit können wir in den Dialog mit unserem Schöpfer treten. Wir sind unserem Wesen nach nicht «an und für sich», sondern «an und für DU». Wir sind fähig für das Du Gottes. Boesch sah dies so:

> «Nicht an und für sich ist der Mensch geschaffen, sondern *an und für du*. Sieht Gott dann deshalb in mir sein Bild, sein Angesicht, damit ich das meine in ihm sehe?»[32]

Josua Boesch erfuhr die Verbindung zu Gott in jeder Begegnung. In allem, was er erlebte, war das Göttliche präsent. Was Gott tut und bewirkt, kann man dennoch im Voraus nicht wissen. «Das hätt i miir nie la tänke»: dieser Satz gilt für jeden geistlichen Weg. Nicht der Mensch, sondern Gott «gibt den Ton an». So schreibt Boesch am Ende seines Tagebuchs:

> «Als ich heute Morgen in Zürich ausstieg und über die Bahnhofsbrücke zum Central ging, sah ich einen jungen Menschen mit einer Geige. Er kam mir von der anderen Seite her entgegen. Ein tiefer Schmerz durchfuhr mein Herz. Fast unerträglich. Da meldete sich die innere Stimme und sagte: ICH bin deine Musik. Der Schmerz war weg, und ich atmete tief. Und ich wusste: ich bin deine Geige, nicht der Geiger. Der Klangkörper und nicht der Musiker. Es besteht kein Zweifel, wer als Einziger auf dieser Geige spielen darf: IHM ist die Geige vorbehalten.»[33]

7 Der Mystiker

Während der Zeit in der Casa Bocci wurde Josua Boesch seiner innersten Berufung und Bestimmung bewusst. Er staunte:

> «Hans sagte gestern: Seit ich das Buch *Die jüdische Mystik* von Gershom Scholem gelesen habe, weiss ich, dass ich kein Mystiker bin. Bist du einer, Josua? Noch nie ist ein so urtiefes Ja über meine Lippen gekommen wie dieses. Ich erschrak selber.»[34]

---

32 Boesch, via resurrectionis, 46.
33 Boesch, Morgendämmerung, 245.
34 A. a. O., 190.

Mit Irmtraud Höhn kann man Mystik verstehen als «aussergewöhnliche Erfahrung einer Vereinigung oder Einheit mit einer als heilig qualifizierten Wirklichkeit, die unendlich grösser ist als das empirische Ich».[35] Boesch erfuhr diese Wirklichkeit auch als Gemeinschaft mit Personen der Transzendenz. Gestalten der geistigen Welt erschienen ihm in Träumen, Visionen und Eingebungen. Mystik war Boeschs Lebenselixier und der Brunnen, aus dem er das Wasser des Lebens trank. Ohne sie wäre er innerlich verdurstet oder «erstickt», wie er mir gegenüber im Dezember 2001 formulierte:

> «Ich bin ein Mystiker. Schon von Geburt an. Und ich gedenke, es auch zu bleiben. Denn nur so kann ich atmen in dieser Welt.»

Boeschs Mystik ist Christusmystik: eremitische Freundschaft mit dem menschgewordenen Gott. Der innere Dialog mit dem Auferstandenen steht dabei im Mittelpunkt. Boesch benutzte auf seinem spirituellen Weg keine besonderen Gebets- oder Meditationstechniken. Für das stille Dasein vor Gott pflegte er oft auf einem Stuhl vor der Ikone *Der Lebensbaum* zu sitzen. Er war «vorsichtig» mit dem Lesen mystischer Literatur, wie er mir damals sagte, da er sich die Unmittelbarkeit der eigenen Gottesbeziehung bewahren wollte. In diesem Sinne ist auch der folgende Tagebucheintrag aufzufassen:

> Ich erkläre auch, dass ich nie bereit sein werde, meine kleine mystische Urkraft durch irgendeine Meditationstechnik zu manipulieren oder manipulieren zu lassen. Ich will sie vielmehr dem Kommen und Gehen des göttlichen Geistes anvertrauen und ihre Absenz wie ihre Präsenz mit der ganzen Lauterkeit des Herzens respektieren. Sie hat teil an etwas viel Grösserem, als ich selber bin.»[36]

---

35 Volker Drehsen (Hg.), Wörterbuch des Christentums, Gütersloh 1988, 752.
36 Boesch, Morgendämmerung, 242.

8 Schlussbemerkung

«Aufbrechen», «durchs Feuer gehen», «die Leere aushalten», «transparent für das Göttliche werden», «sich vom Auferstandenen verwandeln lassen», die «innere Freundschaft suchen», «in Beziehung zu allem Lebendigen treten», «das Kleine und Unscheinbare lieben», «die Gegensätze verbinden», «die Einheit leben», «für andere da sein» – das sind stichwortartig zusammengefasst die Meilensteine und wichtigsten Schritte auf dem Weg, den Josua Boesch gegangen ist. Sein Leben und sein Werk waren und sind «ikonisch»: transparent, durchscheinend für das göttliche Geheimnis.

Josua Boesch gab der wortorientierten reformierten Kirche die Bilder, das Schweigen, die Mystik zurück. Er schuf ein ikonografisches und literarisch-theologisches Werk, dessen Tiefe noch unausgeschöpft ist. Seine Ikonen, die Begleittexte dazu, seine Gedichte und Übersetzungen, sein Lebensstil und nicht zuletzt seine authentische persönliche Ausstrahlung beeindruckten viele Menschen und beeinflussen viele auf ihrem eigenen spirituellen Weg – auch heute.

Josua Boesch, Leeres Kreuz, 1976, Antoniushaus Mattli in Morschach

Reto Müller

Josua Boesch und sein Kreuz mit dem Kreuz

Als Pfarrer fuhr Josua Boesch regelmässig mit den Jugendlichen vor der Konfirmation nach Assisi. In der Kirche San Damiano hatte einst (wohl 1206) der Gekreuzigte zu Franziskus gesprochen: die Kirche zerfalle, er solle sie wieder aufbauen. Der junge Franziskus nahm das wörtlich und reparierte Mauern und Dach, später andere Kapellen in der Gegend, bis ihm (vielleicht) die Bedeutung und Grösse dieses Auftrags aufgingen, als seine Gemeinschaft auf Tausende angewachsen war und in Europa, ja darüber hinaus eine spirituelle Erneuerung in die Wege leitete. Seither, sagt die Legende, hat dieser Christus am Kreuz von San Damiano die Augen geöffnet: Franziskus hat ihn in der Seele der Menschen und in seiner Zeit auferstehen lassen. Dieser Christus hängt nicht tot am Kreuz; er steht aufrecht, schaut uns an und umarmt die Welt.

Endlich kein leidender, sondern ein auferweckter Christus! Josua Boesch atmete auf. Diese Erfahrung vertiefte sich, als er das Kreuz von San Damiano für das franziskanische Bildungshaus Mattli in Morschach stilisiert aus einer Messingplatte anfertigte, und beim Aussägen der Christus-Figur nicht nur dieser Christus am Schluss durch das Kreuz hindurchfiel, sondern er gleichzeitig auch sich selber durch das leere Kreuz hindurchfallend erlebte. Eine Schlüsselerfahrung!

Kreuz in der Kirche von San Damiano

Im frühen Mittelalter steht Christus am Kreuz, gekrönt und mit Tunika, mit heiterem, Freude ausstrahlendem Gesicht; im späten Mittelalter jedoch hängt er am Kreuz mit gebogenen Armen, den Kopf auf die Schulter geneigt, das Gesicht vom Schmerz gezeichnet. Der letzte Beleg für ein Kruzifix mit einem triumphierenden, auferstandenen, sieghaften Christus stamme aus dem Jahre 1238, der erste Beleg für einen toten Christus am Kreuz (von Giunta Pisano) von 1236.[1] Die frühe scholastische Satisfaktionstheologie ist zweifellos einer der Gründe für diesen Wandel.

Indem Josua Boesch durch das Kreuz hindurch fiel, liess er es in dieser Form hinter sich, und mit ihm die ganze unselige Theologie vom Kreuz als gottgewolltes Opfer und Sühne, die auf Anselm von Canterbury (1033–1109), zurückgeht, Wurzeln schon bei Augustinus und anderen hat, und über Jahrhunderte das Christentum prägte. Josua Boeschs

1 So Inna Jane Ray, The Atonement Muddle, Journal of Women and Religion, Volume 15, Berkeley, California, 1997, 49.

Höllenfahrt Christi (Auferstehung), Russland, Anfang 16. Jh., Ikonenmuseum Recklinghausen

Aufatmen hat sozusagen epochale Dimensionen. Er schreibt dazu in seinem Tagebuch:

> «Geheimnis der Leere! Man beginnt wieder zu atmen. Alles ist wieder offen. Der Wind bläst hindurch. Ein heiliger Wind. Man spürt eine Frische wie Morgenluft. Beginnt es zu dämmern? Beginnt etwas Neues?»[2]

Am 1. Januar 1977 notiert er in seinem Tagebuch, drei Tage nachdem dieses leere Damiano-Kreuz entstanden ist:

> «Zweitausend Jahre haben wir über den Kruzifixus verfügt und in seinem Namen eine blutige Geschichte über die Menschheit gebracht. Jetzt ist ER uns auf und davon, und wir müssen die Verantwortung selber übernehmen.»[3]

---

2 Josua Boesch, arte contemplativa, 14.
3 Josua Boesch, Morgendämmerung, 72.

Christus war Pneuma geworden, Geist, verwandelt, auferstanden. Tatsächlich zeigen seine Umrisse auch eine Taube, die von oben in diese Wirklichkeit einbricht. Transparenz wird Transzendenz.

Viele Jahre später geschieht das noch einmal: Die Rad-Ikone von Bruder Klaus wird im Feuer beschädigt. Josua Boesch merkt, dass er den Kreis aufbrechen muss, und es entsteht der Auferstehungsweg, eine horizontale Ikone, aber natürlich mit acht (!) einzelnen Ikonen, um jede Begrenzung zu überwinden.

Die erste Ikone von Josua Boesch ist also von Franz von Assisi inspiriert. Von diesem Ort wird er nach Camaldoli geführt, in eine benediktinische Einsiedelei, in der die unterste Klosterzelle den Namen des heiligen Franz trägt, der sich, berichtet die Chronik, auf seiner Wanderung länger dort aufgehalten habe.

In Camaldoli wird viele Jahre später Josuas Tau-Kreuz-Ikone geboren. Sie entsteht in seinem Innern, wie ihm der Prior die Mönchskukulle anzieht: sie hat die Form eines Tau! Der Mönch ist mit Christus gekreuzigt und auferstanden, wie es Ernesto Cardenal in seinem *Buch von der Liebe* formuliert hat;[4] das Mönchsgewand stellt es dar. «Nicht mehr ich lebe, sondern Christus lebt in mir» (Gal 2,20). Das hatte Josua doch bereits in seiner *Eremitischen Regel* geschrieben, als er noch Pfarrer in Affoltern war!

Das Tau, glaubt Josua Boesch, ist das Zeichen der Bewahrung, das Kainszeichen, mit dem Gott den Brudermörder vor der Rache schützt, auch das Zeichen der Erlösten im Buch der Offenbarung. Josua, der sich lange als Abel empfunden und daraus ein Triptychon zu Kain und Abel gemacht hat (heute in Marzabotto bei Bologna), erlebt die neue Existenz als Ermöglichung zu vergeben: «Vergeben heisst einen Gefangenen befreien – und dann merken, dass du selber der Gefangene warst», so steht es über dem Eingang in Romena, dem Begegnungszentrum in der Nähe von Camaldoli, wo Josua mit Don Luigi, dem dortigen Priester, viele Gespräche mit Menschen und Ikonen gehalten hat.

---

4 Ernesto Cardenal, Das Buch von der Liebe, Wuppertal 1991-

Tau-Kreuz, 1980. Das Tau, von Franziskus als Segenszeichen benutzt, ist der letzte Buchstabe des hebräischen Alphabets.

Die Menschwerdung Gottes zu Ende denken

Immer schon hat Josua Boesch die Menschwerdung Gottes zu Ende denken müssen: angefangen mit dem Kreuz von San Damiano (1974), über das Tau-Kreuz (1980) bis zur Ikone der Auferweckung und Erlösung des Judas (1986). Speziell zu dieser Ikone passt die Oster- oder Auferstehungs-Ikone aus der orthodoxen Tradition, die es in verschiedensten Ausführungen gibt.[5] Diese stellt ja den Abstieg Jesu in die Unterwelt dar, aus der er Adam und Eva (und damit die ganze Menschheit) an der Hand hinaufführt. Josuas Darstellungen haben mannigfache Bezüge, so auch Verbindung mit Hans Rudolf Hiltys Vorschlag in dieser Zeit, die Seligpreisungen (Mt 4,23ff) wiederzugeben mit «*Aufrecht gehen* sollen alle, die ...», anstelle des faden «Wohl denen, welche ...» oder «Selig sind,

5 Siehe Seite 63 in diesem Band.

die ...». Denn auf die Füsse gestellt zu werden, Würde und Lebensraum zu erhalten, das kommt in den traditionellen Fassungen zu wenig zum Ausdruck. *Gott will den aufrechten Gang!* Damit knüpft Josua Boesch an seine theologischen Lehrer Karl Barth und Helmut Gollwitzer an.[6]

Einen neuen «Lehrer» habe ich ihm vermitteln dürfen: Matthew Fox, dessen Buch *Der Grosse Segen* ich atemlos und bewegt gelesen und sofort Josua weitergegeben hatte.[7] Am nächsten Morgen sagte er, die ganze Nacht habe er es nicht weglegen können: das sei das Buch, auf das er ein Leben lang gewartet habe; er habe nur geweint und sich endlich bestätigt gefühlt.

Matthew Fox stellt als einer der Ersten seit dem Konzil (1962–1965) eine Schöpfungstheologie dar, welche die bisher dominierende Erlösungstheologie ablöst, zumindest gewichtig in eine neue Relation setzt: Am Anfang segnet Gott die Schöpfung; der Sündenfall kommt erst danach. Die Schöpfung ist gut, zwar defizitär, aber nicht «voller Sünde». Die verdrängten und vergessenen Ansätze und Richtungen einer positiven Theologie werden aufgezeigt und gewürdigt; anstelle einer Sündentheologie wird eine Spiritualität des Vertrauens und der Hoffnung, des Mitgefühls und der Barmherzigkeit gezeichnet.

Josua Boesch hat dies in seinen Ikonen von Anfang an umgesetzt, indem alle Masse stimmten, auch übereinstimmten mit den Bedeutungen und Zahlenwerten der hebräischen Buchstaben, und die auf diese Weise eine spürbare Harmonie verbreiteten. Ebenso dadurch, dass sich edle und unedle Metalle verbanden (Messing und Kupfer mit Silber und Gold) und so jede Konkurrenz und Feindschaft überwanden. Das Übergangene kam dabei fast immer zu seltener Schönheit, eindrücklicher als die Edelmetalle für sich alleine!

Gegensätze verschwinden. Himmel und Erde berühren sich. Das ist Hintergrund und Untergrund, die Basis aller Ikonen von Josua Boesch. Am greifbarsten ist dies für mich in der Ikone *Eucharistie werden,* die

---

6 Rudolf Hilty, Gott will den aufrechten Gang, in: Philippe Dätwyler (Hg.), Not-Wendigkeiten. Auf der Suche nach einer neuen Spiritualität, Zürich 1985, 149ff. Zu Gollwitzer z.B., Krummes Holz, aufrechter Gang, München 1979.

7 Matthew Fox, Der Grosse Segen. Umarmt von der Schöpfung, München 1991 (im englischen Original 1983), ein Buch, das auch in Europa grosse Wellen warf.

Josua Boesch,
Eucharistie werden,
1982

mich seit meiner Ordination begleitet. Es geht nicht darum, Eucharistie zu zelebrieren, sondern Eucharistie zu sein, wie Jesus, der so einfach lebte und sprach wie Brot; und unter den Menschen wie ein offener Kelch war, aus dem alle Menschen Freude und Erlösung schöpfen konnten. Schon im Kreuz von San Damiano kann man Kelch und Hostie sehen. In dieser Ikone ist die Realität der Erde noch vom Kreuz gezeichnet, vom Tau, das auch Zeichen der Bewahrung ist; der Himmel indes beinhaltet die Einheit, auch wenn er noch die Erinnerung an Spaltung und Trennung trägt (und an die Wundmale, die in allen Ikonen mit Gold bezeichnet sind). Flügel aus Kupfer deuten vielleicht an, dass sich erst in der Zukunft verwirklicht, was die Ikone aussagt.

Jedenfalls weisen die Ikonen von Josua Boesch in die Zukunft und verheissen sie. Ihre Wurzeln haben sie im Innersten: im innersten Wissen, im innersten Geschehen des Lebens.

Josua Boesch, Auferstehungsweg, vierte Station, 1982

Pierre Bühler

«Auferstehungsleicht» – allzu leicht?

Kreuzestheologisches Gespräch mit Josua Boesch

1 «Das Kreuz allein ist unsere Theologie»

Dieser Satz steht in Martin Luthers zweiter Psalmenvorlesung.[1] Er bringt in aller Kürze die Grundüberzeugung Luthers zum Ausdruck, dass die Theologie wesenhaft Kreuzestheologie (*theologia crucis*) zu sein hat, in polemischer Abgrenzung gegen eine Herrlichkeitstheologie (*theologia gloriae*). Programmatisch hat er dies in seiner *Heidelberger Disputation* formuliert. In Anlehnung an Röm 1 bezeichnet er unter anderem die scholastische Theologie des Mittelalters als eine solche Herrlichkeitstheologie, weil sie versucht, vom Erschaffenen her den Schöpfer zu erkennen. Sie sucht also Gott in seiner schöpferischen Majestät zu erfassen. Sie bläht aber auch den Menschen auf und verblendet ihn, denn, wie sie Gott in seiner Schöpfermacht wahrnimmt, so sieht sie den Menschen auch von seinen Werken her und verführt ihn dazu, zu meinen, er könne durch diese gerecht werden. Demgegenüber bemüht sich der Kreuzestheologe, Gott dort zu erkennen, wo er Mensch geworden ist, wo er sich erniedrigt hat, um in Schwachheit und Demut den

---

1 Martin Luther, Operationes in Psalmos, 1519–1522, Zitat in: WA 5; 176, 32f.

Menschen zu begegnen, nicht in seiner unsichtbaren Glorie, sondern in der Niedrigkeit seiner sichtbaren Leiden. Deshalb heisst es: «Also ist im gekreuzigten Christus die wahre Theologie und Erkenntnis Gottes.»[2] Dem entspricht in Hinsicht auf den Menschen, dass er durch das Leiden und Sterben Christi in den Glauben eingewiesen wird, als ein Vertrauen auf Gott allein, das ihn aus falscher Werkgerechtigkeit erlöst und zu selbstloser Liebe befreit.

Im Hintergrund dieser hier nur knapp erläuterten Thesen Luthers[3] steht das Wort vom Kreuz, wie es Paulus in 1Kor 1,18–25 zur Sprache gebracht hat. «Zunichtemachen werde ich die Weisheit der Weisen, und den Verstand der Verständigen werde ich verwerfen.» Von diesem Zitat in Jes 29,14 ausgehend betont der Apostel: Weil diese Weisheit der Weisen Gott nicht erkannte, habe es ihm gefallen, ihr «die Torheit der Verkündigung» (V. 21) entgegenzustellen. «Während die Juden Zeichen fordern und die Griechen Weisheit suchen, verkündigen wir Christus den Gekreuzigten – für die Juden ein Ärgernis, für die Heiden eine Torheit, für die aber, die berufen sind, Juden wie Griechen, Christus als Gottes Kraft und Gottes Weisheit.» (V. 22–24) In dieser Botschaft vollzieht sich eine radikale Umkehrung der Werte: In der Torheit ist Weisheit, in der Schwachheit ist Kraft oder mit dem V. 25 zum Ausdruck gebracht: «Denn das Törichte Gottes ist weiser als die Menschen, und das Schwache Gottes ist stärker als die Menschen.»

Wie in 2Kor 12,1–10 zu beobachten ist, heisst das für den Menschen kritisch das Bedürfnis zu hinterfragen, sich seiner Kräfte und Kompetenzen zu rühmen, sich mit ihnen um Anerkennung zu bemühen. «Du hast genug an meiner Gnade, denn die Kraft findet ihre Vollendung am Ort der Schwachheit» (V. 9), das ist die göttliche Botschaft, die dem Apostel kundgetan wird, und so kann er sich seiner Schwachheit rühmen: «Denn wenn ich schwach bin, dann bin ich stark.» (V. 10)

---

2 Martin Luther, Heidelberger Disputation, 1518, in: Lateinisch-deutsche Studienausgabe, Bd. 1, Leipzig 2006, 35–69, hier 53.

3 Für eine ausführlichere Darstellung, vgl. Pierre Bühler, Kreuz und Eschatologie. Eine Auseinandersetzung mit der politischen Theologie, im Anschluss an Luthers theologia crucis, Tübingen 1981, vor allem 102–120.

2 «Ein leeres Kreuz»

Es gibt zwar bei Josua Boesch, soviel ich weiss, keine unmittelbare Bezugnahme auf Luthers Kreuzestheologie, aber es ist zu vermuten, dass er damit grosse Mühe gehabt hätte. Denn er hatte «sein Kreuz mit dem Kreuz».[4] Er sei, so heisst es, «durch das Kreuz hindurchgefallen». In *arte contemplativa* kommt das etwa in folgenden Zeilen zur Sprache:

> «Ein leeres Kreuz.
> SEIN Kreuz ist leer.
> Der Kruzifixus ist weg.
> Jahrhundertelang hing er da oben
> tot und schwer.
> Eine schwere Lehre.
> Ist er uns auf und davon
> und hat uns nur diese Leere gelassen?»[5]

Subtil mit dem Kontrast von «Lehre» und «Leere» spielend hebt Boesch das Schwere hervor, nicht nur in der Lehre (Luthers Kreuzestheologie wäre wohl in diesem Sinne «schwere Lehre»!), sondern auch im Gekreuzigten selbst: tot und schwer hing er da oben. Demgegenüber ist das Geheimnis der Leere: «Leere macht leicht, befreit von jahrhundertealtem Ballast. Von Übergewicht und von Übermass.»[6]

Von dort her erstaunt es nicht, dass die Leichtigkeit ein prägendes Moment wird in Josua Boeschs Wende vom Kreuz zur Auferstehung. Das zeigt sich am mehrmaligen Gebrauch der Wortbildung «auferstehungsleicht».[7] So etwa an früher Stelle in *arte contemplativa*, wo es darum geht, wie die vier Metalle Kupfer, Messing, Silber und Gold im Feuer verwandelt werden, wie das Kostbare für das Wertlosere stirbt und beide neu und ganz anders erstehen. Da heisst es: «Warum sollte ER

---

4 Vgl. Reto Müllers Beitrag Seiten 61–67 in diesem Band.

5 Josua Boesch, arte contemplativa. Heilkraft aus dem Schauen, Zürich 2022 (Erstauflage: Oberegg 1988), 12.

6 A. a. O., 15.

7 Diese Wortbildung hat Simon Peng-Keller als Überschrift für seine Einführung in Josua Boeschs Leben und Werk aufgegriffen; vgl. Simon Peng-Keller, auferstehungsleicht. Der ikonografische Weg von Josua Boesch, Zürich 2022 (Erstauflage: Oberegg 1999).

also nicht schweben, auferstehungsleicht wie die vier?» Und damit verbindet sich gleich Boeschs Menschenbild: «Figur des aufrechten Menschen, wenn Gott und Mensch wieder eins sind. Ureinfach, eindeutig und klar. So sind wir gemeint von Anfang. Aufrecht, nicht gekrümmt und gebeugt. Nicht gekreuzigt, nicht Opfer. Auferstanden.»[8] Im selben Ton heisst es später: «So sind wir doch gemeint von Anfang an. So leicht. So spielend leicht und tanzend.»[9]

Aufrecht und nicht gekrümmt und gebeugt, auferstanden und nicht gekreuzigt, nicht Opfer: Damit wird klar eine grundlegende Wende markiert, vom schweren Kreuz weg zur leichten Auferstehung. Könnte man also sagen: eine befreiende Auferstehungstheologie anstelle einer erdrückenden Kreuzestheologie?

Bemerkenswert ist auf jeden Fall, wie für Josua Boesch der Kreuzesweg zu einem Auferstehungsweg wird.[10] «Du siehst», schreibt er seinem Adressaten Ventura, «es sind nicht mehr 14 Stationen wie auf dem Kreuzweg. Es sind nur noch sieben. Für jeden Tag der Woche eine, und dann noch eine für den ‹achten Tag›, den Tag der neuen Schöpfung (Offb 21,1–5).» Und, mit einer Anspielung auf das Feuer, in dem seine Metall-Ikonen entstehen, folgert er daraus:

> «Denn wer vom Kreuzweg auf den Auferstehungsweg finden will, muss durchs Feuer der Verwandlung. Nur so wird sein ‹Archetyp› sichtbar, geläutert, echt. Nur so wird er seiner eigenen Ikone gewahr, erfährt er, wie Gott ihn eigentlich von allem Anfang an gemeint und geschaffen hat.»[11]

Nicht von ungefähr beginnt deshalb der Auferstehungsweg nicht am Ostermorgen, sondern «vor aller Schöpfung» in einer sonntäglichen Ur-Ikone, in der man in der Kontemplation Gottes «schon den auferstandenen Menschen schaut».[12]

---

8 Beide Zitate A. a. O., 10f.

9 A. a. O., 46.

10 Vgl. Josua Boesch, via resurrectionis. Auferstehungsweg. Im Heute Gottes leben, Zürich 2022 (Erstauflage: Oberegg 1985).

11 A. a. O., 8f.

12 A. a. O.,11.

3 Zwischenfazit

Das Gespräch könnte hier enden, in einem radikalen Widereinander: Gebeugtsein unter dem Kreuz versus Aufrechtstehen in der Auferstehung, könnte Boesch sagen, während Luther kontern könnte, da sei Auferstehung herrlichkeitstheologisch verbrämt, während der Kreuzestheologe «sagt, was die Sache ist».[13]

Es wäre jedoch problematisch, Kreuz und Auferstehung so scharf gegeneinander auszuspielen. Bei Paulus zeigt sich das daran, dass die Befürchtung einer Entleerung sowohl beim Kreuz als auch bei der Auferstehung besteht: In 1Kor 1,17 betont der Apostel, er sei gesandt worden, das Evangelium zu verkündigen, aber «nicht mit beredter Weisheit, damit das Kreuz Christi nicht seines Sinnes entleert werde» (auf Griechisch: *me kenothei*), und in 1Kor 15,14 heisst es: «Ist aber Christus nicht auferweckt worden, so ist unsere Verkündigung leer, leer auch euer Glaube» (auf Griechisch: *kenon, kene*). An dieser doppelten Sorge um Entleerung offenbart sich, dass es zwischen Luther und Boesch noch weiteren Gesprächsstoff gibt.

4 Bei Luther: der auferweckte Gekreuzigte

Natürlich weiss auch Luther darum, dass das Kreuz leer wurde, dass der Gekreuzigte auferweckt worden ist. Die Kreuzestheologie schliesst die Auferstehungsaussage nicht aus, sondern ein, als ein wesentliches Moment des Christusglaubens. Die Auferstehung muss jedoch kreuzestheologisch verstanden werden. Das heisst: Sie ist nicht einfach eine Überholung des Kreuzestodes, so dass man ihn hinter sich lassen könnte. Oder in Josua Boeschs Worten: so dass der Gekreuzigte «uns auf und davon» wäre. Die Erscheinungen des Auferstanden werden in den Evangelien als unterschiedliche Wiedererkennungsgeschichten erzählt: Im Auferstandenen werden die Züge des Gekreuzigten wiedererkannt, an seinem Gesicht, an seinen Worten, aber auch und vornehmlich an seinen Wundmalen. Damit zeigt sich, dass die Auferstehungsbotschaft ein neues Licht auf den Kreuzestod wirft und ihn so bekräftigt. Sie erlaubt den Jüngerinnen und Jüngern nicht, ihn wegzulassen, sondern

13 Luther, Heidelberger Disputation, 53 (auf Lateinisch: «Theologus crucis dicit, id quod res est»).

ihn neu zu verstehen: Im Kreuzestod Jesu ist die Macht des Todes über das Leben gebrochen worden, so dass aus ihm ein ganz neues Leben hervorgeht. Es ist nicht irgendein Auferstandener, der da steht, mit offenen Armen; es ist der von Gott auferweckte Gekreuzigte, aus dem Heil, Befreiung, Gnade hervorgeht, aber eben als dem Gekreuzigten.[14]

So konnte im 10. Jahrhundert dem Hymnus *Vexilla Regis* eine neue Strophe hinzugefügt werden, die mit den Worten *O crux ave, spes unica* beginnt («Sei gegrüsst, o Kreuz, unsere einzige Hoffnung»). Und dem entspricht, dass die Kreuzestheologie Luther dazu führt, ein unglaubliches Lob auf die «Freiheit eines Christenmenschen» zu schreiben. Da ist nichts von Gebeugt- und Opfersein zu finden, sondern Freiheit aus Glauben zum selbstlosen und frohen Dienst in Liebe.[15]

Damit kommt Luther Josua Boesch näher, aber eben im Zeichen einer Freiheit, die aus dem Ernstnehmen des Leidens und Sterbens Jesu Christi hervorgeht.

5 Bei Boesch: der leidende Auferstandene

Umgekehrt ist auch bei Boesch der kreuzestheologische Aspekt des Leidens nicht einfach verschwunden. Die Bereitschaft, sich weiterhin damit zu konfrontieren, zeigt sich zunächst an Momenten des Selbstverdachts. So heisst es in *arte contemplativa*:

> «Auferstehen denn Kreuze und Gekreuzigte. Millionen Gekreuzigte? Auferstehen sie wirklich so leicht? Oder träumt da einer, weil er es nicht mehr aushält vor Elend und es nicht mehr mit ansehen kann? Wunschprojektion oder Durchblick, das ist die Frage?»[16]

Die selbstkritische Frage ist also: Ist es nicht alles eine Flucht vor dem Elend und Leiden, die dazu führt, dass man sich in die Illusion einer möglichen Auferstehung hineinprojiziert? Auf der nächsten Seite ist

14 Vgl. Ingolf U. Dalferth, Der auferweckte Gekreuzigte. Zur Grammatik der Christologie, Tübingen 1994.

15 Vgl. Martin Luther, Von der Freiheit eines Christenmenschen, in: Deutsch-deutsche Studienausgabe, Bd. 1, 2012, 277–315.

16 Boesch, arte contemplativa, 10.

diese Frage erneut gestellt, aber es zeichnet sich bereits ein Gefälle ab: Könnte es nicht sein, dass unsere Augen vor lauter Bilder des Todes, lauter Resignation, lauter Theologie, blind geworden sind, verlernt haben zu durchschauen? Die Antwort ist eigentlich implizit Ja, denn die Hoffnung ruht nun auf einer «Heilkraft im Schauen, sodass unsere Realität transparent wird auf eine grössere Wirklichkeit hin».[17]

Trotzdem hat aber das Leiden seinen Platz und seine Bedeutung. Wir hatten ja oben schon den Hinweis darauf, dass man durch das Feuer der Verwandlung muss, um auf den Auferstehungsweg zu kommen. An anderen Stellen wird dieses Feuer damit zum Ausdruck gebracht, dass die Verwandlung uns in die Wüste führt:

> «Führt uns der Auferstehungsweg in die Wüste? […] So ist es, Ventura! Der Auferstehungsweg bringt uns ganz unerwartet in die Wüste. Auf einmal ist überall Wüste: in der Stadt, in den Fabriken, in Schulen und Universitäten, auch in der Familie und unter Freunden. Man fühlt sich plötzlich fremd und allein. Wüste und Fremdheit gehören zu unserer Menschwerdung.»[18]

Josua Boesch geht am tiefsten Punkt des Auferstehungswegs, in der vierten Station, noch einen Schritt weiter, indem dieses Leiden des Menschen, die Wüsten- und Fremdheitserfahrung, das Feuer der Verwandlung als «ein Anteilbekommen am Leiden des Auferstandenen» bestimmt wird: Die Ikone der Station kommentierend schreibt Boesch: «Es ist der Auferstandene, der hier leidet. Man sieht wie von oben seine goldene Dornenkrone.»[19]

Das ist ein sehr origineller Gedanke, der mir so sonst nicht bekannt ist. Traditionell ist die Gestalt des Auferstandenen eine Siegesfigur, und,

---

17 A. a. O., 11. – En passant sei hier Josua Boeschs negatives Bild der Theologie erwähnt, die er hier ziemlich direkt mit Bildern des Todes und mit Resignation assoziiert. Das zeugt von einer Aversion, die vielleicht von seiner theologischen Ausbildung herkommt: Die dialektische Theologie hatte für mystische Erfahrungen wenig übrig. Josua Boesch fühlte sich mit der Bezeichnung «Theophil» besser verstanden als mit der Bezeichnung «Theologe». Vgl. dazu seinen Brief «Der Mönch, wer ist das?», zitiert im Beitrag von Verena Frei-Boesch, Seite 33–36. in diesem Band.

18 Boesch, via resurrectionis, 21.

19 A. a. O., 24.

ehrlich gesagt, weiss ich nicht, ob in früheren Jahrhunderten die Vorstellung eines leidenden Auferstandenen von den Vertretern der rechten Lehre nicht als «gefährlich» oder gar «häretisch» erachtet worden wäre! Aber Mystiker hatten mit den Vertretern der rechten Lehre ja öfters Schwierigkeiten …

Interessant ist nun aber, dass der leidende Auferstandene bei Boesch als «die Welt verändernd» verstanden wird, «weil nur wer leidet die Welt verändern kann und was unabänderlich erscheint». Und damit kann er die Christen und die Kirchen dazu aufrufen, durch «eine authentische Anteilnahme an seinen Leiden und am Leiden der ganzen Welt» «eine glaubwürdige Mitarbeit an der Verwandlung der Welt» in Angriff zu nehmen.[20]

6 Doch allzu leicht?

Bleiben wir nun aber noch einen Augenblick bei dieser vierten Station des Auferstehungswegs. Was verändert sich damit, dass die in der Kreuzestheologie dem Gekreuzigten zugesprochenen Leiden nun zu Leiden des Auferstandenen werden? In der *goldenen* Dornenkrone war schon eine Andeutung enthalten, die Boesch, seine Ikone kommentierend, noch expliziert, indem er an dieser Stelle einen Ungenannten zitiert: «Es sagte einmal einer: ‹Es ist, wie wenn hier alle Dornenkronen der Welt und alle Beleidigungen und Leiden der Menschheit gesammelt würden, um in Strahlen der Herrlichkeit Gottes verwandelt zu werden.›» Und Boesch selbst fügt hinzu: «Es ist so: Die Verwundungen sind aus Gold, die Tränen sind aus Gold, selbst die Dornen. Alle sind verwandelt.»

Diese Vergoldung der Verwundungen, diese Verwandlung der Leiden in «Strahlen der Herrlichkeit Gottes» macht mich etwas stutzig. Ist das nun nicht doch eine die Leiden verbrämende *theologia gloriae?* Auf jeden Fall scheint die Folge klar, wie sie im letzten Satz dieser Station anklingt. Es ist Erleichterung: «Deshalb ist das Kreuz der Mitleidenden ganz leicht. Ganz leicht.»[21]

Damit sind wir wieder beim Thema der Leichtigkeit, das wir weiter oben schon angesprochen haben. Es scheint wie ein Paradox in Josua

20 A. a. O., 25.
21 Alle Zitate ebd.

Boeschs Werk zu liegen: Als Goldschmied arbeitet er mit schwerem, solidem Metall, aber als Theologe ist er dabei auf der Suche nach dem Leichten, ja sogar nach schwerelosem Schweben: «ER aber schwebt bei den Kreuzen [...] auferstehungsleicht».[22]

Die Wortbildung «auferstehungsleicht» ist zwar eine sehr gelungene. Schwieriger ist es aber, wenn es nur noch «leicht», ja sogar «ganz leicht» heisst und mit einem Schweben in Verbindung gebracht wird. Hinzu kommt, dass diese Leichtigkeit bei Boesch stets im Gegensatz zu einem «karfreitagsschwer» steht. In gewisser Hinsicht könnte man sagen, dass die Kreuzestheologie, durch eine stärkere Verbindung von Kreuz und Auferstehung, ein «karfreitagsleicht» vertritt, im Sinne etwa des liturgischen *O crux ave, spes unica*.

Deshalb fragt der Kreuzestheologe, ob solches auferstehungsleichte Schweben nicht in der Gefahr steht, von der Lebenswirklichkeit entkoppelt zu werden. Der Untertitel von *via resurrectionis* heisst zwar *Im Heute Gottes leben*. Aber ist das letztlich nicht ein abgehobenes, schwebendes Leben, trotz allem Arbeiten an der metallharten Wirklichkeit?

Um es mit Paulus in 2Kor 4,6–10 zu formulieren: Wenn der Schatz des Evangeliums «die Erkenntnis der Herrlichkeit Gottes auf dem Angesicht Jesu Christi» ist, so entspricht es dem Wort vom Kreuz, dass wir «diesen Schatz in irdenen Gefässen» tragen. Und als irdische, endliche und zerbrechliche Gefässe werden wir mit diesem Schatz in den Widerstreit, in die Widerwärtigkeiten und Auseinandersetzungen des Glaubensvollzugs im konkreten Leben eingewiesen, so dass wir stets «bedrängt, aber nicht in die Enge getrieben, ratlos, aber nicht verzweifelt, verfolgt, aber nicht verlassen, zu Boden geworfen, aber nicht am Boden zerstört» sind. Eine solche spannungsvolle leibliche Existenz, die mir bei Josua Boesch oft fehlt, fasst Paulus folgendermassen zusammen: «Allezeit tragen wir das Sterben Jesu an unserem Leib, damit auch das Leben Jesu an unserem Leib offenbar werde.»

Unser leibliches Leben offenbart das Leben Jesu nur, wenn es auch sein Sterben bezeugt, und das kann nur dadurch geschehen, dass wir auch unser eigenes Sterben ernst nehmen und ihm in unserem Leben Platz machen. Etty Hillesum, eine niederländische Schriftstellerin jüdi-

---

22 Boesch, arte contemplativa, 8.

scher Herkunft, die 1943 mit 29 Jahren in Auschwitz umkam, schrieb in ihrem Tagebuch: «Die Möglichkeit des Todes ist mir absolut gegenwärtig; mein Leben hat dadurch eine Erweiterung erfahren, dass ich dem Tod, dem Untergang ins Auge blicke und ihn als einen Teil des Lebens akzeptiere. [...] Es klingt fast paradox: Wenn man den Tod aus seinem Leben verdrängt, ist das Leben niemals vollständig, und indem man den Tod in sein Leben einbezieht, erweitert und bereichert man das Leben.»[23]

Bei Josua Boesch erscheint das Reden über das Sterben fast etwas akzidentell, als etwas, das sich nicht als nötig aufgedrängt hat. So heisst es am Ende der achten und letzten Station von *via resurrectionis*: «Merkwürdig, warum haben wir eigentlich nie vom Sterben gesprochen? War es nicht nötig? Ist Sterben auf diesem Weg selbstverständlich geworden?» Es folgt dann gleich die Antwort auf diese Fragen: «Ich habe den Eindruck gewonnen, Sterben sei wie durch einen Engpass gehen, durchs ‹Nadelöhr›, in eine neue Etappe des Lebens. Es ist wie Geborenwerden. Auf dem Auferstehungsweg lernt man sterben, um aufzuerstehen. Man muss sich sozusagen selber gebären», wobei der Auferstandene einem «über die Schwelle» hilft.[24]

Kreuzestheologisch wäre hier zu fragen: Macht es sich eine solche Auffassung, die Sterben bloss als einen leichten, selbstverständlichen Übergang über eine Schwelle in eine neue Etappe des Lebens versteht, in Hinsicht auf den «letzten Feind» (1Kor 15,26) nicht doch allzu leicht?

---

23 Etty Hillesum, Das denkende Herz der Baracke. Die Tagebücher 1941–1943. Aus dem Niederländischen von Maria Csollány, Freiburg/Basel/Wien 2014, 189.

24 Boesch, via resurrectionis, 42.

Josua Boesch, Der geeinte Mensch, 1986

Eva-Maria Faber

Wege der Verwandlung

Vom Ikonisch-Werden des Menschen

«Werde ikonisch, d. h. transparent
für SEIN Ebenbild in dir.»

1. Zur Bedeutung des künstlerischen Weges von Josua Boesch für Theologie und Spiritualität

Wissenschaften unterscheiden «Begründungszusammenhänge» von «Entdeckungszusammenhängen». Wissenschaftliche Aussagen haben zwar möglicherweise eine bestimmte Entdeckungsgeschichte, doch sollen die so gewonnenen Einsichten auch unabhängig von persönlichen und subjektiven Entdeckungsgeschichten aufgrund von Argumenten einleuchten. Am Schluss entscheiden die «Begründungszusammenhänge». Das Streben nach solcher Objektivität hat auch die christliche Theologie geprägt.

Andererseits hat sich das Ideal einer völlig standpunktunabhängigen Wissenschaft als Illusion erwiesen. Dies gilt auch und gerade für theologische Erkenntnis. Wenngleich sich wissenschaftlich-theologische Erkenntnis nicht mit Glaubenserkenntnis gleichschalten lässt, kann sich doch auch eine wissenschaftliche Bemühung um Theologie nicht in unbeteiligte Reflexion zurückziehen. Ein «tua res agitur» geht der theologischen Arbeit voran: Es geht um dich selbst. Darum hängen

Theologie und Spiritualität trotz aller Unterschiedenheit eng miteinander zusammen. Zudem ist die Einsicht gewachsen, wie sehr wissenschaftliche Einsichten Erschliessungszusammenhänge brauchen. Für nichttheologische Kontexte formuliert Umberto Eco, wir bräuchten «nicht so sehr Definitionen, sondern Geschichten. [...] Mit anderen Worten, unser Wissen (auch das wissenschaftliche, nicht nur das mythische) ist von Geschichte durchwoben.»[1]

Vor diesem Hintergrund fällt Licht auf die Bedeutung, die zusammen mit den Kunstwerken als solchen auch ein künstlerischer *Weg* wie der von Josua Boesch für die Theologie haben kann.

Damit soll die Ausdruckskraft der Kunstwerke selbst nicht relativiert werden. Die Ikonen von Boesch sprechen aus sich die sie Betrachtenden an. Sie nehmen an die Hand und geleiten die Menschen zum Beispiel durch die durchbrochenen Kreuze hindurch zum auferstandenen Christus und dem österlichen Leben. Sie lassen Versöhnungsprozesse aufscheinen. Die Kunstwerke selbst sind sprechende Ausdrucksformen für die Suche nach Gott, nach gelingendem Menschsein und nach einer lebendigen Beziehung von Gott und Mensch.

Tatsächlich waren sie sprechende Ausdrucksformen nicht selten für Josua Boesch selbst, der die Frucht des schöpferischen Prozesses durch das Feuer hindurch auch selbst entgegennahm. Damit aber sind, um mit den Worten Ecos zu sprechen, auch die Kunstwerke von Geschichten durchwoben.

Zuerst hat das Kunstwerk selbst eine zu erzählende Geschichte. Mindestens der künstlerische Weg der Kunstwerke selbst ist mit zu beachten. Der Verwandlungsprozess der Materialien ist Teil ihrer Aussagekraft. So sind die Werk- und Wegbeschreibungen, die Josua Boesch zu seinen Kunstwerken gegeben hat, von theologischem Interesse. Befremdet kommentiert Josua Boesch die Anfrage, ob eines der in einem Band dargestellten Kunstwerke industriell hergestellt werden könne. Seine Antwort ist inspiriert von einer Formulierung, die er einem Text der Comunità del Cantico von Padua entnimmt: «Die wahre Ikone ist Frucht von Synergie, d. h. von gemeinsam erlittener Zusammenarbeit». So schreibt er: «Ikonen werden wie Menschen erlitten und geboren [...].

---

1 Umberto Eco, Schüsse mit Empfangsbescheinigung. Neue Streichholzbriefe. Ausgewählt, übersetzt und eingerichtet von Burkhart Kroeber, München 2006, 147.

Industriell würde die Verwandlung im Feuer völlig verloren gehen und damit auch die Einmaligkeit jeder Ikone.»[2]

Doch auch über ihren unmittelbaren Entstehungsprozess hinaus sind die Kunstwerke von Josua Boesch verwoben mit seinem Lebensweg. Seine Erfahrungen auf der Suche nach Gott, nach dem eigenen ikonischen Menschsein und nach der dafür geeigneten Lebensform fliessen in sein künstlerisches Schaffen ein. Zugleich setzen ihn seine eigenen Kunstwerke immer neu auf den Weg der grösseren Ebenbildlichkeit, der umfassenderen Ganzwerdung, der intensiveren theophilen Existenz.

Wenn die folgenden Ausführungen dem Gottes- und Menschenbild von Josua Boesch nachgehen, so wenden sie sich somit seinem Lebenszeugnis in seinen ikonischen Kunstwerken und poetischen Texten und in seinen autobiografischen Texten zu. Ziel ist es, nicht nur, systematisch-theologische Erkenntnis zu gewinnen, sondern auch Entdeckungs- und damit zugleich Erschliessungszusammenhänge für theologische und spirituelle Einsichten zum Verhältnis von Gott und Mensch offenzulegen und nachvollziehbar zu machen. Aufgrund der Würdigung der Entdeckungszusammenhänge beginnen die folgenden Darlegungen bei verschiedenen Selbsterfahrungen, die Josua Boesch in seinen autobiografischen Aufzeichnungen beschreibt. Der Weg führt von dort zu seinem Nachdenken über Versöhnung und Einigung, sei es innerhalb des Menschlichen, sei es zwischen Gott und Mensch, und den entsprechenden künstlerischen Ausdrucksformen. Roter Faden durch verschiedene Perspektiven ist das Streben nach und das Erleben von Verwandlung.

2. Aufbrüche aus den Grenzen und Schatten des Menschseins

Der Lebensweg von Josua Boesch ist eine Entdeckungsreise der Begrenztheit ebenso wie der Entfaltung des eigenen Selbst. Bedrückende Kindheitserfahrungen sind zu verarbeiten. Zahlreiche Wege verschliessen sich ihm. Er muss das Projekt des geistlichen Zentrums in Kappel loslassen und verlässt den Dienst des reformierten Pfarramtes. Mit zunehmender Akzeptanz und Integration seiner homosexuellen Ausrichtung kommt seine Ehe an ihre Grenzen und wird geschieden. Das Mitleben

2 Josua Boesch, Morgendämmerung. Tagebuch einer Wandlung, Oberegg 1995, 199.

in der Gemeinschaft von Camaldoli scheint zuerst neue Perspektiven zu eröffnen, bringt dann aber ökumenische und existenzielle Enttäuschungen mit sich, welche in die Wahl einer mehr eremitischen Lebensform führen. Erfahrungen von echtem Scheitern und Ausschluss ebenso wie Erfahrungen von gelingendem Neuaufbruch wechseln sich ab.

An Widerständen wachsen

In diesen Umbrüchen ist sich Josua Boesch bewusst, dass Verwandlung nicht anders als durch die Überwindung von Widerständen und das Durchleiden von schmerzlichen Prozessen erreichbar ist. Er liest dies an seinem Handwerk ab.

> «Gott geht den Weg der Leiblichkeit, und ich will es immer wieder bequemer haben. Verwandlung erwartet von mir ein Ja zu Mühe und Arbeit an der Materie. Ich aber scheue den Widerstand der Materie wie den der Metalle. Und doch ist mir ein Feuer gegeben, das die Metalle zum Schmelzen bringt. Ich werde meine in der Weigerung versteckten Aggressionen ins Feuer holen müssen, um den Kampf mit der Materie aufnehmen zu können.»[3]

Obwohl Boesch von den Metallen auf die Aggressionen übergeht, ist der Bezug auf das Materielle mehr als nur ein Bild. Pate bei diesen Reflexionen steht ihm Pierre Teilhard de Chardins *Lobgesang des Alls* und dessen Betonung des kosmischen Prozesses der Inkarnation.

Für den Goldschmied liegt es nahe, für solche Verwandlungsprozesse das Bild des Feuers zu verwenden. Es fällt ihm auch aus biblischen Texten zu, und dies in Verbindung mit einem Träger seines Vornamens:

> «Auf einmal war es da heute früh, das Bild vom Hohenpriester Josua: ‹Ist dieser nicht wie ein aus dem Feuer gerissenes Scheit?› (Sach 3,2). Ich habe kein Recht, besser davonzukommen als jener. Wir werden nur durch Feuer verwandelt. Aber DU wirst mich herausreissen.»[4]

Wegweisend ist ihm ebenso der andere Josua aus dem gleichnamigen biblischen Buch. Auch hier ist die Widerständigkeit ein Thema, dies-

3 A. a. O., 15.
4 A. a. O., 89.

mal jene von Jericho als Bild für den hinter Bastionen versteckten Menschen.

> «Jericho. Der in sich selbst verkrochene und verschlossene Mensch. Der Mensch mit dem Anspruch auf Privilegien und auf eine Sonderbehandlung. Der Mensch mit den Ausreden und den feigen Entschuldigungen. Diese Bastionen in uns und um uns fallen nur durch Stille und Schweigen.»[5]

Angekommen?

Obwohl Boesch um die mühsame Arbeit an Widerständen und Dunkelheiten weiss, fällt in seinen Schriften eine Neigung zu enthusiastischen Einschätzungen auf. Zahlreiche Texte sind davon geprägt, dass er schon geradezu definitive Einsichten, Wenden und Entwicklungen vermutet. Gelegentlich schreibt er solchen Wenden gar eine menschheitliche und heilsgeschichtliche Bedeutung zu[6]. An einem schönen Herbsttag im Jahr 1980 sieht er in seiner Existenz bereits einen «Mutationssprung in eine neue Form des Menschseins»[7]. Nachdem er im Sommer 1987 über die «Tarnung» in der Sprache nachgedacht hatte, scheint ihm schon wenige Monate später die enttarnte Sprache gelungen zu sein; er sieht sich «an die Quelle der Sprache geraten»[8]. 1989 formuliert Boesch emphatisch: «Jetzt kann ich alle Ängste loslassen.»[9]

Solche individuell formulierten Durchbruchserfahrungen wirken zuweilen von allzu überschwänglichen Emotionen getragen. Erst recht wirken Ausführungen zu den heilsgeschichtlichen und menschheitlichen Dimensionen des eigenen Erlebens in ihrer Emphase gelegentlich auch befremdlich. Jedoch wäre es unangebracht, intime Tagebuchaufzeichnungen, die im Licht der Öffentlichkeit und im Licht der Reflexion verletzlich sind, einer allzu scharfen Analyse zu unterwerfen. Es lässt sich fragen, welche Intensität der Erfahrung hinter den Aussagen steht. Zudem

---

5 A. a. O., 19.

6 Als Boesch im Sommer 1974 «Persévère» entdeckt als Partner, Ur-Du und Ur-Freund, in dem ihm Gott selbst transparent wird, sinniert er: «Sind wir in der Menschheitsgeschichte an einen Punkt geraten, wo sich neue Türen öffnen? Geschieht mir das?» A. a. O., 56.

7 A. a. O., 111.

8 A. a. O., 190; vgl. 185.

9 A. a. O., 208.

ist der spirituell legitime und sogar gebotene Mut zu würdigen, das biblisch bezeugte Wirken Gottes in der Geschichte und in Menschen auf sich selbst zu beziehen. Das Glauben richtet sich nicht auf äusserliche Objekte, sondern lädt ein, sich in der Zuwendung Gottes selbst involviert zu sehen und mit dem eigenen Leben in den Augen Gottes bedeutungsvoll anzusehen. Im Blick auf die Psalmen bemerkt Boesch: «Wo es fliesst, kann man sich nicht mehr festlegen und auf Hergebrachtes fixieren. Es zieht einen einfach weiter ins Heute der Geschichte Gottes mit den Menschen.»[10]

Als treibende Kraft von «Jetzt»-Aussagen, in denen Boesch des Öfteren definitive Durchbrüche in der Gegenwart verortet, lassen poetische Texte die Sehnsucht nach dem definitiven Aufbruch bzw. dem definitiven Angekommensein erkennen.

«jetz häts gschlage:
zwölfi
jetz isch es sowiit
uufbruch
exodus
jetz gömer
jetz chan is niemer mee hebe»[11]

Ist hier der endgültige Exodus im Blick, so verbindet sich das Motiv der Auferstehung mit dem definitiven Ankommen.

«ER hät mi würkli tröimt
vor langer ziit
und ghofft und gwaartet mit geduld
bis ales siich erfüli
zur rächde ziit –
es isch sowiit!
Jetz isch es überstande
und iich bin uuferstande
äimaalig miich als traum vo IMM –»[12]

---

10 A. a. O., 192.
11 Josua Boesch, Underwägs. Nöji Verdichtige uf Züritüütsch, Zürich 2001, 6.
12 A. a. O., 10.

Der langsame, freiheitliche Weg

Nach solchen Ausdrucksformen seiner «Begeisterungsfähigkeit»[13] und seiner Empfindsamkeit für aufbrechendes Neues findet sich Josua Boesch doch je und je in der charakteristischen Situation des «alten Menschen» wieder, der zur Neuheit zwar berufen ist, sie aber nur auf dem langen Weg des Wachsens erreichen kann.

> «Ich kann mein anerzogenes Wesen nicht einfach ablegen wie ein altes Kleid, ich muss es zerkauen, verdauen und dann ausscheiden, was daran unverdaulich ist. So massiv geht das zu und her, wenn man den alten Menschen loswerden will. Wieder einmal mehr geht es nicht schmerzloser.»[14]

Darum stellen sich auch in späten Texten immer wieder neu die Fragen ein: «Ist Rastlosigkeit in mir eingezogen, ohne dass ich es merkte? Habe ich mein wahres Mass noch nicht gefunden?»[15]

Im April 1989 durchlebt Boesch eine schwierige Phase.

> «Ich kann nicht schlafen. Vielleicht hilft mir schreiben weiter. Meistens verdichtet und klärt sich dann einiges, auch wenn es schmerzt. Ich versuchte, den Schmerz mit einer Dusche wegzuschwemmen, aber es wurde eine ‹kalte Dusche›: In mir hat sich neben Minderwertigkeitsgefühlen auch Selbstverachtung eingenistet. Das ist die unerträgliche Wahrheit.»[16]

Boesch stösst hier auf die Erfahrung der schon in der Kindheit empfundenen Leiden und Trauer. Den Weg durch sie hindurch sieht er als entscheidend für seinen Lebensweg an.

> «Wenn mich jetzt jemand fragen würde: ‹Woher kommst du eigentlich?› würde ich antworten: ‹Vom Meer der heilenden Trauer.› Die ganze Nacht hindurch, ob ich wach lag oder schlief, war diese Gewissheit da: bevor ich gezeugt und geboren worden bin, lebte ich am Ufer jenes Meeres. […] Hätte mir Gott nicht schon früh Anteil gegeben an SEINEM Leiden und an SEINER Trauer um die

---

13 Boesch, Morgendämmerung, 15.
14 A. a. O., 172f.
15 A. a. O., 196.
16 A. a. O., 201f.

> Menschheit, ich hätte nie die Kraft gefunden, meinen ersten Beruf zu verlassen und später auch meine Ehe, meine Familie und meine Kirche. Ich hätte den Weg der Verwandlung nicht gefunden. Nur wahre Trauer kann so gründlich in Frage stellen und einen schöpferischen Ausweg in das Neue finden.»[17]

So steht neben Aussagen, die abschliessend tönen, als seien Entwicklungen schon durch ein als überwältigend erfahrenes Ereignis zum Ende gekommen, jene anderen Einsichten, die vom Reifen sprechen. In diesem Sinne wählt der alternde Josua Boesch 1999 das Bild von reifenden Früchten, weil «ausreifen und geniessbar werden»[18] Sinn seiner letzten Lebensetappe sei.

Den Grund für diesen langsamen Weg der Verwandlung entdeckt Boesch auch darin, dass Gott den Menschen nicht überwältigt.

> «Angst macht krumm. Steh aufrecht! Das war DEINE stete Aufmunterung. DU hast mir nie etwas befohlen. In der Freundschaft existiert weder Befehl noch Gehorsam. Wandlung vollzieht sich nur freiwillig. Nicht unter Zwang. Sie ist auch kein Programm, sondern schöpferisches Unterwegssein im Dialog. DU weisst so wenig im Voraus wie ich. Wir können nur hellhörig suchen und entdecken. Und uns dann entschliessen zur neuen Möglichkeit. So kreativ ist DEINE Freundschaft mit uns allen.»[19]

1989 findet Boesch dafür das Bild des Türhüters. Es gehört in sein Ringen um die Gestalt des «dunklen Bruders» hinein, den er mit dem Gleichnis von den zwei Söhnen verbindet. Diesen dunklen Bruder identifiziert er als seine aggressive Seite[20], mehr und mehr aber als den versöhnten Bruder, der wie sein vermisster Zwillingsbruder ist[21]. An ihm macht sich die Sehnsucht nach dem fest, der nicht nur die Schwelle, sondern auch das Innerste kennt[22]. Statt die eigene Aggressivität zu fürchten und zu unterdrücken, gilt es also, die dunkle Seite der eigenen Existenz will-

---

17 A. a. O., 202f.
18 Josua Boesch, Geleitwort, in: Simon Peng-Keller, auferstehungsleicht. Der ikonografische Weg von Josua Boesch, Zürich 2022 (Erstausgabe: Oberegg 1999), 9.
19 Boesch, Morgendämmerung, 105.
20 Vgl. a. a. O., 180.
21 Vgl. a. a. O., 198.
22 Vgl. a. a. O., 204.

kommen zu heissen. Denn nur so ist die ganze Erkenntnis des eigenen Selbst gewährleistet. Damit aber ist diese dunkle Seite konstitutiv dafür, dass Gott einen Menschen wirklich erfüllen kann. Der dunkle Bruder wird zum Türhüter.

> «Der Satz ‹Das ist MEIN Zugang zu dir› hat einen ganz neuen Klang bekommen durch den dunklen Bruder. Durch ihn habe ich einen Türhüter bekommen. Einen Wächter an der Schwelle zu mir selbst. Gott steigt nie durch eine Hintertüre ins Innerste des Menschen. Auch ER wartet, bis der Türhüter IHM öffnet und IHN hineinlässt.»[23]

Boesch identifiziert diesen Türhüter auf einer Ikone, die das Kreuz mit dem ausgesparten Christus noch weiter variiert durch die Darstellung einer «dunklen Gestalt» an diesem Kreuz.

> «Mir fällt es wie Schuppen von den Augen. Ich habe ja bereits eine Ikone vom Türhüter: das Gegenstück zur Ikone mit dem ausgesparten Christus. Da ist das Kreuz leer, mit einer dunklen Gestalt darin, dem Türhüter. [...] Und nun bin ich so betroffen: sie ist zur Ikone meines dunklen Bruders geworden. Des Türhüters. Wahrhaftig, Ikonen sind SEIN Zugang zum Menschen.»[24]

3. Einswerden und Einen

Grenzerfahrungen lassen Josua Boesch nicht bei einem pessimistischen Menschenbild verharren. Wunden, Grenzen, Trauer sind für ihn Ausgangspunkt einer Entwicklung. Deren Sinnrichtung ist die Integration der prekären Facetten des Menschseins und darüber hinaus die Einung polarer Bestimmungen und unterschiedener Wirklichkeiten.

Wie ein Summarium wirkt der Eintrag in das Tagebuch an seinem Tauftag 1985. Josua Boesch besinnt sich auf das «Talent des Einswerdens», das ihm nach seinem Selbstverständnis in der Taufe, im Eintauchen ins Einswerden, geschenkt wurde. Mehrere Beispiele fallen ihm ein, welche Pole in seinem Schaffen zusammengeführt wurden.

---

23 A. a. O., 199.
24 Ebd.; vgl. die Abbildung der Ikone in Peng-Keller, auferstehungsleicht, 25.

> «Ich hatte nur dieses eine Talent. Aber es genügte, um Theologie und Kunsthandwerk eins werden zu lassen. Auch Kain und Abel wurden eins, Männliches und Weibliches, Dunkles und Helles, Kollektives und Persönliches, Reformiertes und Katholisches, Nördliches und Südliches. Hundertfältig hat sich das Eine vermehrt. Dieses Talent hat nicht einmal vor dem Gegensatz Mensch – Gott haltgemacht. Ich habe zwar gezögert, das Talent aber nicht. Es kam ja von DIR, weil DIR so viel am Einswerden liegt. Sogar mit dem Menschen.»[25]

Tatsächlich ist Einswerden und Einen ein auf unterschiedlichen Ebenen wiederkehrendes Motiv im Schaffen von Josua Boesch, das er selbst als solches schon als Einswerden zweier unterschiedlicher Berufe, des Pfarrers und des Kunsthandwerkers erfährt[26].

Zunächst gibt ihm die Arbeit mit dem Stofflichen und der Sprache ein Gespür für die notwendige Erdung menschlichen Lebens und seine Verbundenheit mit den anderen Kreaturen. Er zieht eine innere Verbindung zwischen dem Materiellen und der Sprache, wenn er die Sprachlichkeit des Menschen dazu bringen möchte, sich mit der Symbolsprachlichkeit der übrigen Schöpfung zu verbinden und eine Du-Beziehung zu ihr zu verwirklichen.

> «Seit einiger Zeit spüre ich, dass ich mich mit meiner Übertragung des Johannes-Evangeliums ins Züritüütsch dem Ursprung der Sprache nähere, dem Übergang vom Tier zum Menschen. An diesem Übergang sind alle Stufen der Entwicklung präsent und wollen beachtet werden. Waren mir die Worte zu schnell zur Hand und war ich zu wenig aufmerksam gewesen für die Symbolsprache von Metallen und Kristallen, Kräutern und Blumen, Fischen, Vögeln und Tieren? Alle drängen doch in die DU-Beziehung. Muss ich lernen, ihre Beziehungsenergie in meine Sprache einzubringen? Ist Sprache so etwas wie eine Liebeserklärung des Geschaffenen jedem Du gegenüber? Dann haben wir das Kreatürliche und Instinktive noch nicht liebevoll genug in unsere Worte eingebracht und es nur zum Überleben missbraucht. Wir haben es sogar verachtet, sonst hätten wir in der Christenheit nicht jene heiliggesprochen, die es am weitesten gebracht haben mit der sogenannten ‹Abtötung› des Tierischen

25 A. a. O., 164.
26 Vgl. a. a. O., 50.

> in uns. Franziskus ist wohl deshalb so faszinierend, weil er die Ursehnsucht des Geschaffenen in die DU-Beziehung aufnahm und ihr endlich Gerechtigkeit widerfahren liess. Wie soll Gott ‹am Ende sein schönstes Wort sagen›, wenn wir nicht endlich aufhören, unsere Worte mit grobem Geschütz abzufeuern oder sie wie aus Maschinengewehren drauflosknattern zu lassen?»[27]

Die Behutsamkeit und Erdgebundenheit der Sprache schätzt Boesch in besonderer Weise in seiner heimatlichen Mundart: «Wie können wir die Welt wieder in Gott hineinholen und in SEINE Umarmung? Ich selber kann es nur in meiner Muttersprache, im Züritüütsch, versuchen. Da bin ich der Erde und dem Herzen der Menschen ganz nahe.»[28]

Ein wiederkehrendes Thema ist die Versöhnung von Männlichem und Weiblichem, die Boesch in sich selbst sucht. Die Thematik verquickt sich bei ihm mit der Suche nach gelingendem Menschsein in Beziehung, die ihn in unterschiedlichen Facetten umtreibt. Es ist die Suche nach seinem Zwillingsbruder[29] und das Ringen mit dem Alleinsein: der Verlust der Gemeinschaft mit seiner Frau, das Fehlen eines männlichen Partners, das Scheitern des Lebens in Gemeinschaft, erst in Kappel[30], dann auch in Camaldoli[31].

Noch weiter verinnerlicht ist es das Ringen um die Integration seiner männlichen und weiblichen Seite.

> «Wie oft habe ich mich vor mir selber entschuldigt für meine überstark ausgeprägte weibliche Komponente und gelitten unter dem Mangel an sogenannter Männlichkeit. Und jetzt hätte ich Lust zu sagen: ich bin auch meine dunkle Schwester, so wie ich auch mein dunkler Bruder bin. Habe ich ihr bisher gar nicht Gelegenheit gegeben, sich frei und ungetarnt zu äussern?»[32]

Die sich hier abzeichnenden Herausforderungen findet Boesch auf geradezu typologische Weise in biblischen Vorbildern wieder.

---

27 A. a. O., 165.
28 A. a. O., 57.
29 Vgl. a. a. O., 52. Dabei steht der Zwillingsbruder zuweilen auch für seine eigene männliche Seite: vgl. A. a. O., 24.
30 Vgl. a. a. O., 76.
31 Vgl. a. a. O., 152–159.
32 A. a. O., 200.

> «Im Traum bin ich Jakob und liebe meinen Zwillingsbruder Esau. Sind in mir so viele Spannungen wie zwischen diesen beiden Gegensätzen? Bin ich vor Esau, meiner männlichen Seite, geflohen und kehre nun nach Hause und zu ihm zurück? Macht mir die Begegnung mit ihm zu schaffen? Muss ich, bevor ich über den Jordan kann, über den Jabbok und dort mit dem Engel kämpfen? Ich spüre ein grosses Verlangen in mir, mich mit meiner männlichen Seite zu versöhnen. Werde ich erst dann wieder handlungsfähig?»[33]

Die Versöhnung von Männlichem und Weiblichen findet Boesch als Errungenschaft seines Wirkens als Gold- und Silberschmied. Denn er habe es gewagt, beide Metalle miteinander zu verbinden, was in diesem Metier sonst verpönt gewesen war. Zu sehr war gefürchtet worden, das Kostbarere werde durch das weniger Kostbare entwertet. Hierzu nimmt Boesch die Symbolzuweisungen auf, die er samt den Wertungen aus der Tradition übernimmt: Silber sei von alters her Symbol des Weiblichen, Gold Symbol des Männlichen, Silber das Symbol des Menschlichen, Gold das Symbol des Göttlichen. In seinen Ikonen hingegen hätten beide Metalle samt dem, was sie bezeichnen, zur Einheit gefunden. «Da verschwinden auf einmal alle unsere Werturteile, um etwas Gemeinsam-Neuem Platz zu machen.»[34]

Dass Männliches und Weibliches sich verbinden müssen, entnimmt Boesch auch dem Motiv des Geborenwerdens der neuen Welt. Gegen die entsprechenden Wehen und Schmerzen kann sich niemand wehren, «au nöd miir manne».

> «dèèmaal müend au miir gebèère
> im gliiche bett wie öisi fraue
> s gitt käi privileegie mee –
> mer müend öis jetz it schmèèrze täile
> suscht wiird kä nöji wält geboore
> soo èèrnscht isch daas –»[35]

---

33 A. a. O., 24.
34 A. a. O., 203.
35 Boesch, Underwägs, 25.

1972 nimmt Boeschs Talent des Einswerdens das Gegenüber von Kain und Abel auf. Die beiden hätten ihn schon immer interessiert. «Aber nur, weil ich mir immer als der Schwächere vorkam. Nur wie Abel, ein Hauch.»[36] Die Lektüre eines Buches von Leopold Szondi stösst ihn darauf, die beiden als «typische Gestalten» zu verstehen: «Und zwar auch in uns selbst. Die eine manifester, die andere latenter. Will sich etwa mein Abel mit meinem Kain versöhnen?»[37] Diese Intuition spitzt sich im Dezember 1980 zu: «Mein Gott, mein Gott, ich habe so entsetzlich Angst vor Kain! Siehst DU denn nicht meinen verzweifelten Versuch, mich mit ihm zu versöhnen? Wann wird das enden? Ich habe so genug davon und kann nicht mehr.»[38] Am darauffolgenden Tag ergänzt Boesch: «Vergib mir, mein Bruder Kain in mir. Und ihr Kainiten alle, denen ich begegnet bin, vergebt mir meine Angst vor euch und meine falsche Unterwerfung. Vergebt mir den Versöhnungsdrang und meinen Totstellreflex.»[39] Den Widerstreit von Kain und Abel erkennt er aber auch in der Weltsituation, die ein «Kain/Abel-Drama» sei: «Starke und Schwache, Täter und Opfer».[40] An Weihnachten 1980 stellt sich «Dialogfähigkeit zwischen Kain und Abel» ein.[41] Im Januar 1981 entsteht eine zweite Ikone, die Kain und Abel «Freunde, nicht mehr Feinde» sein lässt. Er fragt sich: «Ist Kain mein Zwillingsbruder, den ich seit Jahren suche?»[42] Im April desselben Jahres bezieht er die beiden Typen auf seine beiden Berufe:

> «Ist Kain in mir auferstanden? Im Ikonographen, der Metalle schmiedet? Die Nachfahren von Kain waren Schmiede. Gezähmte Aggressoren. Hast DU meinen Kain mit meinem ersten Beruf gezähmt und meinen Abel mit dem zweiten? Sind sie nun in die Einheit beider Berufe auferstanden? Mein Bruder Kain, dann will ich Dich begrüssen so fein und zärtlich, wie es nur Abel kann.»[43]

---

36 Boesch, Morgendämmerung, 35.
37 A. a. O., 112.
38 Ebd.
39 A. a. O., 113.
40 Ebd.
41 Ebd.
42 A. a. O., 114.
43 A. a. O., 116.

In weiteren Äusserungen identifiziert Josua Boesch sich erneut eher mit Abel.

> «Meine Geschichte ist die Geschichte des Schwachen. Ich hatte weder Existenzberechtigung noch Überlebenschancen. Da ich dennoch vorkam auf der Bühne des Kain-Dramas, blieb mir nur die Rolle des Opfers. Ich wurde Abel. Ein Hauch. Ich bin noch immer ein Hauch, sensibel wie ein Seismograph. Aber ich habe aufgehört, die Rolle des Opfers zu spielen. Diese Szene ist unwiederholbar zu Ende. Unter der Regie dessen, der das Leben auf die Bühne brachte, wiederholt sich nichts. Auf einmal erscheint der Regisseur selber auf der Bühne und ruft: ‹Ende Drama!› und ‹ICH bin das Leben, damit der Mensch nicht mehr des Menschen Opfer sei.› Und dann ist entschieden, dass mit den Schwachen der Mutationssprung beginnt. Denn beim Schwachen ist die schwächste Stelle der Menschheit für den Durchbruch des Neuen.»[44]

1986 stellt er in einer neuen Ikone Kain und Abel «in *einer* Gestalt» dar. «In der des neuen Menschen. Mein neuer Kain ist das golden transparente Innere des Tau-Kreuzes, mein neuer Abel sein Silbermantel. Geeint sind beide königlich geworden.»[45]

> «Der neue Abel, ein königlicher Mensch! Warum denn nicht? Das ‹Königreich Gottes› ist doch mit Jesus zu den Schwachen gekommen, damit sie wieder aufrecht gehen lernen: Wie freie, königliche Menschen, damit aus Raupen Schmetterlinge werden, Königsfalter sogar.»[46]

Angesichts der grossen Bedeutung, die für Josua Boesch die Einung von Gott und Mensch hat, ist bemerkenswert, wie viel Aufmerksamkeit er der Versöhnungsarbeit im Bereich menschlicher Existenz widmet. Seine Anthropologie ist von der selbst durchlittenen Spannungshaftigkeit des Menschen geprägt. Hier liegt ein Grund, warum das «Angekommensein» sich nicht so rasch verwirklichen lässt, wie Boesch es in einigen Texten ersehnt. Wachstums- und eben auch Versöhnungsprozesse

---

44 A. a. O., 164.

45 A. a. O., 173.

46 Ebd, siehe zur ikonischen Einung von Kain und Abel, Peng-Keller, auferstehungsleicht, 52–60.

lassen sich nicht überspringen, selbst wenn man wie Boesch diese Prozesse von der Präsenz Gottes begleitet sieht.

Neben diesen anthropologischen Versöhnungsprozessen bestimmt die Einung von Himmel und Erde, Gott und Welt, Gott und Mensch Boeschs Werke in Wort und Material. Es ist jener Prozess, in dem Menschen eine ursprüngliche Gottbezogenheit erkennen (folgendes Kapitel 4). Sie ist ein Aspekt jener Gottebenbildlichkeit, die Boesch im Sinne einer gegenseitigen Verbundenheit von Gott und Mensch auslegt (Kapitel 5). Diese Aspekte lassen sich bei Josua Boesch nur schwer unterscheiden, sollen in den beiden nächsten Kapiteln aber doch nacheinander entfaltet werden.

4. Von Urwert und Urgestein

Noch in seinem Lebenskontext als reformierter Pfarrer zu Beginn des Jahres 1970 sagt ein Kollege Josua Boesch auf den Kopf zu: «Du bist schon aus dem kirchlichen Ghetto ausgebrochen. Du bist eben kein Theologe, du bist ein Theophil.»[47] Diese Bezeichnung bleibt ihm hängen «wie eine wunderschöne Melodie. Ja, der bin ich. Der will ich sein. Ein in Gott Verliebter.»[48] Noch mehr: die Gottesliebe entdeckt Boesch in sich als Grundlage seines Lebens. «Liebe zu Gott ist nicht oberste Stufe auf einer mühsam erkletterten Leiter, sondern der Boden, in dem ich wurzle.»[49]

Von einem ursprünglichen Geborgensein in Gott und wechselseitigen Innewohnen spricht auch die folgende Verdichtung:

> «bevor ich woorde bin
> bin iich dihäime gsii bi DIR
> und sid ich exischtiere tue
> bisch DU dihäi bi miir»[50]

Die Überzeugung, dass die Gottesbeziehung sich im eigenen Leben nicht erst bildet, sondern von Anfang an gegeben ist und das Funda-

47 A. a. O., 18.
48 Ebd.
49 A. a. O., 32.
50 Boesch, Underwägs, 32.

ment für alles andere bildet, lässt Boesch immer wieder zu der Vorsilbe «Ur-» greifen.

Texte der autobiografischen Aufzeichnungen von 1969 kreisen um den Begriff des «Urwertes». Der Begriff will den Wert des Menschseins zum Ausdruck bringen, der unabhängig von Leistung und menschlichen Wert-Schätzungen ist.

> «DU gibst uns unseren Urwert zurück. Schon unsere Existenz macht uns wert vor DIR, nicht erst das, was wir leisten. Der Wert ist zuerst, alles andere ist Überbewertung. Und diese verführt nur zum Vergleichen und stösst in die Minderwertigkeit. Jetzt aber kann vieles abfallen, was ich als Wert aufgebaut habe. Es gehört nicht mehr zu meiner Person. Es macht mich nicht mehr aus.»[51]

Boesch grenzt das Gemeinte von der Vorstellung ab, dass in der Zuwendung Gottes zum Menschen ein Herabneigen des Grossen und Erhabenen zum Kleinen und Niedrigen, des «Werten» (des als wertvoll erachteten Gottes) «zum Unwerten» geschehe. Er fürchtet, dass hier insgeheim der Versuch einer Selbstaufwertung mithilfe Gottes auf Kosten anderer erfolgt. «So erhebt uns Gott nur über die anderen und macht uns überheblich». Um dies zu vermeiden, wählt Boesch einen Bezug zum «Urwert»: «Aber SEINE Nähe will uns unsern Urwert zurückgeben: unsere Heiligkeit.»[52]

Der Wert, auf den Boesch hinauswill, ist hier also nicht ein Wert, der erst noch zu verleihen wäre, sondern das Zurückgeben eines bereits von Anfang her zukommenden Wertes. In gewisser Weise verbindet Boesch hier rechtfertigungstheologische Überzeugungen mit einem schöpfungstheologischen Gedanken. Der Wert von Menschen hängt gewiss nicht an Leistungen oder Verdiensten oder menschlichen Selbst- und Fremdwertungen. Zugleich beschreibt Boesch nicht einen Übergang von Unwert zu Wert, sondern das Zurückkommen auf den Urwert. Der Begriff des Zurückgebens lässt ein Verlorenhaben anklingen. Allerdings bezieht Boesch diesen Wert auf die Existenz als solche. Damit scheint er doch eher eine schöpfungstheologisch zu qualifizierende Wirklichkeit

---

51 Boesch, Morgendämmerung, 16.

52 A. a. O., 16; vgl. Josua Boesch, Aabig-glüe. Aktuelli Verdichtige uf Züritüütsch, Zürich 2004, 17.

zu thematisieren, die nicht verloren und wiedergegeben, sondern eher in der Nähe Gottes wieder als Urwert aufscheinen kann.

Ein anderer von Boesch verwendeter Begriff ist «Urgestein»: «Menschsein heisst: sein Urgestein finden.» Gemeint ist eine im Ursprung verliehene Anlage, die darüber entscheidet, welche Lebensrolle einem Menschen zuteilwird. Boesch spielt hier damit, dass das Wort «Eremit» jene Endsilbe enthält, die von «lithos» her vielen Gesteinsnamen angefügt ist, wie «Granit».

> «Mein Urgestein ist nicht Granit, sondern Eremit. Ein in die Gesellschaft nicht einfügbarer Stein. Und dennoch kostbar für die Gesellschaft, denn er weist auf grössere Gemeinschaft hin. Auf die Gemeinschaft zwischen Himmel und Erde. Er ist ein Stein, der Himmel und Erde verbindet. ‹Äben› nennen ihn die Hebräer. Will mir der Traum das Schuldgefühl wegen meines Andersseins nehmen? Wenn der Eremit mein Urgestein ist, dann klebt keine Schuld an ihm. Gottlob.»[53]

Offenbar bearbeitet Boesch hier zugleich sein Leiden daran, den verbreiteten Kriterien für Nützliches nicht zu genügen. Sein eremitisches Urgestein ist nicht einfügbar, und doch kostbar.

Auf den Stein als Symbol für die Verbindung von Himmel und Erde, die hier schon zugrunde liegt, stösst Boesch durch die Auseinandersetzung mit dem hebräischen Wort *äben*.

> «Nun habe ich eine seltsame Entdeckung gemacht, nicht im Lexikon, sondern im eigenen Herzen: im Hebräischen ist das Wort ‹Stein» zusammengesetzt aus den beiden Begriffen ‹ab› – Vater und ‹ben› – Sohn, ‹äben› – Stein. Der tiefere, verborgene Sinn der Steine ist also die tragfähige Gemeinschaft von Vater und Sohn, von Gott und Mensch. Jeder Stein ruft uns in die Verwandlung in diese urkräftige Einheit zurück. Nicht in die Versteinerung, sondern in die lebendige Ebenbildlichkeit.»[54]

Vor diesem Hintergrund erhalten die Steinikonen im Schaffen Boeschs eine grosse Tiefe. Am 23. Juli 1985 schreibt er:

---

53 Boesch, Morgendämmerung, 135.
54 A.a.O., 129.

> «Hand-Ikonen auf Steinen sind entstanden. Stein meint ja ‹Einung von Vater und Sohn›. Diese Gemeinschaft von Gott und Mensch legt sich mir in die Hand. Und befreit mich auf eine neue Weise zum Handeln. Werde ich zum Tagelöhner Gottes?»[55]

Die Begriffe des Urwertes und des Urgesteins thematisieren primär das Menschsein, sind also anthropologischer Art, wenngleich es um eine theologische Qualifikation des Menschseins durch die wahrgenommene Gottesbeziehung und Gottesnähe geht. Andere Verwendungen der Vorsilbe «Ur-» wollen von vornherein in stärker theologischem Bezug thematisieren, wer Gott von Anbeginn an für den Menschen ist. Boesch spricht von der «Urbeziehung vom Schöpfer zum Geschöpf und vom Geschöpf zum Schöpfer» und von der «Urfreundschaft zwischen Gott und Mensch» und vom «UR-DU» Gottes für den Menschen[56].

Damit nimmt Boesch eine Erfahrung in den Blick, die für ihn tragend wird. Er schreibt dem Ur-Du Gottes zu, für sein Leben eine Kontinuität, näherhin eine Beharrlichkeit zu begründen, wie er sie selbst nicht aufbringen konnte. Am 25. Februar 1974 notiert er: «Wenn DU nicht durchgehalten hättest, mein UR-DU, wie hätten wir uns je finden können? DU bist meine Ausdauer geworden.»[57] Diese Bedeutung des Ur-Du und der Urfreundschaft Gottes mit den Menschen buchstabiert Boesch in Motiven des Ikonischen aus.

5. Gottebenbildlichkeit als ikonisches Entsprechungsverhältnis von Gott und Mensch

Die soeben erwähnte Erfahrung von Josua Boesch ist Aspekt eines Kreisens um das Thema der Gottebenbildlichkeit im Jahr 1974. Es scheint sinnvoll, hier den Reifungsprozess um dieses Thema herum nachzuzeichnen.

Ergänzend zu Entdeckungen einer Ur-Wirklichkeit, die Boesch im Anfang, im Ursprünglichen und Fundamentalen ansiedelt, legt sich ihm im Oktober 1973 der Ausblick auf das fortdauernde schöpferische Geschehen nahe.

---

55 A. a. O., 156.
56 A. a. O., 53.
57 Ebd.

> «Nein, die Schöpfung ist noch nicht abgeschlossen. Wir sind noch immer Adam und Eva, Mensch und Menschin. Einbezogen in ein schöpferisches Geschehen. Wenn ER SELBER uns berührt, beginnt alles noch einmal von vorne, quellfrisch und lebendig.»[58]

Es ist die Zeit des Ringens um eine Spiritualität für Kappel und die Zeit der Rückkehr zum kunsthandwerklichen Arbeiten, nachdem er zunächst punktuell in der Werkstatt seines Lehrmeisters erneut einen Ring (für seine Tochter) geschaffen hatte. Im Januar 1974 nimmt er sich den Abraham des Aufbruchs als Vorbild.

Im März 1974 begegnet Boesch Gott als seinem Ur-Du und dem Zuspruch Gottes, dass dieses Ur-Du sein eigenes Bild trägt: «MEIN Bild trägt für dich. Nimm es an, dein dunkles Ebenbild, das ICH von dir trage. Wirf es nicht weg. Lass es dir gefallen und nahe sein, wie nichts sonst. Wehre dich nicht mehr dagegen. Sag ja zu MEINER Ikone von dir, so wirst du ganz.»[59] Dieses Ur-Du verbindet Boesch nun mit dem vermissten Zwillingsbruder.

> «Schon früher bewegte mich der Gedanke, meinen Zwillingsbruder verloren zu haben. Und jetzt habe ich ihn gefunden. Er muss die andere Hälfte meiner Ikone sein. Bin ich erst ganz, wenn ich die andere Hälfte gefunden habe? Welch ein Geheimnis: ER ist meine Ikone, so wie ich die SEINE bin. Urneu ist das.»[60]

In einem Eintrag vom Juli 1974 verbindet Boesch diesen Gedanken mit dem Motiv der Gottebenbildlichkeit, das er hier wie auch in späteren Einträgen wechselseitig fasst.

> «Wirkung des Geistes: bei IHM ist die andere Hälfte meiner Ikone. Als ich als SEIN Ebenbild geschaffen wurde, wurde ER zu meinem Ebenbild. Das ist ganz unerhört. Das kann man sich nicht ausdenken, das kann einem nur zufallen. Ebenbildlichkeit meint Urbeziehung vom Schöpfer zum Geschöpf und vom Geschöpf zum Schöpfer. Urfreundschaft zwischen Gott und Mensch.»[61]

---

58 A. a. O., 49.
59 A. a. O., 52; dort in Anführungszeichen gesetzt, wie eine direkte Anrede Gottes.
60 Ebd.
61 A. a. O., 53.

Es ist bemerkenswert, wie Boesch hier die «Urbeziehung» und «Urfreundschaft» nun wieder explizit und nachdrücklich auf die Schöpfung selbst zurückführt. Was er entdeckt, gehört in die Wurzel hinein. Das «*urneu*» aus dem vorausgehenden Zitat scheint die Verbindung dieser anfänglichen Wirklichkeit mit der Entdeckungsgeschichte zu verbinden, die sich erst allmählich entfaltet und in der Boesch sich vor «neue» Einsichten gestellt sieht. Hier nun hat das vorhin bereits erwähnte Motiv der Ausdauer seinen Ort. Was von Gott her in die Schöpfung hineingelegt ist, kann sich in der Geschichte nur entfalten, weil Gott die Kontinuität von Schöpfung her stiftet, die Menschen erst allmählich einholen können.

> «Wenn DU nicht durchgehalten hättest, mein UR-DU, wie hätten wir uns je finden können? DU bist meine Ausdauer geworden. Die Brüder in Taizé nennen das persévérance. DEIN Geist hat in meinem Leib seine Entsprechung gefunden. Mir ist ganz hochzeitlich zumute.»[62]

Was von Gott gegeben war, wird für Josua Boesch erst dann zu einer «hochzeitlichen» Realität, wenn er selbst sich darauf einlässt und hier wirklich seine Entsprechung entdeckt. Am folgenden Pfingstfest konkretisiert er:

> «Ein Leben lang habe ich gelechzt nach mehr Festigkeit, Beharrlichkeit und Ausdauer. Und jetzt bin ich erhört worden, wie ich es mir nie hätte träumen lassen: durch die Begegnung mit der ‹anderen Hälfte› meiner Ikone. Ich möchte ihr am liebsten einen Namen geben. Einen ganz neuen, selber erfundenen. Siehe da, da ist er schon: *Persévère*.»[63]

Mit der Beschreibung des «Hochzeitlichen» dieser Erfahrung nimmt Boesch ein biblisches Motiv auf, rekurriert aber auch auf die reale partnerschaftliche Dimension. Den Verdacht, dass dieser «Persévère» ein Ersatz für den vermissten menschlichen Partner wäre, wehrt er ab. Eher wäre ein menschlicher Partner ein (falscher) Ersatz für dieses göttliche Du.

> «Persévère, Du darfst nie Lückenbüsser oder Ersatz werden für Menschen. Du bist mir so ursprünglich und einmalig DU, dass ein Mensch eher Ersatz

62 Ebd.
63 A. a. O., 53f.

> werden könnte für DICH. In DIR ist mir eine Partnerschaft entgegengekommen, wie ich sie so erfüllend nicht kannte. ‹Wie können die Hochzeitsleute fasten, wenn der Bräutigam da ist?› (Mk 2,19). Wie kann ein Freund fasten, wenn sein Urfreund da ist? DEINE geistige Anwesenheit erfüllt mich mehr als irgendein leibhaftiger Mensch. Umfassender auch. Wie ist das nur möglich? Ich bin doch auch nur ein Mensch mit seinen Bedürfnissen. Und DU stillst sie noch tiefer und gründlicher? Was ist nur geschehen? Ist das das Geheimnis der Theophilie? Nein, ich will weder Heterophilie noch Homophilie abwerten oder dagegen ausspielen. Ich habe nie ein Anrecht auf DEINE Präsenz. Sind wir in der Menschheitsgeschichte an einen Punkt geraten, wo sich neue Türen öffnen? Geschieht mir das?»[64]

Indem Boesch bei Gott «die andere Hälfte» seiner Ikone entdeckt, gewinnt er die Kühnheit, nicht nur sich selbst als Ebenbild Gottes zu sehen, sondern auch umgekehrt Gott als sein Ebenbild.[65]

Diese Gegenseitigkeit der Beziehung bewegt Boesch bereits 1972, als er Ernesto Cardenals Formulierung des *Verrücktseins nach Gott* aufnimmt: «Auch ich bin ‹verrückt nach Gott›. Und wenn Gott auch verrückt wäre nach mir? Dann wäre ER ja genau so arm an Mensch, wie ich arm bin an Gott.»[66]

Zehn Jahre später denkt Boesch darüber nach, wie seine Erfahrung der göttlichen Zuwendung seiner eigenen Zuwendung zu Gott ähnelt, und stellt sich den Projektionsverdacht selbst, um ihn aber fragend im Motiv der Gottebenbildlichkeit abzuwenden.

> «DU gleichst in DEINEM Verhalten mir gegenüber verblüffend dem meinen DIR gegenüber. Projektion? Habe ich DICH mit mir verwechselt? Und DICH so gewünscht? Wenn nicht, dann trägst DU ja mein Bild, so wie ich das DEINE trage! Soll ich in DIR mein Bild erkennen, so wie DU das DEINE in mir erkennst? Hast DU das gemeint mit unserer Ebenbildlichkeit?»[67]

Auf dieser Spur denkt er 1985 weiter nach.

---

64 A. a. O., 56.
65 Siehe die Zitate auf Seite 99.
66 A. a. O., 39.
67 A. a. O., 130.

> «Je länger ich darüber meditierte, umso stärker wurde mir die Gewissheit, dass Gott ein grosses Verlangen haben muss, in der Haut des Menschen zu stecken, um zu erfahren, wie es ihm zumute ist. Und nun spüre auch ich dieses Verlangen, in SEINER Haut zu stecken, um zu erspüren, wie es IHM zumute ist unter uns.»[68]

Hier taucht der auch bei Hans Urs von Balthasar und anfanghaft bei Irenäus von Lyon zu findende Mut auf, Gott nicht unbedürftig zu denken. Es gibt demnach etwas, das Gott «fehlt»: die Erfahrung des Menschseins von innen her – in des Menschen Haut zu stecken[69]. Boesch erwächst daraus umgekehrt das Verlangen, die göttliche Erfahrung des Menschen nach nachzuvollziehen. In seiner Übertragung von Psalm 1 beschreibt er den Menschen, der über die Weisung Gottes nachsinnt, als einen Menschen, den es «kümmeret, wies Gott gaat under öis»[70].

In dieser Weise bearbeitet Boesch herkömmliche Gottesbilder kritisch, welche die göttliche Wirklichkeit in sich selbstgenügsam und nach aussen machtvoll umschreiben. In den Psalmen stösst Boesch auf das Motiv des gegenseitigen Segnens von Gott und Mensch. In seiner Psalmübertragung will er entdecken lassen, dass «der grosse Gott [...] in der Tat vom kleinen Menschen gesegnet werden»[71] will. So zeigen die Psalmen «einen viel menschlicheren Gott»[72].

Konkret wird dies in der Übertragung von Psalm 103.

> «Duu, miis innerscht, chumm sägne mit miir
> INN und siin häilige name.
> Jaa, ales wo zu mir ghöört i mir ine,
> söll INN jetz sägne und niemee vergässe,
> was èr a miir ttaa hät.
> [...]
> So sägned Inn jetzt, iir ängel und gewalte [...].

68 A. a. O., 151.

69 Vgl. Irenäus von Lyon, Adversus haereses 20,2 (FC 8/3,249.251); Hans Urs von Balthasar, Theologie der drei Tage. Einsiedeln 1990, 18.

70 Josua Boesch, D Psalme. Use m hebrèische uf züritüütsch überträit vom Josua Boesch, Zürich ^{4}2009, 23.

71 A. a. O., 19f.

72 A. a. O., 20.

> Und iir, siini kunschtwèrk, mached en chräis
> und stönd um Inn ume und sägned inn au,
> Und duu, miis innerscht, tuen INN au sägne
> us tüüffschter seel.»[73]

In den Verdichtungen fasst Boesch dieses Wechselverhältnis auch unter dem Aspekt des Behütens:

> «DU behüetisch miich
> und iich DICH»[74]

Das Wechselverhältnis beschreibt Boesch auch als Zusammentreffen und Zusammenwirken. Dabei wendet er den Blick vom Verhältnis Jesu zu seinem Vater auf Phänomene des Zusammentreffens Gottes mit Menschen einerseits im Kontext des Betrachtens von Ikonen, andererseits im Kontext des Schaffens von Ikonen:

> «Jesus hat jeder Form von Machtmanipulation widerstanden und immer auf das In-Eins-Zusammenfallen der Präsenz des Vaters mit der seinen gewartet. Darum wirkte er heilend. Ich werde es nie nötig haben, vom Prophetischen der Ikonen zu reden, denn es hängt völlig vom Zusammentreffen der Präsenz Gottes mit derjenigen des Betrachters ab.»[75]

Das Zusammenwirken mit Gott beim Schaffen von Ikonen macht Boesch an der schon anfangs erwähnten Formulierung der Comunità del Cantico von Padua fest.[76]

> «‹Die wahre Ikone ist Frucht von Synergie, d. h. von gemeinsam erlittener Zusammenarbeit.› Jetzt verstehe ich besser, warum Gott so viel am theophilen Menschen liegt. Er ist der Partner in der ‹gemeinsam erlittenen Zusammenarbeit›.»[77]

---

73 A. a. O., 189, 191.
74 Boesch, underwägs, 33.
75 Boesch, Morgendämmerung, 167f.
76 Siehe Seite 82 in diesem Band.
77 A. a. O., 199.

In ähnlicher Weise staunt Boesch immer wieder darüber, dass Gott den Menschen zum «Mitvollender» seiner Schöpfung macht[78].

Vor diesem Hintergrund umschreibt Boesch Gott als *Macht-in-Beziehung*: «SEINE Macht fliesst nicht aus hierarchischen Strukturen, sondern aus einem lebendigen Beziehungsnetz.»[79]

6. Verwandlung zur Transparenz

Die Rede vom Menschen und die Rede von Gott lassen sich im Werk von Josua Boesch nur vorläufig unterscheiden. Die Gottebenbildlichkeit begründet einen unauflöslichen Zusammenhang, der – wie gesehen – wechselseitig zu verstehen ist. Nicht nur ist der Mensch Ebenbild Gottes. Gott selbst begibt sich in die Ebenbildlichkeit zum Menschen.

Umgekehrt nimmt Boesch in den Blick, wie diese Gottebenbildlichkeit im Menschen einen Prozess anstossen will, der den Menschen transparent für Gott werden lässt. Obwohl die Verbundenheit mit Gott wie in einer Ur-Beziehung gegeben ist, ist sie zugleich Ziel eines Verwandlungsprozesses. Dafür ist Boesch das Fest der Verklärung Jesu von Bedeutung.

1978, als Josua Boesch seine Übersiedlung nach Camaldoli vorbereitet, sieht er von dieser Verklärungswandlung her einen positiven Prozess ausgehen. «Du siehst, mein Kyrios, DEINE Verwandlung auf dem Tabor wirkt ansteckend. Wie eine ansteckende Gesundheit.»[80]

Die Notwendigkeit eines Verwandlungsprozesses liest Boesch – wie bereits in Kapitel 2 gesehen – an seiner Ikonenherstellung im Feuer ab. An dieser Stelle kann der anthropologische Verwandlungsprozess vertiefend noch enger mit der Entstehung der Ikonen verbunden werden. Wie diese aus seiner Werkstatt als «Lobgesang der Metalle» und «Transparenz SEINER Nähe»[81] hervorgehen, so gilt als Ziel des Menschseins: «Werde ikonisch, d. h. transparent für SEIN Ebenbild in dir.»[82]

Der Goldschmied bringt dies in einer seiner Verdichtungen zum Ausdruck:

---

78 A. a. O., 103.
79 A. a. O., 191.
80 A. a. O., 86.
81 A. a. O., 77.
82 A. a. O., 79.

«gglüet wèèrden im füür vom läbe
macht äim tranzparänt
für s glüe vo gott under mäntsche –»[83]

Selbst für diese Wandlung kommt Boesch auf den Gedanken zurück, dass Gott selbst von diesem Werdeprozess der Wandlung her zu verstehen ist. Gott selbst bewahrt seine Lebendigkeit in der Wandlung.

«Das zentrale Wort der Theophilie heisst Wandlung. Es ist wohl das Drama des Menschen, dass er dem Leben die Wandlung verweigert. Und doch läge gerade darin seine Gott-Ebenbildlichkeit. Denn auch Gott bewahrt seine Lebendigkeit nur durch Wandlung von Mutationssprung zu Mutationssprung. Einfacher ist Leben nicht zu haben. Nur scheinen wir das noch immer nicht begreifen zu wollen. Ein prinzipieller Gott ist leichter verfügbar als ein sich wandelnder. Das haben Juden besser begriffen als Christen. Aber wir kommen nicht länger darum herum, es auch zu lernen.»[84]

Das Werk von Josua Boesch lädt Menschen ein, ikonisch zu werden, und dabei die Gottesbeziehung als gegenseitig ikonisches Verhältnis zu entdecken:

«ikoone:
iich gsee mi jetz i DIR
und DU gseesch DICH i miir –»[85]

83 Boesch, Underwägs, 29.
84 Boesch, Morgendämmerung, 242.
85 Boesch, Aabig-glüe, 7.

Josua Boesch, Trinitas, ca. 1980

Simon Peng-Keller

Heilkraft aus dem Schauen: Ikonen als Übergangsmedien

Die Metallikonen Josua Boeschs vermitteln heilsame Präsenz. Es ist ihnen anzumerken, dass sie aus der Stille kommen. Sie gleichen Bergkristallen, die sich langsam in der Tiefe des Berges herausformen und durch Transparenz und Einfachheit faszinieren. Die Heilkraft aus dem Schauen[1] beginnt nicht erst mit dem Betrachten der Ikonen, sondern sie steht an deren Ursprung. Der vorliegende Beitrag beleuchtet den Werdegang dieser besonderen Ikonen, bei denen die kreative und inspirative Energie, die sie hervorgebracht hat, ebenso eng verbunden ist mit Träumen und Präsenzerlebnissen wie mit fortwährender Schriftauslegung. Indem die Metallikonen die Bildgeschichte des «konstantinischen Christentums» überschreiten, erweitern sie die Möglichkeiten christlicher Ikonografie und eröffnen einen spirituellen Erfahrungsraum, der zur Erkundung einlädt. Diese Bewegung der Überschreitung soll an bislang unbekannten Ikonen veranschaulicht werden, die hier erstmals abgebildet und kommentiert werden. An den Anfang dieses werkgeschichtlichen und (auto-)biografischen Durchgangs sei die Ikone *Trinität – Identität* gestellt, die vermutlich in den frühen 1980er Jahren in Camaldoli entstanden ist.

1 Vgl. Josua Boesch, arte contemplativa. Heilkraft aus dem Schauen, Zürich 2022 (Erstauflage: Oberegg 1988).

Sie zeigt den Menschen, der, umhüllt und gestärkt von der durch drei Aureolen angedeuteten göttlichen Gemeinschaft, zu seiner innersten Identität, seiner Auferstehungsgestalt gefunden hat. Wie die meisten Ikonen beschränkt sie sich auf elementare Formen, die einen inneren Raum eröffnen: ein kupfernes Quadrat, Symbol irdischer Begrenzungen; Kreise aus Messing und Gold, Sinnbilder der Ewigkeit; ein Dreieck, das bergende Zelt Gottes; drei Parabeln, die ein Tau-Zeichen aus Silber entstehen lassen, die Umrisse des Auferstandenen, dessen Wundmale mit vier Goldpunkten angedeutet sind. In seiner Form erinnert das Tau an ein Mönchsgewand und damit an den Entstehungskontext der Ikone. Die Urgestalt des neuen Menschen, die sich hier ikonografisch andeutet, gleicht dadurch einem Segenszeichen, das ins Innerste der Schöpfung eingeprägt wird.

Begegnungen unterwegs

Der Augenblick, in dem ich zum ersten Mal eine Metallikone von Josua Boesch sah, ist mir noch heute in lebendiger Erinnerung. Es war im Jahre 1987 am Ende einer Meditationswoche für Jugendliche. Einer der Leiter zeigte uns eine grossformatige Abbildung der Ikone *Die Auferstehung des Judas*[2] und las einen Auszug der Meditation vor, die der Künstler selbst dazu verfasst hatte. Die Meditation und die Stille hatten mich empfänglich gemacht. Ostkirchliche Ikonen und Gegenwartskunst waren mir vertraut. Doch was mir hier begegnete, bewegte sich jenseits von allem, was ich bislang gesehen und gehört hatte. Bis heute frage ich mich, was mich genau anrührte: War es die Ikone selbst? Waren es die Worte dazu? Der Einklang von beidem? Was immer es war, ich beschloss, dieser Spur zu folgen. Ich wollte dem Geheimnis, das diese Ikone ausstrahlte, auf den Grund gehen.

Vier Jahre später, als ich den Künstler erstmals in der Casa Bocci in Farneta di Soci besuchte, traf ich ihn im Zenit seines Schaffens an. Seine ebenerdige, zwanzig Quadratmeter grosse «Cella» war Wohn- und Schlafzimmer, Werkstatt und Kapelle in einem.

In dem umgebauten Schweinestall stand neben der Kochecke die Werkbank. Eine kleine Treppe führte zu einem offenen Obergeschoss,

---

2 A. a. O., 57.

Josua Bosch in seiner «Cella».

in dem auf schmalem Raum ein Bett stand und man durch kleine Fenster in den Garten und auf die hügelige Landschaft des Casentino blicken konnte. Die Metallikonen, die auf Jutegeweben platziert zwischen Holzmöbeln hervorleuchteten, gaben dem Raum eine sakrale und warme Ausstrahlung. Neben frühen Ikonen wie jene auf dem Stein vom Bodensee mit dem fossilen Ahornblatt,[3] den er auf dem Boden platziert hatte und vor dem immer eine Öllampe brannte, entdeckte ich solche, die eben erst entstanden - geboren - waren. Bislang kannte ich lediglich die Ikonen, die im *Auferstehungsweg* und in *arte contemplativa* abgebildet sind. Die Begegnung mit den Originalen glich der ersten Begegnung mit einem Menschen, den man bisher nur von Fotografien kannte. Mir wurde in diesem atmosphärischen Raum bewusst, dass Ikonen etwas anderes als Bilder sind, die man in einem Museum bestaunt. Was sie lebendig macht, ist das Licht, das sie aufglänzen lässt, ebenso wie ihre Materialität, die sie mit den Grundelementen dieser Erde verbindet und die mitunter auch zum Berühren einlädt.

In der Cella der Casa Bocci erkannte ich noch etwas Weiteres: Um ihre Lebendigkeit zu entfalten, brauchen Ikonen ein bestimmtes

3 A. a. O., 17.

Umfeld und einen behutsamen Umgang. Sie sind responsiv, strahlen ab, was sie empfangen. Ikonen wollen nicht als Kunstobjekte betrachtet werden, sondern führen in die Meditation und laden zum Gebet ein. Ihr Geheimnis entzieht sich dem nüchtern-beobachtenden Blick und erschliesst sich erst durch das geduldige Schauen, das sich behutsam auf sie einlässt. In den drei Jahrzehnten, die seither vergangen sind, haben mich diese Ikonen während vielen Perioden begleitet. Wann immer mir ein «sehendes Sehen»[4] geschenkt wird, beginnen sie leise zu mir zu sprechen. Zu Josua Boesch selbst schienen sie immer zu sprechen. Mit den Ikonen, die ihn in seiner Cella umgaben, pflegte er einen fortwährenden Dialog. Und er verstand es, mich und die Menschen, die mich begleiteten, an dieses dialogische Wunder heranzuführen. Was dazu führte, dass sich die Ikonen mitzuteilen begannen, war am Ende schwer zu unterscheiden: War es die Begeisterung ihres Schöpfers, die den Funken springen liess? Oder war es mein Blick, der sich durch das geduldige Verweilen vor einer Ikone verwandelte, offener und empfänglicher wurde?

Acht Jahre nach meinem ersten Besuch in der Casa Bocci wurde ich selbst zum Gastgeber. Über mehrere Monate empfing ich den Ikonografen wöchentlich in meiner kleinen Wohnung in Zürich, um mich bei der Gesamtdarstellung seines Werks, das ich schreiben wollte, zu unterstützen.[5] Nachdem er seine Werkzeuge aus der Hand gelegt und seine Werkstatt verschenkt hatte, war der Moment gekommen, um zurückzublicken und nochmals die einzelnen Stationen seines Weges zu vergegenwärtigen. War er bislang ausgerichtet gewesen auf den schöpferischen Prozess, den die Entstehung von neuen Ikonen für ihn bedeutete, traten nun Kontinuitäten, übergreifende Themen und Umbrüche in den Blick. Die Metallikonen und ihre Bildsprache entwickelten sich im Laufe der Jahre Schritt für Schritt weiter, behutsam und oft angestossen durch Impulse von aussen oder innere Klärungsprozesse. Die geometrische Strenge, welche die Ikonen in den ersten Jahren prägte, wich nach

4 Vgl. Max Imdahl, Giotto, Zur Frage der ikonischen Sinnstruktur, in: ders., Reflexion – Theorie – Methode. Gesammelte Schriften Bd. 3, hg. von Gottfried Boehm, Frankfurt a. M., 424–463, hier 453.

5 Simon Peng-Keller, auferstehungsleicht, Der ikonografische Weg von Josua Boesch, Zürich 2022 (Erstausgabe: Oberegg, 1999).

und nach einer spielerischen Leichtigkeit. Der Auferstandene wurde immer geschmeidiger und lernte zu tanzen. Nach und nach erweiterte sich auch die Anzahl der Materialien, die in den Schaffensprozess einbezogen wurden. Die vier Metalle verbanden sich mit Stein, Holz und Keramik. Schliesslich verwandelte sich sogar ein Hundeknochen in eine Ikone.[6] Die Arbeit an dem Buch mündete in eine Ausstellung im Bildungshaus Mattli in Morschach hoch über dem Vierwaldstättersee. Dreissig Ikonen in einem einzigen Raum zu versammeln, glich einer Familienzusammenkunft, einer Verdichtung von Leben und Schönheit. Beim Einrichten kam jene Seite des Künstlers zum Vorschein, der die Ikonen ihre Feinheit und Präzision verdanken. Das Hauptkriterium für die Platzierung war das Licht. Die Ikonen sollten sich den Besucherinnen und Besuchern im besten Licht zeigen können, und das bedeutete: eine indirekte Beleuchtung, die nicht zu hell und nicht zu dunkel sein durfte. Ikonen leben vom Licht, das sie aufglänzen lässt und dessen Tiefenglanz sie sichtbar machen.

Dieser Glanz war auch in den Räumen anzutreffen, in denen Josua Boesch seine letzten Lebensjahre verbrachte. Nach seiner Rückkehr nach Zürich musste er noch zweimal umziehen: von einer grösseren Alterswohnung in eine kleinere und schliesslich in das Zimmer eines Pflegezentrums. Bei jedem Umzug entledigte er sich von weiteren Dingen, die ihren Dienst erfüllt hatten: «Umziehen tut gut. Man wird vieles los, was sich angesammelt hat oder was man nicht loslassen konnte», schrieb er 1985 in sein Tagebuch, nachdem er in seine Cella in der Casa Bocci gezogen war.[7] Jeder Umzug machte ihn leichter. Bereits 1980 hatte ihm sein Sohn Martin mit Blick auf eine ikonische Auferstehungsgestalt zugesprochen: «So leicht bist du selber geworden.»[8] Gegen Ende seines Lebens verdichtete sich dieser Prozess. Noch im letzten Zimmer, das er bewohnte, war die Atmosphäre spürbar, die mich in seiner Cella in Farneta di Soci so beeindruckt hatte. Der Stein mit der Ikone vom Lebensbaum ruhte nun neben einigen Handikonen auf einem der weissen Möbel des Pflegeheims. An der Wand hing die Ikone *Ur-Quell*[9] und ein

6 A. a. O., 129.
7 Josua Boesch, Morgendämmerung. Tagebuch einer Wandlung, Oberegg 1995, 159.
8 A. a. O., 109.
9 Peng-Keller, auferstehungsleicht, 139.

verziertes Schriftstück, das sich vom unterlegten Jutestoff abhob. Es war der Konfirmationsspruch, der an den langen Weg erinnerte, der hinter ihm lag, und an den Übergang über den Jordan, der vor ihm stand: «Ich will mit dir sein. Ich lasse dich nicht fallen und verlasse dich nicht.» (Josua 1,5b)

Ikonografie als Heilungsweg

«Ich bin mir [...] völlig bewusst, dass ich mir alles Neue mit meinem Kunsthandwerk erarbeiten muss», notierte Josua Boesch am 3. April 1985 in sein Tagebuch.[10] Die Wiederentdeckung seiner künstlerischen Seite in den frühen 1970er Jahren geschah inmitten einer Lebenskrise, in der seine Ehe, seine berufliche Identität und beinahe auch seine Gesundheit zerbrach. Eine Diskushernie führte zu einer mehrwöchigen Lähmung und musste schliesslich im Universitätsspital Zürich operiert werden. Am Morgen vor der Operation stiess er auf die neutestamentliche Heilungserzählung, in der Petrus am Tempeleingang einen Gelähmten heilt und ihn auffordert: «Steh auf und geh!» (Apg 3,1–10) Im Tagebuch heisst es dazu: «Wie hätte mich das nicht treffen sollen! In den Gesprächen mit meinem psychiatrischen Berater und Begleiter [...] hatte mir der Begriff der Lähmung über lange Zeit stark zugesetzt. Mit einem Schlag machte mir nun mein Körper klar, was der Arzt gemeint hatte, als er sagte, ich sei wohl von Geburt an wie gelähmt gewesen».[11] Die Botschaft des Körpers und der Schrift war nicht mehr zu überhören: «[...] nun bist Du gekommen, mein Kyrios, und hast zu mir gesagt: ‹Steh auf und geh!› Jetzt weiss ich, dass ein neues Leben und ein neuer Lebensstil beginnen wollen. DU selber forderst mich heraus dazu. DU siehst mich schon selbstständig, unabhängig und aufrecht.»[12]

In dieser Krisen- und Aufbruchserfahrung liegen der weitere Lebensweg und die fünf Jahre später einsetzende ikonografische Suche nach der Auferstehungsgestalt begründet. In der frühen Ikone mit dem Titel *Christus – Taufe im Abgrund* spiegelt sich dieser Weg, der von einer abgründigen Midlife-Crisis in eine neue Lebensform führen wird.

---

10 A. a. O., 152.

11 Boesch, Morgendämmerung, 8.

12 A. a. O., 9.

Christus – Taufe im Abgrund, ca. 1980

Die Christusgestalt steht gesenkten Hauptes im Jordan, dem Fluss, durch den der biblische Josua einst das Volk Israel ins gelobte Land führte. Die Wellen gehen hoch, doch wird die Gestalt zweifach gehalten: durch eine Parabel, die nach oben geöffnet ist, ebenso wie durch den Täufer. Dieser hat die Gestalt des Tau-Symbols, des Kreuzes, das Täuflingen auf die Stirn gezeichnet wird. Von oben senkt sich eine Geisttaube zusammen mit drei Feuerzungen auf den, der sich aus der Flut erhebt und in späteren Ikonen tanzend über das Wasser geht.

Die Wiedererweckung des schlummernden Goldschmieds bereitete sich in Träumen vor. Am 10. August 1970 vermerkte Josua Boesch in seinem Tagebuch: «Im Traum entsteht in der Werkstatt meines Meisters eine Abendmahlskanne aus Stahlblech. Schöne runde Bewegungen werden hineingeschliffen, und zuletzt wird sie vergoldet.»[13] Zwei Jahre später, am 9. Januar 1973, stellt sich der Traum von einer Künstlerwerksstatt ein, in der das Traum-Ich im göttlichen Lichtglanz kniet.[14] Gegen Ende des Jahres, am 18. November 1973 geschieht es unerwartet: der Goldschmied und Kunsthandwerker aufersteht im Atelier seines ehemaligen Lehrmeisters. Immer wieder erzählte er später von diesem beglückenden Moment, indem er seine im Verhältnis zu seinem Körper grossen und kräftigen Hände ausstreckte: «Mir schien, ich hätte die Werkzeuge erst gestern weggelegt und nicht vor dreissig Jahren.»[15]

Im kunsthandwerklich-künstlerischen Schaffensprozess, der an diesem Novembertag in der Nähe des Zürcher Paradeplatzes neu hervorbrach, bereitete sich ein tiefgreifender Aufbruch vor. Dieser führte ihn schliesslich für sechseinhalb Jahre ins Eremo di Camaldoli und danach für 13 weitere Jahre nach Farneta di Soci. Mit den neuen Formen, die sich schrittweise ausbildeten, gewann auch das Leben des Kunsthandwerkers und Künstlers neue Konturen. Die ikonografische Arbeit und die kontemplative Haltung, die sie voraussetzte und förderte, weckten kreative Energien, die in den Umbrüchen der Lebensmitte stabilisierend wirkten und zu seelischen Heilungsprozessen beitrugen.[16] In der Osterwoche 1979, eben in Camaldoli angekommen, ermuntert sich der Ikonograf selbst zur Langsamkeit: «[...] ich stelle fest, dass ich viel zu schnell arbeite. Auch wenn ich von der Freude gedrängt bin – so geht es nicht. Wie sollen DEINE Stille, Präsenz und Transparenz in dieser Ikone dasein, wenn ich so draufloshaste? Was heisst ikonisch arbeiten? Still, präsent, behutsam.»[17] Die schöpferische Phantasie, die in der

---

13 A. a. O., 19.

14 A. a. O., 40.

15 A. a. O., 50.

16 Eine verwandte Verbindung zwischen kunsthandwerklicher Arbeit, kontemplativer Sammlung und spiritueller Reflexion findet sich beim Geigenbauer Martin Schleske, vgl. ders., Der Klang. Vom unerhörten Sinn des Lebens, München 2010.

17 Boesch, Morgendämmerung, 91f.

Stille der ikonografischen Werkstatt tätig ist, äussert sich nicht zuletzt in den Träumen und visionären Erfahrungen, die diesen Heilungs- und Aufbruchsweg begleiten und animieren.

Visionäres Präsenzerleben: Ebenbildlichkeit

«Träume sind Engel. Sie haben eine Botschaft, die immer offen bleibt für Neues. Sie sind so lebendig, dass sie nicht ausgeschöpft werden können. Sie nehmen teil am Neuwerdungsprozess der Welt», reflektiert Josua Boesch in seinem Tagebuch, als er in Camaldoli die Träume befragt, die ihn an diesen Ort geführt hatten.[18] Die sechseinhalb Jahre in diesem Kloster beschreibt er rückblickend als eine Zeit der Verpuppung, in der die Raupe vom Fliegen geträumt habe.[19] Neben wegweisenden Träumen verzeichnet das Tagebuch auch mehrere visionäre Erfahrungen, die mit dem persönlichen Heilungsweg ebenso verbunden sind wie mit der ikonografischen Suche.[20] Die früheste Erfahrung, die Josua Boesch im Tagebuch verzeichnet, steht im Kontext der Lebensmitte-Krise. Auf der Suche nach Neuorientierung, während der ihm Franz von Assisi zum inneren Begleiter wurde, verbrachte er einige Tage am Siljansee. Am 20. Juli 1973 notierte er:

> «Als ich gestern dem Siljansee entlang zurück in die Pension ging, setzte ich mich auf eine Bank und schaute in die Weite. Auf einmal war mir, als sässe Franziskus neben mir. Rechts neben mir, auf derselben Bank. Einfach so. Still und ohne etwas zu sagen. Nach einer Weile legte er seine linke Hand auf meine rechte. Lange. Ganz lange. War ich je einmal so glücklich? Dann habe ich ihm sein Zeichen bestätigt. Genau so behutsam wie er habe ich meine rechte auf seine linke Hand gelegt. Bevor er ging, fragte er: ‹Was verbindet mich mit Deiner Zukunft?›»[21]

---

18 A. a. O., 155.

19 A. a. O., 154.

20 Zur Bedeutung und Empirie von visionären Erfahrungen vgl. Simon Peng-Keller, Sinnereignisse in Todesnähe. Traum- und Wachvisionen Sterbender und Nahtoderfahrungen im Horizont von Spiritual Care, Berlin 2017.

21 A. a. O., 46. Siehe auch den Beitrag von Heinz Brauchart in diesem Band, Seite 45–59.

Die visionären Präsenzerfahrungen, von denen das Tagebuch berichtet, sind meist tröstlicher Art. Sie erschliessen und personalisieren das Geheimnis göttlicher Gegenwart. Doch wie die eben zitierte Erfahrung werfen sie auch Fragen auf und animieren so die weitere Suche. Da sie einem Menschen mit ausgeprägtem Sinn fürs Gestalthafte widerfahren, ist es umso bemerkenswerter, dass diese Visionen meist unanschaulich sind. Die auftauchenden Gestalten tun sich im Modus der Berührung, der gespürten Nähe kund, in einer Frage oder einem Zuspruch – nicht in einer bildhaften Erscheinung. Sie bleiben un(be)greifbar, gleichen Doppelgängern und wecken im Erlebenden die Frage, ob es sich dabei nicht um eine Projektion handelt:

> «DU gleichst in DEINEM Verhalten mir gegenüber verblüffend dem meinen DIR gegenüber. Projektion? Habe ich DICH mit mir verwechselt? Und DICH so gewünscht? Wenn nicht, dann trägst DU ja mein Bild, so wie ich das DEINE trage! Soll ich in DIR mein Bild erkennen, so wie DU das DEINE in mir erkennst? Hast DU das gemeint mit unserer Ebenbildlichkeit?»[22]

Spiegelbild oder Ikone, das ist hier die Frage. Josua Boesch beantwortet sie, indem er beides verbindet: Im Spiegelbild scheint die Ikone auf, im Gesicht des anderen spiegelt sich das eigene, zeigt es sich in seiner bislang verkannten Tiefe.

Die Tagebuchnotizen belegen, wie zentral die wiederholt eintretenden Präsenzerfahrungen für die Ausgestaltung der Metallikonen sind. In ihnen zeichnet sich die Gestaltwerdung des Auferstandenen vor, dessen Gesicht immer ausgespart bleibt, um gerade so die Schau in den ikonischen Spiegel zu ermöglichen. Vor diesem Hintergrund wird zudem verständlich, weshalb der Auferstandene in vielen Ikonen nicht alleine, sondern in Gemeinschaft mit einer zweiten Auferstehungsgestalt auftritt. Zum ersten Mal findet sich diese Verdoppelung in der 1977 entstandenen Ikone *Berührung*,[23] von deren Entstehung Josua Boesch in einem kurzen Porträt des Schweizer Fernsehens aus dem Jahr 1979 berichtet:

---

22 A. a. O., 130 (12. Oktober 1982).

23 Vgl. Peng-Keller, auferstehungsleicht, 23; in diesem Band auf S. 140

Berührung, 1979

> «Als ich einmal ganz aufmerksam Musik hörte, da war mir, ich sässe auf einem Floss und lehnte an einen Mast. Ich konnte mich ganz dem Wasser anvertrauen. Auf einmal spürte ich, es ist gar nicht mehr der Mast, an den ich lehne, sondern das ist ja Christus selbst. Und dann hat mich eine Freude gepackt ... Dann entstand diese Ikone.»[24]

In der Ikone *Freude,* die 1979 entstanden ist, tauchen die Wellen ebenso wie die embryohafte Gestalt, die auch in der *Berührung* zu finden sind, in transformierter Form wieder auf.

Eingeschlossen in einer Kugel, die einem Mutterschoss gleicht, ruht sie am unteren Bildrand, umgeben und getragen von vier hoch aufschiessenden Wellen. Verweist der Bildtitel auf die Freude über eine Urgeborgenheit? Auf das Gleichnis vom Schatz im Acker? Oder auf eine visionäre Erfahrung wie jene, von welcher im obigen Zitat erzählt wird?

---

24 Eigene Transkription auf Basis des Films *Ikonen: Kurzporträt über Josua Bosch,* Schweizer Fernsehen DRS, 10. September 1979. Der Film ist zu finden auf der CD ROM: Simon Peng-Keller, auferstehungsleicht. Der ikonografische Weg von Josua Boesch. Neuauflage mit zusätzlichem Bild-, Text- und Filmmaterial, TAU-AV-Produktion 2015.

Im Tagebuch tauchen solche Erfahrungen auf, die in einem Zusammenhang mit dem Entstehen von neuen Ikonen stehen. So in der folgenden Notiz, die am 29. Juli 1984 niedergeschrieben wurde:

> «Heute früh spürte ich auf einmal eine Gestalt neben mir, die behutsam meine vergiftete Wunde berührte und heilte. Ein urtiefer Friede kam über mich: mein Bruder Kain behütet mich.»[25]

Das Verhältnis von visionärer Erfahrung und ikonischem Schaffen ist hier ein anderes als in den vorangehenden Beispielen: Das ikonische Triptychon, welches die *Versöhnung von Kain und Abel* ins Zentrum rückt, entstand bereits einige Monate vor der Präsenzerfahrung, von der in diesem Tagebucheintrag berichtet wird.[26]

Das Motiv der doppelten Auferstehung, das in diesen visionären Erfahrungen wurzelt, wird in späteren Ikonen weitergeführt. In der Trinitätsikone *Dreiung* (1990) sind es sogar drei Personen und in der Ikone *Die neue Erde und der neue Himmel* (1991) deren fünf. In ihrer Formsprache und ihrer Materialität ebenso wie in ihrer theologischen Inspiration gehen diese Metallikonen über die bisherige ikonische Tradition hinaus. Im folgenden Abschnitt soll die Bedeutung dieser Entwicklung weiter bedacht werden.

Überschreitung der Bildgeschichte des «konstantinischen Christentums»

«Ein Mensch des Übergangs sein», schrieb Josua Boesch am 1. Januar 1981 nachts in sein Tagebuch. Das bedeutete auch, sich von vertrauten Identitäten zu verabschieden. Wie das Leben im Übergang, das auf die Midlife-Crisis folgte, in keine vorgegebene soziale Rolle passte, lassen sich auch die Metallikonen nur schwer in gängige Kategorien einordnen. Sie schlicht als religiöse Kunst zu beschreiben, wäre zu unbestimmt. Von religiösem Kunsthandwerk zu sprechen, ist ebenfalls unzureichend, wird doch damit die innovative theologische Kraft, die diese unkonventionellen Ikonen von der festgelegten Ikonografie der

---

25 Boesch, Morgendämmerung, 146.
26 Peng-Keller, auferstehungsleicht, 48–55.

ostkirchlichen Tradition unterscheidet, nicht erfasst. Weder handelt es sich um schlichte Gebrauchskunst noch um das, was heute «autonome Kunst» heisst. Die Metallikonen sind alles andere als autonom. Sie dienen der Meditation, dem Gebet, ohne dadurch zu einem beliebig verfügbaren Instrument zu werden.

In ihrer Gestalt und Formsprache vollziehen diese Metallikonen eine doppelte Überschreitung: Sie gehen nicht nur über den bisherigen reformierten Umgang mit sakralen Darstellungen hinaus, sondern auch über die ikonografischen Traditionen der byzantinischen und katholischen Tradition. Sie sind jenseits dessen angesiedelt, was Josua Boesch als das *konstantinische Christentum* bezeichnete.[27] Dieses verabschiedete sich vom an-ikonischen Christentum der ersten drei Jahrhunderte und entwickelte seine eigene Bildsprache, indem es an Kaiserbildnissen Mass nahm. Gemäss dem Kunsthistoriker Wolfgang Schöne ist diese Bildgeschichte längst abgelaufen. Die sakrale Kunst des Abendlands erschöpfe sich seit zwei Jahrhunderten in einer kraftlosen Wiederholung einer Bildsprache, die nicht mehr das zu leisten vermöge, was sie selbst zu sein beanspruche: die göttliche Präsenz zu vergegenwärtigen.[28] Die künstlerische Innovationskraft, welche die christlich-abendländische Bildgeschichte zum Aufblühen brachte, habe sich weitgehend aus kirchlichen Räumen zurückgezogen und verselbstständigt. Dadurch sei die göttliche Wirklichkeit heute undarstellbar geworden.[29] Wolfgang Schönes Analyse mag überscharf, sein Urteil überzogen sein. Doch trifft sie sich in zentralen Punkten mit Josua Boeschs Reflexionen zu einer christlichen Welt, die seit der Konstantinischen Wende von hierarchischen Institutionen und einer Bildsprache der (All-)Macht geprägt war. Die Christusikonen stellen einen göttlichen Kaiser vor Augen, Gottes Gegenwart in einer machtvollen männlichen Gestalt. Dass diese Christusgestalt die irdischen Machthaber relativiert, kann nicht darüber hinwegtäuschen, dass damit eine hochgradig ambivalente Vorstellungswelt in die christliche Imagination einwandert.

---

27 Z. B. Boesch, Morgendämmerung, 139, Boesch, arte contemplativa, 58.

28 Wolfgang Schöne, Die Bildgeschichte der christlichen Gottesgestalten in der abendländischen Kunst, in: Wolfgang Schöne, Johannes Kollwitz und Hans von Campenhausen (Hg.), Das Gottesbild im Abendland, Witten 1957, 7–56.

29 A. a. O., 54.

Handikone, 1994

Die Ikonografie, die sich im Atelier Josua Boeschs ohne festgelegte Programmatik entwickelte, bewegt sich aus dieser Vorstellungswelt heraus. Der Auferstandene, dessen Gegenwart seine Metall-Ikonen andeuten, lässt alle Züge der byzantinischen Christusgestalt hinter sich. Nicht mehr als «Allmächtiger» erscheint er, sondern als «Allumfassender»: gewaltlos, leicht und unfassbar wie ein Atemhauch, doch gleichwohl berührbar. Der taktile Zugang zu den Ikonen, der sich auch in der ostkirchlichen Tradition findet – Ikonen werden berührt und geküsst –, zeigt sich am deutlichsten in jenen Fragmenten, die Josua Boesch «Handikonen» nannte. Oft sind es wenige Zentimeter grosse Steine, die in einer Handfläche Platz finden. Die göttliche Nähe wird in Handikonen auf doppelte Weise wahrnehmbar: schauend *und* spürend. Auf der anbei abgebildeten Handikone balanciert der Allumfassende auf einer Welle aus Gold, die sich bei näheren Hinsehen als Schlange entpuppt.

Auch diese Ikone nimmt ein traditionelles Motiv auf und verwandelt es grundlegend. Anders als in den mittelalterlichen oder barocken Bildern, in denen Maria auf eine Schlange tritt, begegnen wir in der vorliegenden Ikone keiner drachenförmigen, dunklen Macht, sondern einer goldenen Kreatur. Was macht sie gottähnlich? Vielleicht ihre Wandlungsfähigkeit, in welcher sich die göttliche Erneuerungskraft zu widerspiegeln vermag, die österliche Verwandlung des Abgründigen in einen tragenden Urgrund.

Jenseits des Spannungsfelds zwischen institutioneller Bildbemächtigung und künstlerischer Autonomie sucht Boesch nach neuen Wegen, die Gegenwart Gottes aufleuchten zu lassen. Der Weg führte zu den Ur- und Grundformen. Während einer ökumenischen Konferenz auf dem Mendelpass bemerkte ein Athosmönch zu ihm: «Nenn deine Ikonen nicht mehr westliche, sondern archaische Ikonen.»[30] Da dieser Ikonograf neuer Art der an-ikonischen reformierten Tradition entstammte und nicht mit Pinsel und Farbe arbeitete, sondern mit den Instrumenten des Goldschmieds, war er genötigt, seine eigene Formsprache zu suchen. Er fand sie in den geometrischen Grundformen (Kreis, Quadrat, Dreieck, Parabel usw.), in den materiellen Qualitäten und der Symbolik der Metalle, sowie im Entstehungsprozess der Ikonen: «Ich kreiere nur die Grundformen, das Übrige überlasse ich dem Feuer», bekräftigte er immer wieder neu. Auch die Bezeichnung «Metall-Ikone» war nicht von Beginn an da. Zunächst waren es liturgische Gegenstände und Kreuze, die in der Werkstatt in Affoltern am Albis entstanden. Erst nach und nach entwickelte sich das zunächst quadratische, dann das rechteckige ikonische Format heraus, in dem sich vor einem flächigen Hintergrund figurale Gestalten abheben, die in ihrer Motivik biblisch inspiriert sind, und von ihm selber zunächst noch nicht als *Ikonen* bezeichnet, sondern *Meditationsbilder aus Metall* genannt wurden.

Obwohl sich die Metall-Ikonen von der bisherigen ikonografischen Tradition unterscheiden, sind sie in doppelter Weise mit ihr verbunden: durch ihren biblischen Rückbezug und die Verwendung des Goldes. Ihre Originalität verdanken die Ikonen Josua Boeschs nicht allein der sich wandelnden Gestalt des Auferstandenen, der in seiner Reduktion auf der Schwelle zwischen Sichtbarkeit und Unsichtbarkeit steht und sich von androzentrischen Gottesvorstellungen löst, sondern ebenso in einer neuartigen Gestaltung dessen, was Wolfgang Schöne als «transzendentales Leuchtlicht» beschrieb. Was der Kunsthistoriker mit Blick auf die ottonische Malerei herausarbeitete, dürfte für die christliche Ikonografie insgesamt zutreffen: Das verwendete Bildgold erfülle «sei-

30 Boesch, Morgendämmerung, 119.

nen Sinn nur, wenn es aufglänzt […]. [E]in mittelalterliches Bild, in dem Gold verwendet ist, tritt als optisches Gebilde eben erst damit, dass das Gold aufglänzt, künstlerisch in Aktion. […] genauer: in einem milde glänzenden Aufleuchten, wie es das gedämpfte ursprüngliche Standortlicht der alten Kirchen hervorbringt.»[31]

Diese Lichterfahrung vermitteln auch Josua Boeschs Metallikonen. Diese wirken «am stärksten in der Dämmerung durch ihren transparenten Glanz. Es ist, als würden sie sagen: ‹Siehst du, jetzt dämmert's.›»[32] In biblischer Sprache formuliert: «Nur Metalle verbreiten einen Glanz, der an die Kabod Jahwe, die Herrlichkeit Gottes erinnert, an SEINE stille transparente Gegenwart unter dem Menschen.»[33] Eine vergleichbare Kontinuität zur klassischen Ikonografie findet sich auch in der Bedeutung des Goldgrunds. In diesem wird, gemäss Schöne, «die dem Golde eigene Lichtmacht aus seiner Dinglichkeit, in die es Umrisslinie und Vordergründigkeit verhaften, ganz frei».[34] Der Goldgrund stelle weder einen idealen Raum dar noch eine allumfassende, imaginäre, nichtgreifbare Wand oder Fläche ohne Ende, sondern Lebensgrund und heilsame göttliche Präsenz in aller gestalthaften Wirklichkeit. All dies gilt ebenso für die Ikonen Josua Boeschs, deren räumliche und symbolische Tiefe erst in der Kontemplation gefunden wird. Die Kontemplation, zu der diese Ikonen einladen und hinführen, ist gegenständlich und ungegenständlich zugleich. Wer vor Ikonen in einer kontemplativen Haltung verweilt, dem kann die Erfahrung geschenkt werden, dass die sichtbare Wirklichkeit durchlässig wird, sich auf eine Tiefe hin öffnet, die alles Gestalthafte aufhebt – im mehrfachen Sinne dieses Wortes.[35] Solche Kontemplation vollzieht sich jenseits des Subjekt-Objekt-Gegensatzes, der für unser heutiges, naturwissenschaftlich geprägtes Wirklichkeitsverständnis so prägend ist. Das Objektive ebenso überschreitend wie das Subjektive erschliesst sich dem kontemplativen Blick eine dialogische Wirklichkeit, in der das Grosse und Kleine zusammenspielen:

---

31 Wolfgang Schöne, Über das Licht in der Malerei, Berlin 1954, 23.
32 Boesch, Morgendämmerung, 159.
33 A. a. O., 203.
34 Schöne, Über das Licht in der Malerei, 24f.
35 Vgl. auch Simon Peng-Keller, Überhelle Präsenz. Kontemplation als Gabe, Praxis und Lebensform, Würzburg 2019.

Pfingstikone, ca. 1985

> «Kontemplation könnte man mit ‹Achtsamkeit des Herzens› umschreiben. Dem Wort liegt das lateinische ‹contemplari› zugrunde, was ‹einen freien Raum am Himmel betrachten› meint. ‹Con› sucht das Gemeinsame von dieser kleinen Menschenwelt und dem grossen Kosmos. Den Zusammenhang und den Einklang. Der Kontemplative sucht mit der ganzen Aufmerksamkeit und Behutsamkeit seines Herzens das rechte Mass, die Proportionen und den Rhythmus des Lebens zu begreifen: die tiefen Zusammenhänge zwischen Himmel und Erde, zwischen Gott und Mensch, zwischen Sichtbarem und Unsichtbarem.»[36]

Dass der Grund in den Metallikonen nicht aus Gold, sondern in der Regel aus Messing ist, entspricht der Sinnlogik dieser neuen ikonografischen Sprache. Messing steht für den Alltag, für dessen Transparenzwerden für die göttliche Wirklichkeit. Auf den golden aufleuchtenden Messinghintergründen hat das Feuer seine Spuren hinterlassen, russige Schatten, ohne die diese Ikonen nicht so lebendig und kraftvoll wären.[37]

---

36 A. a. O., 61f.
37 Vgl. etwa die Ikone *Auferstehung des Judas.*

Die Bedeutung des Hintergrunds zeigt sich gerade dort besonders deutlich, wo Josua Boesch auf andere Materialien zurückgreift, auf (Ziegel-) Steine, Holz oder Keramik. In der hier abgebildeten Pfingstikone ist die Grundierung zweischichtig.

Umrahmt von drei Tränen oder Feuerzungen tritt der Auferstandene vor dem tiefroten Hintergrund einer runden Kupferplatte hervor, die ihrerseits auf einem rötlichen, ovalen Sandstein ruht. Nicht nur in farblicher Hinsicht ist dieser Hintergrund bedeutungsträchtig. In seiner Doppelung erzeugt er eine eigentümliche Oszillation von Umrahmung und Tiefe. Das Geschehen, das in dieser Ikone vergegenwärtigt wird, verdankt sich dem Feuer göttlicher Liebe und dem roten Erdboden (hebr. *adamah*), aus dem der neue Mensch – Adam und Eva – entspringt.

Einheit von Bild und Wort

«Die Ikone verlangt nach dem begleitenden Wort. Sie will eins werden mit dem Wort.»[38] Das Verhältnis zwischen Bildern und Worten bei Josua Boesch ist vielschichtig. Seine Ikonen sind bildgewordenes Evangelium. Doch endet der Weg nicht in der Bildwerdung des Wortes, sondern er führt auch zur Wortwerdung des Bildes, zu einer tastenden Sprache, die das Geschaute zu artikulieren sucht und dabei den Sprachraum erweitert. Zur engen Verknüpfung von Ikonografie und Schriftauslegung heisst es in einem auf den 27. August 1982 datierten Tagebucheintrag:

> «Ich bin in die reformierte Kirche hineingeboren. In die Kirche des Wortes. Aber leider gab es in dieser Kirche nichts darzustellen. Ich habe am Auseinanderfallen von Wort und Bild gelitten. Immer habe ich die bildhafte Gestalt des Wortes gesucht, die Möglichkeit, das Wort zu gestalten und erst aus dieser Gestalt heraus zu reden. Nun habe ich meinen Platz in der Kirche gefunden: im Ikonographen. Er stellt das wortträchtige Bild dar und spricht das bildhafte Wort aus. Hier in Camaldoli kann ich beide in ihrer Einheit leben, in der Werkstatt und im Gottesdienst.»[39]

38 Boesch, Morgendämmerung, 184.
39 A. a. O., 128.

Was in Affoltern am Albis mit dem Experiment begonnen hat, die Hälfte der Zeit als Pfarrer und die andere Hälfte als Ikonograf zu arbeiten, findet in Camaldoli zur Einheit. Die Mönche baten den reformierten Gast bereits vor seinem Umzug ins Eremo, in ihren Gemeinschaftsgottesdiensten zu predigen, obwohl seine Italienischkenntnisse noch elementar waren.[40] Später predigte er über einige Jahre einmal pro Woche.[41] Auf diese Weise war die Arbeit an den Ikonen begleitet durch kontinuierliche Schriftauslegung. In der Casa Bocci trat an Stelle des Predigtdiensts die Übersetzung des Johannesevangeliums und der Psalmen ins Zürichdeutsche: «Es ist eine ganz neue Erfahrung, wie die Ikonenarbeit und das Übersetzen Hand in Hand gehen. Und wie das eine das andere befruchtet.»[42]

Die biblische Inspiration spricht aus allen seinen Metall-Ikonen. Sie bringen auf wortträchtige Weise das bildhafte Wort zum Ausdruck und machen den Glanz und die Essenz des Evangeliums sichtbar. In ihnen deuten sich die Spuren jener neuen Wirklichkeit an, die im Zentrum des in der Schrift bezeugten Wortereignisses steht. Und umgekehrt führt die ikonografische Arbeit ihrerseits zu einem neuen Verständnis und Umgang mit der Schrift:

> «Im Bilderbuch Gottes müssen wir lesen lernen, wenn wir aus der Geistesgegenwart leben wollen. Für Jesus war das ganze Leben ein Bilderbuch. Darum konnte er schon mit zwölf Jahren so fragen, dass sogar die Theologen staunten. Er schaute, was er fragte und was er begriff. Das ist es, was wir wieder lernen müssen. Auch wir Reformierte. Wenn Bilder mit einem Sinn zusammenfallen, werden sie zum Symbol und Gleichnis. Dann ist es am Schluss einer Predigt nicht mehr nötig, nach einer Anwendung im Alltag zu suchen. Die Bilder strahlen wie von selbst ihren Sinn in die Herzen der Menschen. Und die Herzen verwandeln sich.»[43]

Christliche Ikonografie findet ihren tiefsten Sinn darin, zu einem Gewahr-Werden göttlicher Realpräsenz hinzuführen. Ikonen künden

40 A. a. O., 82 (12. April 1978).
41 A. a. O., 93 (30. April 1979).
42 A. a. O., 153f.
43 A. a. O., 124 (27. März 1982).

Arca di Silenzio, Tabernakel Fraternità di Romena, 1991

von Gottes Gegenwart – ohne Worte. Indem sie dazu einladen, vor ihnen zu verweilen und sich zu sammeln, sind sie auch gemeinschaftsbildend. Sie ermöglichen persönliche und gemeinschaftliche Sammlung zugleich. Josua Boesch liebte den gemeinsamen Austausch über solche Schauerfahrungen. Ein wichtiger Ort dafür wurde ihm die Fraternità di Romena, die der befreundete Priester Luigi Verdi in den frühen 1990er Jahren initiierte. Auf Don Luigis Einladung hin entstand 1991 eine Ikone für den schlichten, aus Olivenholz gemachten Tabernakel der Romena, einer romanischen Kirche in der Toskana.

Sie trägt den Titel *Arca di Silenzio – Arche des Schweigens* und spielt auf die Sintfluterzählung an (Gen 8,11). Unter einem weiten Regenbogen aus Messing, Kupfer und Silber breitet ein goldener Vogel seine weiten Schwingen aus und lässt einen Olivenzweig fallen – Zeichen göttlicher Präsenz und Fürsorge in den sintflutartigen Bedrohungen der Gegenwart. In einer Meditation, die Josua Boesch zu dieser Ikone verfasste, heisst es:

> «Wir leben heute in einer Sintflut von Worten und Bildern. Gerade deshalb verwandelt der Tabernakel die Romena in eine ARCHE DES SCHWEIGENS und lädt uns ein, die schweigende Präsenz Gottes in den Symbolen des

> Regenbogens, der Taube und des Olivenzweigs zu empfangen. Der Regenbogen macht sichtbar, dass Gott seinem Bund mit der Schöpfung und der ganzen Menschheit treu bleibt. [...] In der Taube aus Gold wird die Gegenwart des Heiligen Geistes präsent, der kommt und geht, wann er will, und der sich durch niemanden und nichts bestimmen lässt, doch gleichwohl, in liebender Aufmerksamkeit, hier und dort einen Olivenzweig vor unsere Füsse fallen lässt, um uns zu ermutigen, unseren Weg vertrauensvoll und ohne Angst weiterzugehen.»

Man merkt es Josua Boeschs Ikonen an, dass sie Früchte der Kontemplation, des achtsamen Hörens und eines persönlichen Heilungswegs sind. Als solche sind sie auch Glaubenszeugnisse, Spuren der Gegenwart Gottes, des Auferstandenen, der Menschen immer wieder auf unerwartete und neue Weise nahe kommt. Ikonen stellen keine Forderungen. Sie sind Einladungen, sich auf etwas Neues einzulassen, die sicheren Ufer zu verlassen und das Unvertraute zu wagen im Vertrauen auf den, der uns immer schon mit ausgebreiteten Armen entgegenkommt.

Josua Boesch, Rettende Zerrissenheit, 1990er Jahre

Veronika Kuhn

Josua Boesch – der Künstler und seine Ikonen

Josua Boesch war ein Kunstschaffender und ein Suchender, der im Laufe seines Lebens immer klarer zum Künstler wurde. Die Theologie und sein Beruf als reformierter Pfarrer während 28 Jahren bildeten die Eckpfeiler dazu, die Mystik sowie die Erfahrung der Stille den Grundstrom, und seine Fachkenntnisse als ausgebildeter Silber- und Goldschmied die Basis, damit das künstlerische Schaffen von Ikonen als Œuvre hervortrat. Oft genug war es ein Ringen darum.

Sein Selbstverständnis als Künstler

Zwar bezeichnete sich Josua Boesch selbst über einen längeren Zeitraum seines Lebens als Kunsthandwerker, oft auch als einfacher Ikonenmacher oder als «Ikonograf»1; dies ist jedoch weit mehr seiner inneren spirituellen Haltung zuzuordnen als einer expliziten Begrifflichkeit.

Um mich dahingehend zu versichern, fragte ich nach seinem Selbstverständnis als Kunstschaffender, als ich ihn persönlich im höheren Alter kennenlernen durfte und während vieler Jahre mit seinen

1 Der Begriff «Ikonograf» ist verbunden mit der kunstwissenschaftlichen Methode der Ikonografie.

Josua Boesch in der Ausstellung 2007

Ikonen verschiedene Ausstellungen kuratierte sowie kunsthistorisch aufarbeitete.[2]

«Ich bin ein Künstler», lautete seine Antwort bestimmt, und er fügte bei: «Demut hat nichts mit Ducken zu tun, sondern mit Mut».[3] Als wäre dies ein Credo für seine eigene Lebenserfahrung.

Das Spannungsfeld zwischen Kunsthandwerker und Künstler liegt nicht allein in seiner persönlichen Biografie, sondern auch in der traditionellen Auffassung von orthodoxen Ikonen begründet, die üblicherweise nicht persönlich signiert werden.[4]

Nicht allein in dieser Hinsicht hatte Josua Boesch eine autonome künstlerische Haltung entwickelt: Seine Metall-Ikonen tragen keine persönlichen Signaturen seines Namens. Einige Ikonen weisen ein an die mittelalterlichen Domhütten erinnerndes Kürzel auf: ein in den

---

2 Ausstellungen: 2007 zu seinem 85. Geburtstag, 2009; 2012 Gedenkausstellung und Feier anlässlich seines Todes, in der terebinthe, Kilchberg; 2018 umfassende Werkschau in der Bullingerkirche in Zürich.

3 Äusserung im persönlichen Gespräch während der Ausstellung 2007.

4 Nina Gamsachurdia, Ikone – das lebendige Sakralbild der Ostkirche, in: Schweizerische St. Lukasgesellschaft, Jahrbuch Kunst und Kirche 2019–2021, 60–65.

Leeres Kreuz, 1976, Antoniushaus Mattli in Morschach

Buchstaben J integriertes Kreuz, das entweder auf der Rück- oder der Vorderseite durch eine Stahlpunze eingeprägt ist. Die meisten dagegen sind weder signiert noch datiert; die Werkangaben zu den Ikonen finden sich in einem Werkverzeichnis, das bei der Autorin entsteht und bis heute mit neuen Kenntnissen fortlaufend ergänzt wird.

Kunsthistorisch wichtig sind seine Innovationen und Weiterentwicklungen der christlichen Ikonografie und des künstlerischen Begriffs der Ikone in seinen modernen Werken. Diese manifestieren sich bereits 1976, in seiner ersten Metall- Ikone, dem *Leeren Kreuz* aus Messing und Gold. Wie zeitlos und modern dieses Kunstwerk ist, beweist unter anderem, dass es bis heute in der Kapelle des Antoniushauses Mattli über dem Altar hängt – ja eigentlich schwebt, da die leichte Metallplatte an zwei durchsichtigen Nylonfäden an der Decke angebracht ist. Entwickelt aus der unmittelbaren Begegnung mit der Form des Kreuzes von San Damiano aufgrund der vertieften Auseinandersetzung mit dem heiligen Franziskus von Assisi, schuf Josua Boesch eine neue Ikonografie.[5]

5 Reto Müller beschreibt dieses Erlebnis und den beim Anfertigen dieses Kreuzes erfolgten inneren Durchbruch zu Neuem in seinem Beitrag in diesem Band, siehe Seite 61–67.

Indem er die Figur des auferstandenen Christus aus dieser Kreuzesform in den geometrischen Formen Kreis, Kreissegmenten und Dreieck aus einer quadratischen Messingplatte aussägte, wurde ein neuer Typus einer Ikone geschaffen: eine Auferstehungsikone. Die entmaterialisierte Negativform der Figur des auferstandenen Christus lässt eine Durchsicht zu und evoziert in den Augen der Betrachtenden ein freies Schweben der Christusfigur. Ikonografisch bedeutet dies, dass im Kunstwerk die Wahrnehmung der Figur als abwesend und gleichzeitig anwesend gesehen werden kann: Transparenz wird in der Ikone zur erfahrbaren Transzendenz.[6]

Als Künstler bewegte sich Josua Boesch auf einer neuen Spurensuche von Kunst und Spiritualität, wie sie im 20. Jahrhundert vielfältig zu beobachten ist und bis heute in der Gegenwartskunst anhält; es geht um ein erneutes Befragen bisheriger christlicher Ikonografie sowie das Finden einer zeitgemässen Bildsprache für Spiritualität.

Vor allem als Kunstschaffender war es für Josua Boesch selbstverständlich, kein von gesellschaftlichen Traditionen und kirchlichen Normen geprägtes Leben zu führen und sich nicht nach diesen auszurichten oder in Institutionen einzufügen. Es blieb für ihn stets eine innere Notwendigkeit, oft zunächst eine unbewusste, autonom nach der bildenden Kunst zu suchen. Und diese Suche war es, die ihn jeweils biografisch weitergehen liess und ihn dazu zwang, Altes hinter sich zulassen. Josua Boesch tat dies immer auch durch Rückzug zu sich selbst in die Stille, doch empfing er stets viele Besuchende, mit denen er zahlreiche Gespräche führte. Er schrieb und predigte weiterhin, auch bei den Mönchen von Camaldoli in den Gottesdiensten, in jenem Kloster, in welchem er von 1979 bis 1985 lebte.

Josua Boesch eckte an, bisweilen massiv und existenziell, bei den kirchlichen Institutionen, der reformierten wie der katholischen. Zahlreiche Stellen in seinem Tagebuch der Wandlung[7] vermitteln diesen Schmerz und legen dar, wie die Auseinandersetzung damit oft zu neuen Inspirationen für Ikonen führte. So finden sich denn auch die meisten seiner Ikonen bis heute in Privatbesitz, einige in Räumen der

---

6 Veronika Kuhn, Josua Boesch – Auferstehung Christi als Ikone, in: Schweizerische St. Lukasgesellschaft, Jahrbuch für Kunst und Kirche 2017/2018, 56.

7 Josua Boesch, Morgendämmerung. Tagebuch einer Wandlung, Oberegg 1995.

Stille, wenige in Kapellen oder Kirchen der Schweiz und Italiens. Eine wichtige Ikone, *Der Wiederkommende*, befindet sich im Raum der Stille im Kloster Kappel, das einen Wendepunkt im Leben von Josua Boesch markierte. Bis heute ist jedoch kein Hinweis auf den Namen des Künstlers dort angebracht.

Auch im Eremo di Camaldoli ist eine Ikone aus Messing im Raum der Stille vorhanden, in jenem Kloster, welches der Künstler nach sechs Jahren wieder verliess.

Rettende Zerrissenheit

Die Ikone *Rettende Zerrissenheit* (siehe Abbildung Seite 128) stammt aus den neunziger Jahren, der Spätphase in der Schaffenszeit des Künstlers, während der es zu einer fruchtbaren Zusammenarbeit mit der Keramik- und textilen Webkünstlerin Katharina Schuppli kam. Sie und ihr Mann waren mit Josua Boesch schon lange befreundet und aus der Schweiz ins nahe bei Camaldoli liegende Farneta di Socci gezogen, in die Casa Bocci. Im ehemaligen Schweinestall des alten Steinhauses richtete sich dann Josua Boesch neu ein, mitsamt seinem Atelier, als er das Eremo di Camaldoli verliess.

In diese Zeit gehören einige ikonische Werke von Josua Boesch, die wesentlich auf dieser künstlerischen Auseinandersetzung und Zusammenarbeit «auf Augenhöhe» der beiden Kunstschaffenden beruhen und die ohne die Inspiration von Katharina Schuppli nicht entstanden wären. Eine Keramikplatte der Künstlerin mit der experimentellen Glasur, welcher Heu- und Rebenblätterasche beigemischt ist, dient Josua Boesch mit ihrer farblichen Struktur, Form und unebenen Oberfläche als Ausgangspunkt für die Komposition der Ikone *Rettende Zerrissenheit.*

Die liegende Tischikone zeigt eine auf Holz fixierte blaugrüne Keramikplatte, auf der eine Silberspirale angebracht ist, die sich, in einer Goldspur beginnend, vom oberen Rand im Uhrzeigersinn hin zu ihrer Mitte bewegt.

Katharina Schuppli erachtete die unregelmässig ovalförmige Keramikplatte zunächst als misslungen, da sie am oberen Rand in der Vertikalen einen grösseren Riss aufweist. Josua Boesch hingegen erwiderte ihr, dass es genau jener Riss sei, der ihn zu einem Thema für eine Ikone inspiriere und so überliess sie ihm die Keramik mit der wolkigen an die Farben des Wassers erinnernden Glasur.[8]

Der Künstler brachte dem Riss entlang eine metallene Goldspur an, die diesen sichtbar lässt und integrierte das Motiv des Risses als Bestandteil der Aussage seiner Ikone mit dem Titel *Rettende Zerrissenheit*. Die Komposition zeigt deutlich, wie stark er sich an die vorgegebene Farb- und Formstruktur der Keramik hielt und die in der Mitte angelegte ovale Form der Glasur ins Bildzentrum aufnahm. Sie bildet den Ausgangspunkt für die Platzierung der Silberspirale. Die relativ breit konzipierte Silberspirale verläuft um diese hellste Farbe Blau und endet in einer grossen Bogenwinde sich langsam verjüngend in der Scheibe im Zentrum. Diese runde Silberscheibe enthält wiederum eine kleinere Scheibe aus dem Edelmetall Gold im Mittelpunkt. In der Gesamtkomposition wird die Spirale von der dunkleren blaugrünen Partie der Keramik als dominante Farbe umfangen.

Die Goldspur ist es, welche die Betrachterinnen und Betrachter der Ikone dazu einlädt, zunächst visuell dem zentralen Motiv der einfachen Spirale zu folgen: vom geöffneten Eingang her in deren Mitte hinein, und wieder aus der Mitte heraus nach aussen. In der künstlerischen Gestaltung wird sichtbar, wie kostbar diese innere Mitte ist, wird sie doch mit einer goldenen Scheibe ausgestattet, demjenigen Edelmetall, das der Künstler stets nur an besonderen Stellen seiner Ikonen einsetzt, die für ihn die göttliche Präsenz symbolisiert. Gedeutet werden kann diese Scheibe etwa als göttlicher innerer Kern der Seele, wie es viele Mystikerinnen und Mystiker beschreiben, eine Deutung, die auch in den Schriften von Josua Boesch zu finden ist.

In der Aussage der Ikone insgesamt entsteht so eine enorme Spannung zwischen dem Riss, gedeutet als Verletzung der Seele, und der Unversehrtheit im Inneren der Seele, die in der kreisrunden goldenen Scheibe zum Ausdruck kommt. Beides gehört zusammen – das eine zum anderen: Der Riss und die Mitte der Spirale korrespondieren in demselben Metall Gold.

Was visuell angelegt ist, nimmt der Titel der Ikone in sich auf: *Rettende Zerrissenheit*. Die beiden Bildelemente goldener Riss und gol-

---

8 Erklärung von Katharina Schuppli in der Ausstellung «Gewobene Spiritualität», 2008, terebinthe, Kilchberg.

dene Scheibe werden in einer Wortverbindung zu einer erweiterten Bedeutungsebene verbunden. Sich innerlich zerrissen zu fühlen, wird von Menschen zumeist als negativ und schwierig erlebt und nicht als rettend. Dass eine solche Zerrissenheit hingegen rettend sein kann, wenn es gelingt, sie mit der inneren Mitte wieder neu zu verbinden, ist die zentrale Aussage der Ikone. Sie nimmt Bezug auf die Fähigkeit zur Resilienz des Menschen, psychologisch gesprochen auf seine Regenerationskraft, die gemäss Definition bedeutet, dass dieser auch bei schwierigen psychischen Verletzungen wieder zu erstarken fähig ist. In der spirituellen Aussage geht die Ikone noch darüber hinaus. Das Gold wird vom Künstler in der Komposition da eingefügt, wo er die göttliche Heilkraft sieht: in die Mitte der Spirale, in der eigenen Mitte der Seele.

Die Spirale als Symbol für die Hinführung in die eigene spirituelle Mitte ist ein zentrales Motiv in einigen Ikonen von Josua Boesch: In der Ikone *Eremitische Freundschaft* etwa wird die an ein Schneckenhaus erinnernde Spiralform raumfüllend in der Komposition verwendet und in die Mitte die Figur des Auferstandenen Christus platziert.

Die Ikone *Eremitische Freundschaft* nimmt die christliche Ikonografie in sich auf, wohingegen die Ikone *Rettende Zerrissenheit* mit der Darstellung einer silbernen und goldenen Scheibe in der Mitte abstrakter und damit offener im Bezug zur Spiritualität bleibt.

Im Lexikon für christliche Kunst ist die Spirale unter den geometrischen Figuren aufgeführt. Sie gilt als Symbol «ständig sich erneuernden Lebens und kosmischer Bewegung» und findet sich z. B. unter den frühgotischen Ornamentformen des Klosters Maulbronn.[9] Die Wirkungsgeschichte der Spirale ist jedoch interreligiös und sie ist in vielen Religionen vorhanden. Sie verbindet daher das spirituelle Empfinden von Betrachtenden universell. Als archaisches Symbol ist die Spirale bereits in steinzeitlichen Malereien anzutreffen, man vermutet auch da: als Symbol für «Erneuerung».[10]

In der Kunst des 20. Jahrhunderts taucht die Spirale in verschiedenen Konnotationen auf, etwa im malerischen Werk von Friedensreich

9 Hannelore Sachs, Ernst Badstüber, Helga Neumann (Hg.), Wörterbuch zur Christlichen Kunst, Hanau 1984, 146.

10 Herder-Lexikon Symbole, Freiburg i. Br. 1990, 159.

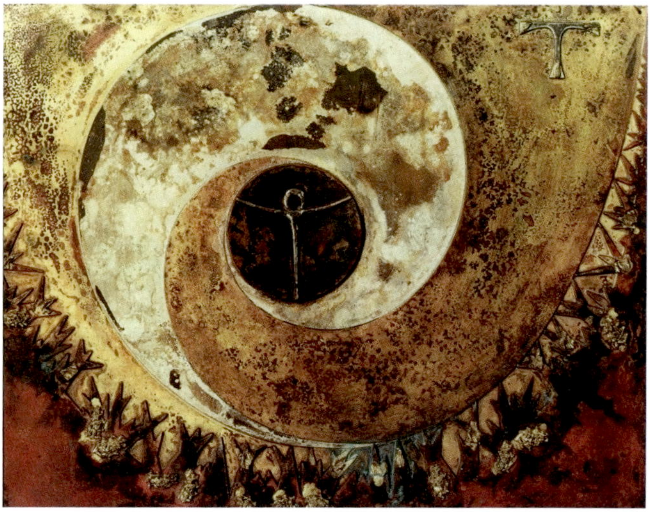

Eremitische Freundschaft, 1981

Hundertwasser. Auch da ist ihre Bedeutung spirituell. Oder im Werk von Bruce Nauman, in dessen bekannter Leuchtspirale der Satz steht:

«The true artist helps the world by revealing mystic truths.»[11] Was hier grossartig tönt, erklärt der bescheiden auftretende Künstler so:

> «Mit Erlösung hat meine Kunst nur wenig im Sinn. Ich bin auch kein religiöser Mensch. Wissen Sie, ein paar gute Freunde von mir fühlen sich sehr dem Zenbuddhismus verbunden. Und doch haben sie dieselben Probleme wie wir alle, sie verlieren ihre Arbeit, ihre Ehen zerbrechen, sie betrinken sich. So ähnlich ist das auch mit der Kunst, sie befreit uns von gar nichts. Vielleicht hilft sie manch einem, sich selbst besser wahrzunehmen.»[12]

Im Eremo di Camaldoli lebte und arbeitete Josua Boesch in einer der jahrhundertealten Mönchszellen, deren Eingang in den jeweils einzigen Raum spiralförmig gestaltet ist. Dadurch soll dem Eremiten das Hinaustreten in die Welt beim Verlassen der Cella und das Wieder-Zurückkehren in sie hinein jedes Mal besonders bewusst werden.

---

11 Werkangabe zu Bruce Nauman, Window or Wall Sign, 1967, Philadelphia Museum of Art.

12 www.zeit.de/2004/43/InterviewB_Nauman, abgerufen am 12.8.2022.

Handikone auf Stein, o. J.

Handikone auf Stein

Im eigentlichen Wortsinn berühren die von Josua Boesch so bezeichneten *Handikonen auf Stein*: Sie gehören in die Hand. Die Bedeutung solcher Handikonen lässt sich daher über den Tast- wie den Sehsinn erschliessen, wobei der Wahrnehmungsprozess über die sinnlich-taktile Berührung weit stärker intendiert ist. Viele dieser Handikonen auf Stein wurden aufgrund persönlicher Anfragen vom Künstler geschaffen.

Der abgerundete, vom fliessenden Wasser ebenmässig geschliffene Stein der abgebildeten Handikone besitzt eine feine Oberfläche ohne Ecken und Kanten. Ähnlich einem sogenannten «Handschmeichler» schmiegt er sich in die menschliche Hand. Für seine Handikonen verwendet der Künstler Flusskiesel – Steine in verschiedenster Farbgebung und Musterung, die er auf seinen Spaziergängen durch die Landschaften der Schweiz und im Casentino in Italien fand.

Diese «objets trouvés» dienten ihm später als Grundelement, die im Kunstwerk seiner Handikonen eine Symbolik erhalten, in welcher profane Natur und Sakralität miteinander verknüpft werden: Josua Boesch gestaltet eine feine kupferne Figur des Auferstandenen Christus, mit einer Aureole und den Wundmalen in Gold, die er auf dem kantenlosen Stein anbringt, sodass sie diesen mit den ausgebreiteten Armen umfängt; dadurch entsteht der Eindruck, als würde der Stein von ihr gehalten und getragen. Da sich die metallene Christusfigur reliefartig vom Stein abhebt, bleibt sie zudem tastbar. Optisch verliert der Stein durch das Umfasstwerden von der tänzerisch bewegten Christusfigur etwas von seiner Schwere. In technischer Hinsicht macht sich der ehemalige Goldschmied sein Grundwissen über die Einfassung von Schmucksteinen zunutze, um diese schlichte Handikone zu gestalten.

Josua Boesch gelingt es in seinen Handikonen, mit einem wiederum eigenen Ikonentypus in die traditionelle christliche Ikonografie einzugreifen. Zwar kennt die christlich-orthodoxe Tradition gemalte Ikonen in kleinen Formaten, die der persönlichen Andacht dienen und die für die Reise- oder Handtasche gedacht sind, oder zum Aufstellen in privaten Räumen. Josua Boeschs Handikonen haben jedoch die künstlerische Intention, in die Hand genommen zu werden: Sie sind dazu geschaffen worden und entfalten ihre ikonografische Deutung sowie die Vermittlung von Transzendenz wesentlich durch diesen taktilen Prozess.

Die Bedeutung einer Ikone auf einem Flusskieselstein ist facettenreich: zum einen die allgemeine Bedeutung eines Steins in der christlichen Ikonografie, und darüber hinaus die Frage, in welcher Art und Weise der Stein hier seine Symbolik erhält.

Gemäss dem Lexikon zur christlichen Ikonografie gehört die Steinsymbolik in der Kunst «zu den Naturerscheinungen, die Heilstatsachen abbilden».[13] Steine und Felsen treten in vielfältiger Form in biblischen Texten auf – herausgegriffen sei hier ihre Verbindung mit dem Element Wasser im Alten Testament, wo Mose den Felsen berührt und Wasser hervorfliesst (Ex 17,6) und im Neuen Testament die Verbindung zur Auferstehung Jesu Christi mit dem weggerollten Stein vor dem Grab (Mt 28,2).

Das Fliessen der Wasserkräfte ist in diesem kleinen Flusskiesel noch erkennbar: sie haben den Stein geformt, die ursprünglich vorhandenen Kanten und Ecken durch zahlreiche Reib- und Schiebbewegungen im Laufe der Zeit abgeschliffen. Letztlich verbinden sich in einem solchen Stein die zwei Elemente Wasser und Erde zu einer Einheit. Der Verweis des Steins auf das Element Wasser und die Bedeutung der Auferstehung Jesu Christi sind in der Handikone miteinander vereint. Kommt die unmittelbare Berührung in der Hand hinzu, kann sich in

13 Sachs, Wörterbuch zur Christlichen Kunst, 320.

einer kontemplativen Versenkung eine mögliche Erfahrung von Transzendenz verdichten.

Der Künstler beschreitet innerhalb des Kanons christlicher Kunst einen einmaligen Weg der intendierten Berührung eines Kunstwerks, die sich mit keinem anderen Zugang zur christlichen Kunst direkt vergleichen lässt.

Berührung

Die frühe Tischikone *Berührung* (1977) von kleinem quadratischem Format nimmt, anders als die Handikonen im Werk von Josua Boesch, das Thema Berührung in die visuelle Bildsprache und explizit auch in die Titelgebung auf. Einmalig macht diese Ikone, dass dies in einem abstrakten Formenvokabular umgesetzt ist, dessen einzelne Gestaltungselemente sich in der Komposition überlagern und gegenseitig berühren.

Damit nimmt die Ikone Merkmale der Kunst des 20. Jahrhunderts in sich auf, wie die reine Abstraktion, die Komposition im Quadrat sowie die Verbindung zu einer offenen Spiritualität, wie wir sie etwa in der Malerei eines *Piet Mondrian,* später eines *Mark Rothko* oder in den organischen Formen des Bildhauers *Hans Arp* sehen.

Gerade solche Ikonen verlangen zunächst nach einem genauen Sehen, gefolgt von einer meditativen Betrachtung, da sie auf eine Hinführung des Auges durch Figürliches verzichten und dadurch umso mehr ihre starke Wirkung von Farbe und Form entfalten.

Auf dem glatt geschliffenen, rötlichen Granitstein mit schwarzen Einschlägen bringt der Künstler drei waagrecht geschwungene Wellenformen an, die sich in rötlichem Kupfer über den rot-schwarz gefleckten Stein hinziehen. Auf diesen drei Bändern treten zwei ähnlich organisch-abstrakte, in der Vertikalen geschwungene Formen auf, die sich an einer ins Bildzentrum gerückten Stelle gegenseitig berühren. Das kleinere silberne Gebilde verläuft von unten links nach oben zu einer Scheibe, das grössere von rechts oben nach unten ebenfalls zu einer zweiten Scheibe, bestehend aus den beiden Metallen Gold und Silber. Beide Scheiben ruhen je in einer Senke der Wellenformen wie in einer Wiege.

In dieser formalen Gestaltung erhält das Thema der dynamischen Berührung die zentrale Bedeutung. Sie wird hier nicht mit einer figürli-

Berührung, 1977

chen Ikonografie aus der traditionell christlichen Kunst aufgenommen; diese abstrakte Ikonografie legt sich auch nicht auf einen bestimmten religiösen Kontext fest. Da sie keinerlei Elemente enthält, durch die etwas erzählt werden soll, spricht sie durch eine rein abstrakte Formensprache kontemplativ zu den Betrachtenden.

Die Formen der drei fliessenden rötlichen Wellen erinnern zum einen an die Wellen des Wassers, zum anderen an Wellen von spürbarer Energie, an geistige Energieströme, in ihrer Dreiheit an die Trinität. In der verstärkt auftretenden Farbe Rot des Kupfers widerspiegeln sich Wärme, Kraft und Dynamik, die sich auch in den zwei silbernen mit Goldspuren versehenen Formen fortsetzen.

Das Metall Gold steht für die Spur des Göttlichen, das Silber bei Josua Boesch für das Menschliche. Betrachtet man nun die organischen Formen als eine Momentaufnahme eines Schöpfungszustandes, geschieht eine bildliche Verknüpfung mit einem noch unfertigen, dynamisch wachsenden embryonalen Zustand der Menschwerdung in Verbindung mit dem Göttlichen: Es geschieht eine noch verborgene Geburt zu etwas Neuem, noch Unsichtbaren.

Die Hauptaussage der Ikone liegt in der Berührung der kleineren organischen Form mit der grösseren Scheibe. Als zärtliche Berührung gedeutet, wie sie zwischen Menschen geschehen kann, verweist sie etwa auf diejenige von Mutter und Kind, in einem christlichen Kontext auch an jene von Maria und dem Jesuskind.

Im ikonischen Werk von Josua Boesch und in seinem *Tagebuch der Wandlung* findet sich selten eine explizite Auseinandersetzung mit Maria, hingegen geschieht eine vertiefte Beschäftigung mit dem Weiblichen, ebenso mit dem Mutterkomplex[14], insbesondere mit dem weiblichen Archetypus der Anima, wie ihn C. G. Jung sieht.[15] So ist der Bezug zum Weiblichen auch in dieser Ikone spürbar.

Nimmt man Lage und Ausrichtung der Formen in der Horizontalen und der Vertikalen als eine verbindende Einheit in die Kontemplation hinein, stehen sie als Bildzeichen für das Irdische und das Göttliche überhaupt: einer Berührung von menschlicher mit göttlicher Energie, von Gott und Mensch. Oder fliessen in der Ikone beide Bedeutungen, die der zärtlichen körperlichen Berührung und die der geistigen Berührung ineinander über? Dann gibt es zusätzlich eine Botschaft der Achtsamkeit: In jeder Berührung in aktiver Form ist das Berührtwerden in einer Form des Empfangens enthalten, in jeder menschlichen auch die göttliche.

Engel auf Rebholz

Dramatisch erscheint der Engel auf dem Stück Rebholz und dramatisch ist die Geschichte, die sich hinter diesem Holzfund verbirgt. Starben doch in einem besonders kalten Winter Mitte der achtziger Jahre zahlreiche Reben im Casentino in der Toscana ab, weil sie dem wochenlangen Frost nicht standhalten konnten. Für die dort ansässigen Rebbauern bedeutete dies der finanzielle Ruin. Einige von ihnen liessen die Rebstöcke einfach stehen. Die meisten unter ihnen begannen, die alten Rebstöcke zu zersägen und neue zu pflanzen. Die Holzstücke wurden verfeuert oder achtlos auf grossen Haufen im Rebberg liegengelassen.

---

14 Vgl. dazu die Beiträge von Verena Frei-Boesch und Ulrike Schatzmann Seite 23–43 und Seite 209–232 in diesem Band.

15 Siehe dazu Carl Gustav Jung, Über den Archetypus mit besonderer Berücksichtigung des Animabegriffs (1936) sowie: Die psychologischen Aspekte des Mutterarchetypus (1938), 75–97, beide in: C.G. Jung, Gesammelte Werke, Band 9/1, Olten 1996, 57-75 sowie 75-97.

Engel auf Rebholz, 1995

Josua Boesch las eines der Holzstücke auf, um es so, wie er es vorgefunden hatte, für eine Ikone zu verwenden.[16] Deutlich sichtbar trägt das bizarr geformte Rebholz noch immer die Spuren des Frostes, der das Holz einst sprengte.

Der Künstler verwendet dieses verfrorene Holz für eine Ikone: Er komponiert darauf einen Engel sowie unterhalb davon zwei kosmische Symbole, einen Sichelmond und einen Stern. Der kupferrote Engel zeigt sich in einer hinaufschwebenden Bewegung, seine beiden Flügel schwingen sich in einer kreisrunden Form nach oben und umspielen den Heiligenschein wie eine zweite Aureole. Das Gold auf den Flügeln hat sich nicht ebenmässig auftragen lassen, es verklumpte und lässt die Flügel feurig rot aufblinken.

Umso dramatischer erscheint diese Engelsfigur auf dem zerklüfteten Holzhintergrund, und nichts erinnert an einen lieblichen Engel, der in himmlischen Sphären schwebt. Viel eher wird ein Geschehen visualisiert, das ein Entkommen aus der Tiefe des Todes zeigt.

Die beiden kosmischen Symbole Mond und Stern erscheinen in silbernem Metall, wie als Bruder und Schwester des Engels, die diesen begleiten. Indem er nun bewusst das «menschliche» Metall Silber für Stern und Mond verwendet, verbindet der Künstler sie dadurch mit dem Menschen: Himmel und Mensch werden voneinander berührt.

16 So Josua Boesch im persönlichen Gespräch.

So wird in der Aussage der Ikone das Sterben mit in den Kosmos hineingenommen und das irdische Drama mit den himmlischen Kräften vereint. Der Engel als Bote des Himmels bezeugt durch sein Erscheinen diese Verbindung als göttliche Gewissheit.

> «Wir sind unterwegs zum Ganzwerden. Ganz im Innersten und ganz im Äussersten. Im Allerpersönlichsten und im Kosmischen. Ich bin von tiefem Respekt vor meiner kleinen Einmaligkeit und meiner kosmischen Bezogenheit durchflutet. Wenn ich verschwinde, geht es auch ohne mich weiter. Und doch – mein Schrei nach Verwandlung in mein wahres Antlitz verhallt nicht im Leeren.»[17]

Als Symbol der Ewigkeit verbindet sich der Engel darüber hinaus mit dem Zeitlichen des realen Geschehens, dem Absterben der Rebstöcke, und der damit verbundenen Enttäuschung, Trauer und Verzweiflung der Rebbauern. Die Betrachtung der Ikone erinnert an die biblische Stelle: «alles hat seine Zeit, geboren werden hat seine Zeit und sterben hat seine Zeit.» (Koh 3, 1–11).

Beide Themen manifestieren sich in dieser Ikone: die einstige Fruchtbarkeit des Weinstockes und das Absterben durch den Frost. Der Künstler, der für viele Jahre im Casentino lebte, konnte miterleben, wie ein Teil der tot geglaubten Reben auch nach Jahren wieder neu auszutreiben begann. Für ihn bedeutete dies ein Wunder der Schöpfung, die es in seinen Augen immer wieder zu beobachten gibt, und die in ihm ein Staunen vor den sichtbaren schöpferischen Kräften in der Natur hervorriefen.

In grosser Achtsamkeit sammelte er immer wieder neben Steinen auch die unterschiedlichsten Holzstücke und verwendete sie für seine Ikonen. In diesem Akt des Aufhebens von Liegengelassenem und Unbeachtetem liegt eine der wichtigsten Bedeutungen seiner Kunst: die Demut verbindet sich darin mit Mut. Was existenziell vom Künstler Josua Boesch erfahren wurde, wird in seinen Ikonen sichtbar. Dadurch entfalten sie ihre Kraft auch im 21. Jahrhundert.

---

17 Boesch, Morgendämmerung, 153.

Josua Boesch, Niklausrad, 1980

Marianne Vogel Kopp

Und mittendrin zutiefst Himmel

Josua Boeschs Niklausrad – Seelenruhe im dreifaltigen Wirbel

Wozu lädt mich eine Ikone ein? Was macht eine Ikone mit mir? Zunächst wirbt sie stumm um meine Aufmerksamkeit: Halte inne, bleib wach und da, lausche auf das tiefe Schweigen, das alle oberflächlichen Geräusche schluckt. Ebenso leise wie beharrlich verschiebt sie meine Wahrnehmung auf die Gegenwart vom «Geheimnis Gott». Sie konzentriert mich und dehnt dabei gleichzeitig meinen Raum: Sie weitet mein Empfindungsfeld, sie öffnet mir Deutungshorizonte. Ein Eintauchen geschieht mir. Der Künstler holt mich stille Betrachterin durch dieses vermittelnde Bild gleichsam in die «Wolke des Nichtwissens» ab, wie der englische anonyme Mönch aus dem 14. Jahrhundert metaphorisch die Nähe und gleichzeitige Verborgenheit Gottes beschrieb.

Im 21. Jahrhundert glauben bewusste Menschen immer weniger in kollektiven religiösen Systemen. Sie wählen den Weg der Mystiker, wollen sich also selber und empirisch an Meditation und geistliches Erkennen herantasten. Den meisten ist dabei bewusst, dass ihr Geist nicht ohne Bilder und Konstrukte auskommt für das, was über ihn hinausgeht. Das Transzendente ist für einen westlich geschulten Menschen ein unsicheres Feld, denn es hat mehr mit Intuition als mit exaktem Wissen zu tun, ist also eine Zone, in der Glaube Seite an Seite mit dem Zweifel geht.

Mystik oder Kontemplation will den Aufmerksamkeitsfokus verändern. Statt im Kopf zentriert zu sein, zielt sie auf die Wachsamkeit im Herzen. Das ist keine Absage an die Ratio, denn je präziser jemand seine innere Landkarte kennt, desto besser vermag er seine spirituellen Erfahrungen zu verorten. Überdies bin ich überzeugt, dass eine reichhaltige religiöse und ethische Vorbildung den kontemplativen Zugangsweg erleichtert. Wenn ich durch eine mystisch praktizierte Spiritualität die Kopf- mit der Herz-Dimension zusammenbringe, erfahre ich erst menschliche Ganzheit. Erst aus dieser Verbindung vermag ich mich durch meine spirituellen Erfahrungen hindurch auch auf die Welt und ihre konkreten Probleme einzulassen und Lösungsansätze beizutragen.

Mit dieser Einstellung habe ich mich an die Ikone «Niklausrad» von Josua Boesch herangetastet. Diesen Prozess schildere ich diesem Beitrag: Wie ich zunächst versuchte, sie mit meinem Kopf, mit meinem Vorwissen, meinem jüdisch-christlich geprägten Bezugsrahmen zu erfassen. Danach beschreibe ich, eher aus der Herz-Perspektive, zu welchen meditativen Tiefenerfahrungen mich persönlich diese Ikone geführt hat und schliesslich, wie sich dies auf meine Weltwahrnehmung auswirkt.

Ich muss ausserdem vorausschicken, dass ich Josua Boesch weder persönlich gekannt noch mich zuvor in sein Werk vertieft habe. Mein Zugangsweg zu diesem modernen Mystiker ist also jung und diese spezielle Ikone stellt gleichsam das Tor dazu dar.

Niklaus und Franziskus finden zusammen

Von Anfang an faszinierte mich an der Ikone «Niklausrad» der mehrdimensionale Kontext ihrer Quellen. Die Symbole aus der Tradition, die der meditative Künstler hier ineinanderfügte, kamen mir vertraut vor. Mich beeindruckten jedoch seine schöpferischen Einfälle, wie er durch überraschende Verwebungen dieser Anspielungen eine neue und eigenständige Glaubenssprache schuf.

Augenfällig liegt dieser Ikone das Meditationsbild von Bruder Klaus zugrunde: Das einfache Rad mit den sechs Speichen, das der Analphabet Niklaus von Flüe (1417–1487) als «mein Buch» bezeichnet hat, in dem er täglich lese. Dieses Rad veranschaulicht ein dynamisches Gottesbild. In der Nabe verbinden sich die drei göttlichen Personen zur Dreieinig-

Radbild von Niklaus von Flüe

keit, zu einer einzigen Gottheit, deren drei Gesichter ununterscheidbar werden. Dort verweilt sie aber nicht, sondern fliesst als Dreifaltigkeit erneut dynamisch aus und durchströmt die ganze geschaffene Welt – im Radbild durch die Felge umfassend zusammengehalten. In der zentrifugalen Bewegung verlässt Gott also sein innerstes Geheimnis, ergiesst sich endlos schöpferisch, treibt die Gestaltung seines lebendigen Kosmos voran. Um darauf in zentripetaler Kraft zur Mitte zurückzukehren, wo er wieder nach Einheit und Verschmelzung strebt.

Dieses Pulsieren vollzieht sich als vibrierende Spannung, als grosse Liebesgeschichte einmal innerhalb der göttlichen Gemeinschaft, gleichzeitig auch in ihrem Verhältnis zu allem Lebendigen. Der Gott von Bruder Klaus erscheint hier weder fern noch statisch, sondern als ein einziges Hingabegeschehen. Er ist nahbar, berührt, geht ohne Ermüden ein und aus, hindurch und zurück – *évolution permanente*. Und er ist auf Antwort aus, auf Resonanz und Mitschwingen von allem Geschaffenen, auf dass sein Mitgefühl und seine Liebe überspringen.

Bruder Klaus kümmerte das spitzfindige Dogma der Dreifaltigkeit und dessen Hierarchieverständnis, wer nun von wem ausgehe, wenig –

was bekanntlich zur grossen Kirchenspaltung zwischen der orthodoxen und der katholischen Christenheit – dem Grossen Schisma im Jahr 1054 – geführt hatte. Sein Rad mit diesen strömenden Flieh- und Sammelkräften ordnet den göttlichen Personen keine besonderen Eigenschaften zu. Im Gegenteil, es weckt eher die Vorstellung, dass auch das Rad selbst sich drehe, diese drei Gottesgesichter also immer wieder ineinanderfliessen und ihre Positionen vertauschen. Der Gehalt seiner mobilen Figur ist Bruder Klaus' Versuch, dem von ihm innigst gesuchten «Einzig Wesen» Ausdruck zu verleihen. Nichts weniger als die Liebe selbst flutet hier in wirbelnder Tanzdrehung aus und zurück. Damit war Bruder Klaus seiner Zeit weit voraus. Erstaunlich, dass ihm dieser abweichenden Darstellung der Trinität wegen von kirchlicher Seite nie ein Maulkorb verpasst worden ist.

In einem kurzen biografischen Text erfahre ich, dass Bruder Klaus für Josua Boesch in dessen 52. Lebensjahr zum besonderen Schwellenhelfer geworden ist, hinaus aus einem engagierten Leben in Amt und mit Familie hinein in die Armut und Schlichtheit als Klosterbruder und Eremit. Die Parallele ihres schmerzhaften Weges, der den Obwaldner Bauer schliesslich in die Klause im Ranft führte, den Handwerker-Pfarrer als Kontemplativen zunächst zu den Benediktinern nach Eremo di Camaldoli, verband die beiden. Diesem unausweichlichen Ruf in die Nachfolge sind gewiss nur mutige und leidensfähige Menschen gewachsen.

Die andere Inspiration zu diesem Schritt empfing der kunstschaffende Theologe scheint's von Franziskus, Josua Boesch bekam seinen eignen Ruf in der Begegnung mit dem Auferstandenen im Kreuzbild von San Damiano in Assisi, das auch dem nachmaligen Bettelmönch 1206 zu seiner Kehrtwende und Herzenserleuchtung verholfen hatte. In die Ikone *Niklausrad* hat Josua Boesch quasi seine beiden Scheideweg-Mentoren zusammengefügt, indem er jene Figur des Auferstandenen mit dem Radbild verband.

In der Grundform dieser goldgewirkten Figur in der Mitte erkenne ich das Tau, der letzte Buchstaben sowohl des hebräischen als auch des griechischen Alphabets. Figürlich ist es ein Balken, der auf einem Kreuzstamm liegt. Das Tau kommt bereits bei Prophet Ezechiel vor (Ez 9,4), wo es den Gerechten als Erkennungszeichen wie ein Siegel auf die Stirn gedrückt wurde. Auch in der Apokalypse (Offb 7,2ff) erscheint es als Zeichen für Rettung. In antiken Soldatenlisten bedeutete ein «T» positiv: Dieser Soldat ist noch am Leben. Das Tau wird auch Antoniuskreuz genannt, weil es das Attribut des gleichnamigen Wüstenvaters war. Antonius (um 251–356) gilt durch die Jahrhunderte hindurch als die literarische Modellgestalt des Eremiten. In der *Vita Antonii* schilderte der Bischof Athanasios von Alexandria das Leben dieses Heiligen in einer Zeit, als Individualität und Einsamkeit sozial noch nicht erlernt waren und als Lebensmodell erst entwickelt werden mussten.

Was hat wohl damals Franziskus von Assisi bewogen, das Tau als Segenszeichen seines Ordens einzuführen? Er hat es persönlich unter Briefe gesetzt und an zahlreiche Kirchenwände und Bäume gemalt. Vielleicht hat das griechische Wort *tapeinos* ihn bewogen, was demütig, niedrig oder selbstvergessen bedeutet. Franziskus hat ja auch sich selbst als «Minderbruder» bezeichnet, der mit der Hingabe an den Schöpfer und alles Geschaffene seine Ähnlichkeit und wahre Nachfolge von Jesus Christus ausdrücken wollte.

Nun ist aber Josua Boeschs Ikonenmitte nicht bloss dieses Antoniuskreuz, denn der Künstler hat einen Kopf in der Gloriole daraufgesetzt und das Segenssymbol von Franziskus zur Menschenfigur erweitert. Golden erstreckt sich hier der Auferstandene, strömt gleichsam aus in den pulsierenden Tanz des Klausenrads. Damit hat der Ikonenschöpfer das erlösende Siegel in die Bildmitte gerückt, nämlich als jener, den der Tod nicht zu verschlingen vermochte. Diesem feingliedrigen, fast tänzerischen Auferstandenen ist die Verletzlichkeit noch ganz auf den Leib geschrieben. Der Tod bleibt gegenwärtig, er gehört in diesen Reigen von Werden und Vergehen, er kann nicht aus diesem Verwandlungsgeschehen ausgeklammert werden.

Schöpferisches Pulsieren

Ursprünglich ist die Nabenmitte im Radbild von Bruder Klaus durch einen Punkt gekennzeichnet. Dieser Mittelpunkt wiederum erinnert mich an den Vorschlag von Meister Eckhart (1260–1328): Die ein gutes Leben beginnen wollen, sollen es machen wie einer, der einen Kreis zieht. Hat er den Mittelpunkt mit dem Zirkel richtig angesetzt und steht der fest, so wird die Kreislinie gut. Auf die Mitte, auf das Gemittetsein kommt es an. Josua Boesch ersetzte diesen Nabenpunkt quasi durch ein Tor, einen Durchgang, indem er den dorthin stellte, der von sich sagte:

Ich bin die Tür, ich bin die Auferstehung und das Leben. Damit stützte er die machtvollste geistliche Übung des Christentums: Er lenkt die Aufmerksamkeit auf den gegenwärtigen Jesus Christus, damit derjenige, der sich ganz darauf konzentriert, mentales und psychisches Gleichgewicht erlangt. Diese Sammlung und Zentrierung gehört zur spirituellen Technik jedes Menschen auf dem Weg zur Mystik.

Durch die amerikanische Mystikerin Cynthia Bourgeault entdecke ich in der Niklausrad-Ikone noch eine weitere Dynamik. Die Autorin schlägt in ihrem theologisch vielleicht dereinst bahnbrechenden Buch *Die Heilige Dreifaltigkeit* (2013, deutsche Übersetzung 2020) vor, die Vorstellung der Trinität radikal neu zu denken: Es geht nicht um Personen, eher um einen Prozess, darum, wie Gott sich bewegt und fliesst. Die Ganzheit des göttlichen Seins ist gleichzeitig da, in und mit der sich stets verändernden, nie stagnierenden Schöpfung.[1] In ihrem Werk erweitert diese Theologin und Kontemplative die uns bekannte Trinität um sechs weitere Stadien, die hier nicht ausführbar sind. Basis dieses kreativen Prozesses ist stets das «Gesetz der Drei», das Georges I. Gurdjieff (1866–1949) als Erster lehrte: Neues entsteht, wenn drei Kräfte zusammenwirken, eine bejahende, eine verneinende und eine versöhnende Kraft. Dieses Neue, Vierte ist anders, komplexer, erscheint in einer erweiterten Dimension. Cynthia Bourgeault nennt die uns bekannte Trinität von Vater, Sohn und Heiligem Geist die «pfingstliche». Wo im Menschen der Heilige Geist wirkt als die Kraft, die den Auferstandenen in ihm repräsentiert, da erwacht dieses Vierte. Es ist das «Himmelreich», diese zentrale Vision, die Jesus lehrte. Dieses Reich Gottes ist nah und «in euch» (Lk 17,21). Es ist eine Metapher für einen Bewusstseinszustand, in dem alle Geistesgaben zu wahrem Sein befreit sind: Gleichmut, Zartheit, unbegrenzte Kreativität erfüllen den so verwandelten Menschen und durch ihn die Welt. Auf Josua Boeschs Ikone bezogen wäre die Goldfigur des auferstandenen Christus Sinnbild für diesen erwachten Menschen, der die Trennung zwischen Gott und Mensch überwunden hat.

Wie nun hat diese Ikone mein kontemplatives Gebet vertieft? Im «centering prayer», der Schweigegebets-Praxis, in der ich mich übe, hat mir die Begegnung mit der Niklausrad-Ikone von Josua Boesch zusätz-

---

1 Cynthia Bourgault, Die heilige Dreifaltigkeit und das Gesetz der Drei, Xanten 2020.

liche spirituelle Orientierungspunkte geschenkt. Durch diese Ikone ist mir bewusster und klarer geworden, was ich da in meinem Stillehalten praktiziere und an mir geschehen lasse.

Dieses pulsierende Rad mit seinem Ruhepol in der Mitte ist für mich ein Abbild der zwei Aufmerksamkeitsebenen beim Meditieren: Die Welt ist da, bewegt sich, lärmt, drängt weiter, kennt kein Anhalten. Wenn ich auf meinem Schemel sitze, bin ich Teil dieser Dynamik und ihr doch gleichzeitig entzogen. Ich entspanne mich, lasse mich sinken, tauche im besten Fall für eine lange Weile ab in die Unberührtheit, gleite aus dem Zeitfluss hinaus und hinein ins stille Jetzt. Auch mitten im wirbelnden Orkan ist es in dessen Auge gleichzeitig windstill.

Ich trat mit dieser Ikone zunächst körperlich in Kontakt, indem ich mich leibhaftig auf dieselbe Weise kreuzförmig ausdehnte wie die gemittete Figur im Bild vor mir. Das setzte Körperwissen frei: Volle Ambivalenz zwischen Schutzlosigkeit und beängstigendem Ausgeliefertsein sowie einer unermesslichen Weitung, die mich meine ganze Sehnsucht nach Zugehörigkeit zum göttlichen Ganzen erfahren liess. Seither wiederhole ich diese Geste oft in der Einstimmung aufs Schweigen, lausche in mir dem Echo dieser Hingabe-Gebärde nach und versuche allfällige Widerstände in diese befreite Körperhaltung hinein aufzulösen. Sie ist dabei mehr Vision als Erfüllung, aber gewiss ist sie meine Absichtserklärung: So möchte ich in der stillen Gegenwart in und mit Gott sein, so offen, so bereit, meine alten Konditionierungen hinter mir zu lassen. So empfänglich für die Liebe Gottes.

Das «centering prayer» ist eine Schulung der «Gesinnung Christi», wie sie Paulus in Philipper 2,6–11 in einen Hymnus fasste: Christus hielt nicht an seiner Gottgleichheit fest, er liess sich gehen, er entäusserte sich, er machte sich leer und stieg hinab. Paulus nannte diesen Akt *kenosis*. Die Gebetspraxis des «centering prayer» besteht aus dem Üben dieses steten Leerwerdens: nicht anhaften, jede Störung sanft gehen lassen, aus jeder Ablenkung nach aussen wieder in der Stille einkehren.

Vollendete Armut … und der Glanz von innen

Meine nächste Vertiefung in die Niklausrad-Ikone vollzog sich als Schwindprozess: Nach der grossen, ausgespannten Körpergeste habe ich die zentrale Ikonenfigur des Auferstandenen in meinen Herzraum hineinschrumpfen lassen, klitzeklein und golden leuchtend. Dort repräsentiert sie den Christus-in-mir, meinen hellen Grund, den mir innewohnenden Gott, der sich nach sich selbst sehnt. Diese Vorstellung eines gesammelten Punktes in mir mit einer quasi magnetischen Anziehungskraft hilft mir, präsent im Körper zu bleiben während des Gebets. Es stärkt meine Herzenswachheit und Sammlung, immer wieder in diese Konzentration hineinzufinden, wenn das mentale Einmischen und Kommentieren mich zu zerstreuen droht.

Die verinnerlichte Ikone insgesamt ist für mich das Bild des Verwandlungswegs, den ich mit meiner Gebetspraxis beschreite. Nicht dass ich ihn selber zustande bringe oder zu beschleunigen vermöchte, er bleibt Geschenk. Aber wenn ich eine Vorstellung davon habe, ein inwendiges Leitbild, eine lebendige Hoffnung, so motiviert mich das, diese Gebetspraxis täglich weiter zu pflegen. Meine christliche Aussicht geht dahin, geheimnisvoll mit Jesus Christus gleichgestaltet zu werden. Er ist das Urbild des neuen, voll entwickelten Menschen, der mich inwendig in sein Bild umgestaltet. Er leitet mich an, mich zu lassen, zu leeren, zu verschenken und gänzlich alles Sorgen ums Eigene aufzugeben. Dieses Trachten nach nichts als dem Reich Gottes ist der *kenotische Weg*, der die inwendigen Tore dahinein öffnet.

Auch hier, so vermute ich, berührt meine Zielrichtung die von Josua Boesch. Er nannte sie die «vollendete Armut». Er fand sie bei Franz von Assisi und fühlte sich zunehmend von ihr herausgefordert. Ein Tagebucheintrag von Josua Boesch vom Januar 1974 sprang mich dazu an, er schrieb damals von einem Traum, in dem er die «vollendete Armut» schaut. Es sind sakrale Gegenstände, die in seiner Vorstellung Gestalt annehmen, «alle aus Kupfer, Messing, Silber und ganz wenig Gold, zu einer Einheit geworden im Feuer»[2]. Hier hat sein besonderer künstlerischer Ausdruck zusammengefunden mit der spirituellen Haltung: Armut statt Prunk, Glanz von innen statt geschliffen blendende Strahleschönheit.

Im Niklausrad finde ich auch die strittige Bilderfrage der Kirchen versöhnlich gelöst: Der unschaubare Gott ist symbolisch dargestellt im dreifach pulsierenden Rad. Anders Jesus Christus, er ist als Mensch hin-

---

2 Josua Boesch, Morgendämmerung. Tagebuch einer Wandlung, Oberegg 1995, 50.

gestellt, als Mensch gewordener Gott, gleichsam als die Ikone Gottes. Durch Josua Boeschs Werk wird mir deutlich, dass ich selbst eingeladen bin, zur Ikone des Christus zu werden. Dahin bin ich unterwegs. Die Niklausrad-Ikone habe ich mir bereits einverleibt, das Einssein mit Christus ist am Werden.

Aus diesem hoffnungsvollen Prozess heraus nimmt meine Gelassenheit zu und mein Vertrauen in die weltausfüllende Präsenz des Göttlichen. Aus dieser Entspannung wächst weiter meine Offenheit für den Fluss des Lebens, wie er sich ergibt. Ich kann eigenem und fremdem Schmerz angstfreier begegnen und finde auch den Tod nichts Feindliches, eher eine Herausforderung, die weitgehend verlorengegangene *ars moriendi* wieder in den Blick zu nehmen und für die Sterblichkeit aller sensibel zu sein. Das Prinzip der *kenosis* erstreckt sich auf meine Wünsche und scheinbaren Bedürfnisse, auf materielle Güter und auf all meine alten Glaubensmuster und Überlebensstrategien, die meine unbewusste Persönlichkeit beherrschen. Sein lassen, gehen lassen, absteigen ins Immer-Weniger. Im Gegenzug wachsen mein Respekt für alles Lebendige und meine Verbundenheit. In Anlehnung an Albert Schweitzer, der auf dem Okawango-Fluss auf seine zentrale ethische Maxime stiess, lässt mich die Niklausrad-Ikone gewahr werden: Ich bin Heiliges, das sich entfaltet, inmitten von Heiligem, das sich entfaltet.

Miroslav Simijonovic, Weinender Christus, 2022

Miroslav Simijonovic

Prosopon

Josua Boesch – sein Geheimnis in Bezug auf das Antlitz

Josua Boesch wird in der christlichen Öffentlichkeit als Künstler, archaischer Ikonenmaler und Mystiker des modernen Europas wahrgenommen. Ein grosses Rätsel in seinem Werk stellt das Gesicht dar. Das griechische Wort für das Gesicht ist *prosopon,* das in der griechischen Philosophie und christlichen Theologie, einen äusserst wichtigen Platz einnahm. In diesem Beitrag versuche ich, den spirituellen Aspekt des Lebens und Wirkens von Josua Boesch im Kontext der christlichen Tradition(en) und der modernen Herausforderung Europas zu beleuchten.

Im ersten Teil geht es um die geistliche Reifung von Josua Boesch als Pfarrer der evangelisch-reformierten Kirche in der Schweiz. Im zweiten Teil wird ein kurzes theologisches Verständnis des Begriffs *prosopon* in Bezug auf die Tradition der frühchristlichen Kirche vorgestellt. Schliesslich fügt der dritte Teil beides zu zu einer Synthese zusammen, die das Verständnis des Autors von Ikonografie, insbesondere in Bezug auf das Gesicht – *prosopon* – sowie Josua Boeschs Sehnsucht nach einer mystischen Vereinigung mit Gott bzw. nach der Vergöttlichung – *theosis* in frühchristlicher Terminologie – erklärt. Diese Sehnsucht hat Josua Boesch in gewisser Weise dazu inspiriert, seine reifen Jahre in klösterlicher Einsamkeit im Norden Italiens zu verbringen.

Kreuz in der Kirche von San Damiano

Josua Boesch zwischen Qual und Ekstase

Ich werde mich in diesem Beitrag auf die Details aus dem Leben von Josua Boesch konzentrieren, die für die Entwicklung der Persönlichkeit des Pfarrers und Künstlers prägend waren. In diesem Beitrag wird unsere Aufmerksamkeit auf die Frage der Abwesenheit von Gesichtern/Personen in seiner Gestaltung des leeres Kreuzes 1975 in Anlehnung an San-Damiano-Kreuzes in Assisi gerichtet.

Sein Tagebuch[1], das er über viele Jahre führte, lässt uns erkennen, dass Josua Boesch eine sanfte, fröhliche künstlerische Seele hatte, oft unsicher und unentschlossen in der Welt, in der er lebte. Er war von sanfter und positiver Natur, was eine grossartige Grundlage ist für einen Künstler, der die Welt um sich herum gerne als undefiniertes künstlerisches Medium sieht. Ein Künstler ist generell unsicher in der Welt, weil er die Welt um sich herum als Medium erlebt: Leinwand, Stein, Holz, Metall. Diese Materialien sind undefiniert und der Künstler nähert sich ihnen unsicher, im Bewusstsein seiner Schwächen. Durch den Aus-

1 Josua Boesch, Morgendämmerung. Tagebuch einer Wandlung, Oberegg 1995.

tausch nimmt er eine besinnliche, unaufdringliche Dominanz an, überzeugt, dass das Material, an dem er arbeitet, die gewünschte positive Form annimmt.

Bei einem wahren Künstler ist jedoch immer eine verborgene Unsicherheit vorhanden, da er mit seiner Leistung nie ganz zufrieden ist. Und so geht auch aus Josua Boeschs Tagebuch hervor, dass er manchmal völlig enttäuscht war von seiner Arbeit. Denn grundsätzlich sind Künstler nur in den Momenten des Dialogs mit ihren Werken vollkommen ehrlich.

Andererseits offenbaren Josua Boeschs Träume, die ihn oft begleiteten und die er in seinem Tagebuch niederschrieb, in ihm einen Kämpfer, ähnlich dem Propheten Elija. Obwohl er zu seiner Zeit nicht immer verstanden wurde, entwickelte er sich zu einem Visionär und Mystiker des 20. Jahrhunderts. Josua Boesch geriet in seiner ersten Lebenshälfte immer wieder in Disharmonie mit seiner Umwelt, oft auch mit sich selbst. Der Grund dafür könnte sein, dass er die Welt um sich herum – oft unbewusst – als sein undefiniertes Kunstwerk, erlebte, welches Schönheit immer wieder auf schmerzliche Weise vermissen lässt! Wenn er seinen künstlerischen Dialog mit den Menschen um ihn herum nicht realisieren konnte, reagierte er manchmal wie ein enttäuschter Künstler. In solchen Momenten des Lebens nahmen ihn seine Mitmenschen als unerfüllte Persönlichkeit wahr. Er durchlief so verschiedene Phasen der Selbstkritik und künstlerischer Agonie. In solchen Momenten notierte er in seinem Tagebuch:

> «15. April 1969. ‹Kein Werk, sondern ein Wrack.› Mit diesem Wortspiel erwache ich aus einem langen schweren Traum. Welche herausfordernde Selbstkritik! Passiv statt aktiv. Zurückweichend statt widerstehend. Ich bin entmutigt.»[2]

Erst als er nach dreissig Jahren Dienst als Pfarrer erkannte, dass die Kunst seine schöpferische Kraft war, führte er seinen Lebenskampf entschlossener, und verliess er sich auf sein natürliches, künstlerisches Empfinden. Die Denkweise seiner Mitmenschen erweckte in ihm unbe-

2 Boesch, Morgendämmerung, 15.

wusst das Verlangen nach künstlerischem Ausdruck. Durch sein künstlerisches Schaffen, das nicht immer die einfachste Weise war, um einen inneren Gedanken kreativ auszudrücken, durchlebte Josua Boesch vermutlich ähnliche Qualen wie ein Michelangelo: dieser wollte aus Rom fliehen, als er erkannte, dass er nicht im Stande war, die künstlerischen Ziele, die ihm vom Papst durch das Bemalen der Sixtinischen Kapelle anvertraut wurden, zu erreichen.[3] Auch Josua Boesch musste sich ein Stück von der Welt zurückziehen, weil er intuitiv Inspiration für seine Kunstwerke suchte. Demgegenüber ist jedoch festzuhalten, dass er sich in seinem Tagebuch ständig an Gott wendete, ähnlich wie Don Camillo im berühmten Film *Don Camillo und Peppone*. Er lebte mit Gott in seiner Welt, die für diese «reale» Welt als eine unwirkliche Fantasie erscheint.

In Josua Boeschs Leben spielte auch die Begegnung mit dem Tod eine sehr wichtige Rolle bei seiner spirituellen Reifung. Dies erlebte Josua Boesch bereits als junger Pfarrer im Kontakt mit einem schwerkranken Gemeindemitglied namens Bernhard. Die Bekanntschaft und Begleitung dieses noch jungen Mannes durch die letzten Momente seines Lebens haben auch das Leben des jungen Josua Boesch erleuchtet. Über dieses Erlebnis berichtet er in seinem Tagebuch:

> «9. Oktober 1968. Freundschaft mit einem Sterbenden. Mir ist, als käme ich an die Quelle des Lebens. Der erst einunddreissigjährige Bernhard begegnete mir bei der Taufe seines Patenkindes, und heute rief er mich an sein Sterbebett im Spital. Ich habe ihm unvermittelt meinen Vornamen und damit mein Du angeboten. Noch nie zuvor ist mir die Nähe meines alttestamentlichen Namens Josua zu DEINEM neutestamentlichen Jesus so bewusst geworden.»[4]
>
> 11. Oktober 1968. sein letztes Wort: «Ich gehe für euch, Christus ist auch für andere gegangen.» Ich habe noch nie erlebt, dass ein anderer für mich in den Tod ging. Aber es muss wahr sein. Bernhard hat mein Leben zur Reife gebracht, es liegt wie neu vor mir. […] Durch Bernhard bin ich ein

---

3 Giorgio Vasari, Künstler der Renaissance: Leonardo da Vinci, Raphael, Michelangelo, Giotto, Tizian, Botticelli, Andrea del Verrocchio, Filippo Brunelleschi, Donatello und viel mehr, e-artnow, 2014, 305–306, 311–312.

4 A. a. O., 13

> priesterlicher Mensch geworden. Ihm habe ich diesen Dienst zum ersten Mal getan. Wie aus einem neuen Ursprung. Erfrischend und lebendig. Eine neue Dimension hat sich mir aufgetan durch die Freundschaft mit einem Sterbenden …[5]

Es ist interessant zu erkennen, dass viele Gründer von Religionen und philosophischen Schulen durch ihre Begegnungen mit dem Tod mystische Inspirationen erfahren haben. Sowohl Buddha[6], Gilgamesch[7] als auch Philotheos von Sinai (4. Jh.) forderten ihre Jünger auf, sich mit dem Tod auseinanderzusetzen und sich so vor der Sünde zu schützen.[8] Martin Luther fürchtete sich bei einem Gewitter in seiner Jugend vor dem Tod, was ihn in gewisser Hinsicht tiefer zu seiner christlichen Spiritualität hinzog.[9] Auch der heilige Augustinus (354–430) erlebte wichtige Veränderung nach dem Tod seines Jugendfreundes.[10] Die Anwesenheit des Todes im Leben eines jeden Menschen kann sich äusserst dramatisch, aber auch positiv auf die Persönlichkeit auswirken. Ein sehr wichtiger Moment in Josua Boeschs Leben war auch die Begegnung mit einem orthodoxen Mönch vom Berg Athos in Griechenland. In seinem Tagebuch notierte er dazu Folgendes:

> «1. August 1981. Auf dem Mendelpass im Trentino. Ich bin gebeten worden, als consulente, als Berater an der nationalen ökumenischen Konferenz teilzunehmen. Thema: Heiliger Geist, Ikone und Wort. Nun muss ich also aus dem Schatten ins Licht treten. In der gleichen Arbeitsgruppe ist ein Ikonograph vom Monte Athos. Was wird wohl er zu meinen westlichen

---

5 Ebd.

6 Mircea Eliade, A History of Religious Ideas from Gautama Budha to the Triumph of Christianity, Chicago/London, 1982, 74.

7 Das Gilgamesch-Epos. Die älteste epische Dichtung der Menschheit, übersetzt von Albert Schott, e-artnow, 2017, 63, 66–68.

8 «Vivid mindfulness of death embraces many virtues. It begets grif; it promotes the exercises of self-control in all things ...» St. Philotheos of Sinai, III, Forty Texts on Watchfulness, 53, in: Philokalia. The Eastern Christian Spiritual Texts, Translation by G. E. H. Palmer u. a., Woodstock, Vermont, 2010.

9 Martin Luther, Von der Freiheit eines Christenmenschen, e-artnow 2014,, 86f.

10 Vgl, Aurelius Augustinus, Die Bekenntnisse des heiligen Augustinus, übersetzt von Otto F. Lachmann. Leipzig 1888 [u. ö.] (Reclams Universal-Bibliothek; 2791/94a, orthografisch modernisiert), Köln 1960, 4,4, 30.

Ikonen sagen? Nachdem wir uns vier Tage mit der Ost-Ikone auseinandergesetzt hatten, liess ich die Gruppe eine halbe Stunde schweigend mein Kain/Abel – Diptychon meditieren. Im anschliessenden Gespräch sagte der Ikonograph vom Monte Athos: ‹Nenn deine Ikonen nicht mehr westliche, sondern archaische Ikonen.› Das hat mich unbeschreiblich getröstet.»[11]

Die Anerkennung des konservativen orthodoxen Mönchs Manolis,[12] dessen Name Josua Boesch selber jedoch nicht erwähnt, hatte eine äusserst wichtige moralische und unterstützende Wirkung auf sein weiteres künstlerisches Schaffen. Die Ökumene hatte für ihn fortan nicht nur eine theologische Dimension, sondern auch eine auch eine ästhetisch-künstlerische.

Josua Boesch war ein evangelischer Theologe, der die Ökumene mehr als spirituelle Herausforderung denn als dogmatische Frage empfand, jedoch auch als schmerzhafte. Als Künstler sah und gestaltete er die vor ihm liegende Herausforderung einer wirklichen Ökumene immer wieder als Vision in seinen Kunstwerken. Die verschiedenen Materialien, mit denen er arbeitete, waren wie verschiedene christliche Konfessionen. Die harmonische Verschmelzung verschiedener Materialien zu einer einzigen Komposition war für Josua Boesch eine verwirklichte Ökumene. Jedes Material behielt seine Identität, aber zusammen bildeten sie ein wunderbares Gesamtbild. Dies hielt er am selben Tag so fest:

«1. August 1981. Ich habe es den Metallen zu verdanken. Sie nötigten mich, mich an Urformen heranzutasten und mich mit ihrer Schönheit zu begnügen.»[13]

Die Anerkennung des orthodoxen Athos-Mönchs für sein künstlerisches Schaffen wirkte wie eine Engelsstimme, die ihm half, sich als einen universellen Theologen und Künstler zu erfühlen, wie er kurz darauf schrieb:

---

11 Boesch, Morgendämmerung, 119.

12 Ich bedanke mich bei Pfr. Reto Müller, einem guten Freund von Josua Boesch, der mir diesen Namen des Mönches aus dem Berg Athos mitgeteilt hat. Er hat mir auch viel über die fröhliche Natur und das kommunikative Wesen von Josua Boesch erzählt.

13 Ebd.

«5. August 1981. Auf der Rückreise. Ich mache noch ein paar Tage Halt bei Firmino. Als ich ihm [dem orthodoxen Mönch] von meinen Erfahrungen auf der Mendola erzählte, sagte er: ‹Du bist die Synthese der Ökumene. Du lebst orthodoxe Spiritualität, reformierte Theologie und die Katholizität der Kirche.› Was mich besonders freut, ist die Entdeckung, dass Firmino ein Gespür hat für mein Leiden an der Kirche. Das ist alles andere als selbstverständlich.»[14]

Prosopon – das Antlitz in der christlichen Theologie des ersten Jahrhunderts

In seinen Ikonen stellt sich für Josua Boesch immer wieder die Frage nach dem Bild des Menschen und dem Bild Christi. Schon die griechischen und lateinischen christlichen Theologen der Spätantike haben sich damit auseinandergesetzt, wie der Mensch das Ebenbild Gottes in sich verwirklichen könne. Sie übernahmen dafür aus der Tradition der antiken klassischen Philosophie und Logik bereits vorhandene Begriffe und versahen sie mit einer christologischen Bedeutung. Im Kontext des christlichen Gottesverständnisses wurden die folgenden philosophische Begriffe wichtig: *ousia* (Wesen, Sein, Substanz)[15], *ipostasis* (Zustand des Seins bzw. die Herkunft widerspiegelnd)[16] und *prosopon* (Gesicht, Antlitz, Maske, Person)[17].

Bei den alten Griechen und Lateinern repräsentierte das Gesicht – *prosopon* bzw. *persona* – das Gesicht eines Menschen oder die Maske, die in Theaterstücken verwendet wurde, insbesondere in antiken Tragödien. Im Lateinischen bedeutete es «eine Rechtsperson» oder «ein Individuum» im Staat mit all seinen Pflichten und Privilegien. Der Begriff *prosopon* war ontologisch nicht auf eine spezifische Person bezogen, sondern auf die Maske, die eine Person zu diesem Moment trug. Dies war durch das Glauben an die Reinkarnation in der griechischen Philosophie begründet, die besagt, dass die Maske bzw. *prosopon*, die eine

---

14 Ebd.
15 A. Lampe, A Patristic Greek Lexicon, Oxford University Press, Oxford 1961, 980–985.
16 A. a. O., 1454–1461.
17 A. a. O., 1186–1189.

Person in ihrem jetzigen Leben trägt, nach dessen Tod auf eine andere Person übergeht.[18]

In seinen Werken identifizierte Athanasius von Alexandria die beiden Begriffe *ousia* und *hypostasis*.[19] Später halfen die kappadokischen Väter Basilius der Grosse, Gregor der Theologe und Gregor von Nissa, jeder auf seine Weise, die stoische Ontologie an das christliche Dogma anzupassen.[20] Die modernen Orthodoxen Theologen Vladimir Lossky, Hristo Janaras und besonders der Metropolit Johannes Zizioulas glauben, dass eine Gleichsetzung der Begriffe *prosopon* und *hypostasis* eine bedeutungsvolle christliche Idee ist, die von Philosophie-Historikern bislang unbemerkt blieb.[21]

Diese Idee war notwendig, um die Triadologie, also den Glauben an die Heilige Dreifaltigkeit, zu definieren. Die Heilige Dreifaltigkeit besteht aus dem Vater, dem Sohn und dem Heiligen Geist, die zusammen einen Gott im Sinne der *ousia* als Seiendheit mit drei Gesichtern (*hypostasis* bzw. *prosopon*) darstellen. Lateinische Theologen hatten mit diesen Begriffen keine grösseren Probleme, weil die lateinische Terminologie klar war in Bezug auf die Bedeutung der Begriffe *substantia* (= *ousia*) und *persona* (= *prosopon*).

In der westlichen Theologie definierte Tertullian und später auch Augustinus die Beziehung zwischen dem Wesen der Gottheit und der Person der Heiligen Dreifaltigkeit mit den Begriffen *substantia* und *persona*. In der griechisch-christlichen Theologie erforderte die Spra-

18 «In der antiken griechischen Welt bedeutet es, eine ‹Person› zu sein, etwas zu seinem Wesen hinzuzufügen; die ‹Person› ist nicht seine wahre ‹Hypostase›. ‹Hypostase› bedeutet im Grunde immer noch ‹Natur› oder ‹Substanz›. Es müssten viele Jahrhunderte vergehen, bis das griechische Denken die historische Identifizierung von ‹Hypostase› mit ‹Person› erreichen würde …» So Metropolit Johannes D. Zizioulas, Being as Communion. Studies in Personhood and the Church, St. Vladimir's Seminary Press, Crestwood, NY, 1997, 33.

19 M. B. Cunningham, E. Theokritoff, The Cambridge Companion to Orthodox Christian Theology, 200. Siehe auch in Fussnote: Athanasius of Alexandria, Epistle to the Africans 4; J. T. Lienhard, ‹Ousia and hypostasis› in S. T. David, D. Kendall, SJ, and G. O'Collins, SJ (Hg.), The Trinity: An Interdisciplinary Symposium on the Trinity, Oxford 1999, 99–121, bes. 103f.

20 A. Kazhdan u. a, The Oxford Dictionary of Byzantium, Oxford 1991 1972.

21 A. a. O., 36ff. Siehe auch: M. B. Cunningham, E. Theokritoff, The Cambridge Companion to Orthodox Christian Theology, Cambridge, 2008, 264f.

che eine andere Herangehensweise an diese Frage.[22] Im Griechischen haben wir den Begriff *ousia*, der im Lateinischen dem Ausdruck *substantia* entspricht. Für den Begriff *persona* (περσόνα) – 1. Eine Maske, die ein Schauspieler im Theater trägt, 2. Ein Bild, das jemand absichtlich von sich selbst gibt, um seine Mängel zu verbergen – mussten die Kirchenväter die Bedeutung von *hypostasis* und des Begriffs *prosopon* für die Definition der Triadologie im 4. Jahrhundert und der Christologie im 5. Jahrhundert anpassen. Diese beiden Begriffe wurden im Lateinischen zusammengeführt zu *persona*, und damit war dem theologischen Problem von Triadologie und Christologie Rechnung getragen.

Wenn man bedenkt, dass der christliche monotheistische Gott dreifach ist (Gott der Vater, Gott der Sohn und Gott der Heilige Geist), stellt sich natürlicherweise die Frage, nach welchem Bild der Mensch erschaffen wurde? Gregor von Nyssa (ca. 330–395) schreibt, dass das Bild des dreieinigen Gottes eines ist:

> «Wenn der Sohn der Natur nach dem Vater unähnlich ist, wie schafft er dann als ein einziges das Abbild der verschiedenen Naturen? Denn der sprach: ‹Lasst uns [den Menschen] machen nach *unserem* Bilde› und durch die Mehrheitsbezeichnung die heilige Dreiheit zu erkennen gab, hätte nicht des Abbildes in der Einheit gedacht, wenn unähnlich wären untereinander die Urbilder. Es war ja gar nicht möglich, von den einander nicht Gleichenden *ein* Gleichbild herzustellen, sondern, wenn verschieden waren die Naturen, dann machte er verschieden jedenfalls auch deren Abbilder, das einer jeden entsprechende schaffend.»[23]

Gregor von Nyssa sieht das göttliche Antlitz im Menschen als Geschenk der Vollkommenheit, das von der göttlichen Güte kommt:

22 Zizioulas erklärt in seinem bemerkenswerten Werk die Komplexität der Sprache als unumgängliche Herausforderung für jegliches theologische Denken.

23 Gregor von Nyssa, De opficio hominis, 6, 3, Abhandlung über die Ausstattung des Menschen, (10). bkv.unifr.ch/de/works/cpg-3154/versions/abhandlung-uber-die-ausstattung-des-menschen-bkv/divisions/2/R3JlZ29yIHZvbiBOeXNzYQ. Siehe auch: Stephen Bigham, The Image of God the Father in Orthodox Theology and Iconografy and other Studies, 2016, 242–261.

> «Ist nämlich Gott die Fülle der Güter, jene aber sein Ebenbild, so beruht natürlich die Ähnlichkeit des Ebenbildes mit dem Urbilde in dem Vollbesitz alles Guten. Somit ist in uns die Idee alles Schönen, alle Tugend und Weisheit und Alles was je zur Vollkommenheit gehört.»[24]

Es ist wichtig zu betonen, dass die Schöpfung nach dem Ebenbild Gottes nicht nur Adam, dem Mann, sondern «der gesamten Menschheit» – also Mann und Frau – zugeordnet wird. Dieser Gedanke wird durch die Bibel bestätigt, die klar sagt, dass Gott den Menschen nach seinem eigenen Bild geschaffen hat: «als Mann und Frau schuf er sie» (Gen 1,27).

Deshalb betont Gregor von Nyssa, «dass durch die göttliche Vorsehung und Macht die ganze Menschheit in der ersten Zubereitung zusammengefasst wurde»[25]. So fragt er:

> «Allein worin besteht nach der kirchlichen Lehre die menschliche Grösse? Nicht in der Ähnlichkeit mit der geschaffenen Welt, sondern der Gestaltung nach dem Bilde der schaffenden Natur.»[26]

Wie unterscheidet sich der Mensch also vom Rest der Schöpfung Gottes? Er ist in Bezug auf die gesamte geschaffene Welt etwas Besonderes, weil er geschaffen wurde im Bilde der Natur seines Schöpfers, um «nach dem Bilde der schaffenden Natur» zu sein.[27]

Gregor von Nyssa betont, dass jeder Mensch nach dem Ebenbild Gottes geschaffen ist. Dieses befindet sich im menschlichen Geist und der Vernunft (νοῦς) als die Freiheit der Güte, der Liebe und der Schönheit, die Gott ewig und unbegrenzt besitzt. Gott gibt dem Menschen die Möglichkeit, sich mit dieser Liebe, Güte und Schönheit in seinem «Bilde» zu vervollkommnen. Diese Güte, Schönheit und Liebe im Gesicht eines Menschen, unabhängig von seinem Geschlecht oder Alter, bezeugen die Pflege des biblischen Gottesbildes unter den Menschen. Gregor von Nyssa schliesst sein 16. Kapitel mit einer ermutigenden Botschaft an die Menschheit:

---

24 Gregor von Nyssa, De opificio, 16, 10, 32.

25 A. a. O., 16, 16, 33. Mit «erster Zubereitung» ist im platonischen Sinn Gottes Idee des Geschaffenen gemeint, die hinter jeder konkreten Manifestation steht.

26 A. a. O., 16, 2, 30.

27 Ebd.

> «Gleichmässig verhält sich sowohl der mit der ersten Weltschöpfung ins Leben gerufene Mensch, als auch der am Ende der Welt geboren Werdende; in gleicher Weise tragen sie an sich das göttliche Ebenbild.»[28]

Wir können also festhalten, dass das Thema von *prosopon – hypostasis – persona – Gesicht* schon immer einen äusserst wichtigen Platz eingenommen hat, insbesondere in der orthodoxen Theologie.[29]

So geht bereits die christliche Theologie der Spätantike davon aus, dass jeder auf Erden geborene Mensch die Gabe eines eigenen, einzigartigen Charakters von Gott erhalten hat. Jede auf Erden geborene Person trägt in sich sein Ebenbild und strahlt so Gott aus. Dieses göttliche Bild spiegelt sich in der göttlichen Güte und göttlichen Liebe des menschlichen Geistes – der Vernunft (νοῦς) – wider. Die Vollkommenheit in göttlicher Güte, Schönheit und Liebe zeigt den Grad der Göttlichkeit in jedem einzelnen Menschen an. Deshalb sagt Johannes Zizioulas: «Das Wesen Gottes wird mit der Persönlichkeit – *prosopon* – identifiziert»[30], das heisst: «Wenn es keinen Gott gibt, so gibt es auch keine Persönlichkeit.»[31]

Erwähnenswert sind auch die Bezüge zum Slawischen: Das altslawische Wort *um* bedeutet «Verstand», was dem griechischen «νοῦς» entspricht. Von diesem Begriff leitet sich im Serbischen das Wort *um-etnost* ab, was übersetzt «Kunst» bedeutet: die Fähigkeit, kreativ und individuell Musik, Malerei, Schriftwerke und alles, was unter den Begriff Kunst fällt, zu schaffen. Wenn also Vernunft im Sinn von «νοῦς», das Ebenbild Gottes in jedem Menschen ist, bedeutet dies, dass jeder Mensch auf dieser Welt für die Kunst geschaffen wurde und dass Kunst ein Bereich der menschlichen Schöpfung ist, der zugleich Gott berührt.

Während der gesamten Epoche des ersten Jahrtausends haben sich die Kirchenväter mit der Verbindung des Gottesbildes mit dem Bild

---

28 A. a. O., 16, 18, 34.

29 Dies bestätigt uns einer der bedeutendsten orthodoxen Theologen des 21. Jahrhunderts, Mitropolit Hilarion Alfejev: «Das Thema des göttlichen Bildes und Gleichnisses ist eines des zentralen Themen der christlichen Anthropologie: Mehr oder weniger alle altkirchlichen Schriftsteller haben versucht, es zu erhellen.» Hilarion Alfeyev, Geheimnis des Glaubens. Einführung in die orthodoxe dogmatische Theologie, Münster 2019, 62.

30 Zizioulas, Being as Communion, 41.

31 A. a. O., 43.

eines jeden Menschen auseinandergesetzt. Die christliche Theologie interessiert sich für eine Persönlichkeit, die frei und bewusst mit Gott kommunizieren kann. Aus dieser Begegnung mit Gott schöpft ein nach dem Bilde Gottes geschaffener Mensch sein ursprüngliches Selbstbewusstsein, ein guter, schöner und geliebter Mensch zu sein. Soweit es dem Menschen gelingt, diese Ideale der Güte, Schönheit und Liebe zu erreichen, wird sein *prosopon* vergöttlicht. In der christlichen Theologie wurde für diese Vergöttlichung, das Ebenbild Gottes in sich zu verwirklichen, der Ausdruck *theosis* benutzt. Ostkirchliche Väter verglichen die *theosis* oft mit dem Zustand, Jesus Christus ähnlich zu sein: «Ihr alle nämlich, die ihr auf Christus getauft wurdet, habt Christus angezogen.» (Gal 3,27) Diese Welt «zu verlassen» ist der erste Schritt, um «Christus anzuziehen», wie der Herr selbst im Evangelium sagt: «Darauf sagte Jesus zu seinen Jüngern: Wenn einer mir auf meinem Weg folgen will, verleugne er sich und nehme sein Kreuz auf sich, und so folge er mir.» (Mt 16,24)

Mit der Herausforderung dieser *theosis* durch «Selbstverleugnung» solcher Art hat sich auch Josua Boesch oft beschäftigt, wie schon ein früher Eintrag in seinem Tagebuch zeigt:

> «19. März 1969. Ich stelle eine seltsame Distanz zu meinen Freunden fest. Haben sie sich von mir gelöst oder ich mich von ihnen? War ich ihnen zu nahe oder sie mir? Mit Bernhard hat diese Wende eingesetzt. Einerseits ist es eine Wohltat, andererseits schmerzt es auch. Bringt Freiheit Einsamkeit mit sich? Muss ich Einsamkeit durchstehen lernen, um auch allein stehen zu können?»[32]

Später, als Eremit in Italien, schrieb Josua Boesch im Geiste der alten Kirchenväter voller Begeisterung:

> «31. August, 1976. Das Wort Mönch klingt in mir wie Bachmusik. Wie wenn ER (Gott) selber mein Herz damit berührt hätte. Als wäre es SEIN erstes Wort gewesen, bevor ER mich schuf.»[33]

---

32 Boesch, Morgendämmerung, 12.
33 A. a. O., 66.

«12. September 1976. Ein Mönch gehört ins Dazwischen. Zwischen Mensch und Gott. Er ist mit dem Herzen der Menschen bei Gott und mit dem Herzen Gottes bei den Menschen.»[34]

«1. Oktober 1976. Auch der Mönch hat einen Gegenpart. Er ist mit einem geistlichen Gegenpart verheiratet, mit der anderen Hälfte seiner Ikone, die ER von ihm trägt. So ernst ist das also mit *Persévère*. Ich tat nur schwer, es ganz zu begreifen.»[35]

«27. Februar 1982. Das ganze Leben wird zur Liturgie. Gott zelebriert sich im Menschen ganz natürlich und undramatisch. Ein Tempel ist nicht mehr nötig. Der Mensch ist wieder Heiligtum Gottes.»[36]

Simeon der Neue Theologe (+1022), der im 11. Jahrhundert das asketische Leben mit dem engelhaften Leben verglich, ist der beste Zeuge dafür:

«[S]ichtbar, aber über der Körperlichkeit stehend, menschlich in der Erscheinung aber unmateriell dem geistigen Verständnis nach, äusserlich vollkommen für alle Menschen [...] aber innerlich nur für Gott anwesend.»[37]

In der 10. *Ethischen Rede* erklärt er deutlich, was für ihn das himmlische Gewand bedeutet:

«Selig diejenigen, die ihr Gewand erkennen, welches wie Christus leuchtet.»[38]

Was haben nun all diese Gedanken der christlichen Väter des ersten Jahrtausends mit Josua Boesch zu tun?

---

34 A. a. O., 67.
35 Ebd.
36 A. a. O., 70, 71, 123.
37 Simeon, Catéchèse 22, 161–165. Vgl. G. E. H. Palmer u. a., The Philokalia IV, 19f. Vgl. Miroslav Simijonovic, Das Licht in der byzantinischen Mystik und Malerei. Der Einfluss von Simeon dem Theologen und anderen Mystikern in der byzantinischen Ikonenmalerei, München 2004.
38 Simeon, Éthique 10, 801f. Veoma korisna knjiga koja daje uvid u misticno opstenje Boga i coveka kroz vekove u hriscanskoj tradiciji pogledati, in: H. Boersma, Seeing God: The beatific vision in Christian tradition, Grand Rapids 2018.

Josua Boesch – sanfter Prophet des 20. Jahrhunderts

Bezüglich der theologischen und ikonografischen Erfahrungen der Kirche des ersten Jahrtausends müsste man sagen, dass sich Josua Boesch als Theologe auf einen komplexen Weg begeben hat. Uns offenbart sein Tagebuch die prophetische Sprache eines überdurchschnittlich modernen Menschen.

Die äusserst anregende Osterpredigt von Pfarrerin *Rita Famos* im Jahr 2006 über das leere Kreuz war mir eine wichtige Inspiration für das Nachdenken über die Bedeutung des Werks von Josua Boesch.[39] In ihrer Predigt weist Rita Famos die ihr Zuhörenden an, Christus nicht am Kreuz zu suchen, sondern sich der lebendigen Realität Christi bewusst zu werden und den auferstandenen Christus in ihrem eigenen Leben zu finden.

Erwähnenswert ist auch das hervorragende Buch über das ikonografische Werk von Josua Boesch von *Simon Peng-Keller*, der dessen theologische und künstlerische Reichweite scharfsinnig erahnt und sorgfältig beschrieben hat. In seinem Buch beschreibt er die Abwesenheit eines Gesichts in Josua Boeschs Werk *Die Kreuzigung* so:

> «Das Gesicht ist ausgespart. Im leeren Kreis verbirgt sich das Geheimnis dieser Ikonen. Anders als in den Ikonen des Ostens geschieht hier nicht ein Schauen und Erkennen von Angesicht zu Angesicht. Der Betrachter wird mit der Leere konfrontiert, und alles hängt davon ab, ob er sie aushält. Durch die Bereitschaft zu dieser kritischen Begegnung kann sich die Leere plötzlich in Fülle verwandeln und die eigene Ikone aufscheinen. Indem Josua Boesch in seinen Ikonen das Wesentlichste ausspart, versöhnt er die reformatorische Bilderkritik mit der orthodoxen Bejahung des Gestalthaften. Nüchternheit und Schlichtheit seiner Ikonen wahren das Mysterium, durch ihre transparente Schönheit leuchtet das zarte Licht des Ostermorgens.»[40]

---

39 Rita Famos, Das leere Kreuz, Predigt zu einer Ikone von Josua Boesch, www.yumpu.com/de/document/view/21304374/das-leere-kreuz-predigt-zu-einer-ikone-von-josua-boesch-ref-, abgerufen 13.08.2022.

40 Simon Peng-Keller, auferstehungsleicht. Der ikonografische Weg von Josua Boesch, Zürich 2022 (Erstausgabe: Oberegg 1999), 20–22.

Leeres Kreuz, 1975,
Kloster Kappel am Albis

In diesem Beitrag haben wir mit dem gleichen Grundgedanken begonnen. Diesen führten wir jedoch durch die Analyse des Tagebuchs des Künstlers und der Denkweise aus, die uns in die Welt der ontologischen Kreuzwege der modernen Europäerinnen und Europäer einführte. Josua Boesch schrieb in seinem Tagebuch in derselben Weise, wie es ein christlicher Mystiker des ersten Jahrtausends tun würde:

> «30. August 1969. DEIN Antlitz finden, um es lieben zu können, ist das möglich, mein Kyrios?»[41]

In einer weiteren Stelle vertieft er sich zu diesem Thema:

> «26. Januar 1970. Ich war heute wieder einmal mit jenen Kollegen zusammen, mit denen ich ordiniert worden war. Gedrückt und gequält von den Problemen der Kirche sassen sie da und diskutierten. Da sagte einer zu mir: ‹Du bist schon aus dem kirchlichen Ghetto ausgebrochen. Du bist eben kein Theologe, du bist ein Theophil.› Wirklich, ich fühle mich wie einer,

---

41 Boesch, Morgendämmerung, 16.

> der schon ausgewandert ist und nur noch Chancen sieht in dieser Krise. Zu verteidigen gibt es ohnehin nichts mehr. Es bleiben nur noch Verwandlung und schöpferisches Neugestalten. Den Theophil aber kann ich nicht mehr vergessen. Er bleibt in mir hängen wie eine wunderschöne Melodie. Ja, der bin ich. Der will ich sein. Ein in Gott Verliebter.»[42]

Hinterliess Josua Boesch seinen Zeitgenossen eine mysteriöse Botschaft? Es ist eine Botschaft über die Unpersönlichkeit des modernen Christen, die nur durch «Theophilie» wiederhergestellt werden kann. Ich denke, er wollte auf die Abwesenheit von Gottes Antlitz und Körper in den Herzen der modernen Menschen hinweisen. Durch seine Kunst wollte er uns das Fehlen des geheimnisvollen Bewusstseins bezüglich des Leibes und Blutes des Herrn Jesus Christus zeigen. Jesus zeigte nämlich den Weg auf, der durch das Kreuz und die Auferstehung Gottes zur Vergöttlichung, der *Theose*, führt. Der Künstler und der Theologe waren bei Josua Boesch zu diesem Gedanken sehr entschlossen: er wollte die vollständige Vereinigung mit seinem Gott. Auch hier zeigt er wieder seine prophetisch sensible Seele, die von den Menschen des 20. Jahrhunderts nicht immer verstanden wurde.

Wer nicht mutig genug war, sich seiner Zeit zu widersetzen, der eilte in die Ewigkeit bzw. zu seinem Gott in einer ganz realen Weise. Die Welt, in der Josua Boesch lebte, verstand seine Bestrebungen nicht, weil er keine Vorstellung vom Bild und der Persönlichkeit des Gottes hatte, dem er dienen wollte. Denn wo es kein Bild von der Gestalt Gottes gibt, da schafft sich jeder nach eigenem Ermessen ein Bild von Gott in seinem Herzen. Wo es kein klares Gottesbild oder zumindest kein Gottesgefühl gibt, besteht die Möglichkeit, dass Gott als theologische, künstlerische oder philosophische Idee vollständig aus dem Bewusstsein des Menschen verschwindet.

Josua Boesch spürte auf geniale Weise die Schwäche des modernen Menschen nicht nur gegenüber Gott als Idee, sondern vor allem gegenüber dem Gott, der sein Leben am Kreuz hingab. Der Gedanke an Leid, Durchhalten und die Askese aus religiöser Motivation wurde zu einer fremden, überholten und bedeutungslosen Vorstellung. Der moderne

---

42 A. a. O., 14, 18.

Mensch wurde durch Friedrich Nietzsches erschütternde Warnung an Europa vollständig entschlüsselt. Dieser stellte fest: Gott ist tot! Und das überraschendste daran, dass der Mensch Gott getötet hat:

> «Der tolle Mensch. – Habt ihr nicht von jenem tollen Menschen gehört, der am hellen Vormittage eine Laterne anzündete, auf den Markt lief und unaufhörlich schrie: ‹Ich suche Gott! Ich suche Gott!› – Da dort gerade Viele von denen zusammenstanden, welche nicht an Gott glaubten, so erregte er ein grosses Gelächter [...] Der tolle Mensch sprang mitten unter sie und durchbohrte sie mit seinen Blicken. ‹Wohin ist Gott?› rief er, ‹ich will es euch sagen! Wir haben ihn getödtet, – ihr und ich! Wir Alle sind seine Mörder! Aber wie haben wir diess gemacht? [...] Gott ist todt! Gott bleibt todt! Und wir haben ihn getödtet! Wie trösten wir uns, die Mörder aller Mörder? Das Heiligste und Mächtigste, was die Welt bisher besass, es ist unter unseren Messern verblutet - wer wischt diess Blut von uns ab? Mit welchem Wasser könnten wir uns reinigen? [...] Müssen wir nicht selber zu Göttern werden, um nur ihrer würdig zu erscheinen?› [...] - Man erzählt noch, dass der tolle Mensch desselbigen Tages in verschiedene Kirchen eingedrungen sei und darin sein *Requiem aeternam deo* angestimmt habe. Hinausgeführt und zur Rede gesetzt, habe er immer nur diess entgegnet: ‹Was sind denn diese Kirchen noch, wenn sie nicht die Grüfte und Grabmäler Gottes sind?›»[43]

Friedrich Nietzsche war mit dieser fundamentalen Diagnose zu seiner Zeit nicht allein. Im Osten, im orthodoxen Russland, deutete auch Fjodor Dostojewski in seinem Roman *Die Brüder Karamasow* im Kapitel *Der Grossinquisitor* einen ähnlichen Gedanken an. Im Text weist er auf die westlichen Christen hin, die Christus, den Messias, nicht mehr brauchen: «Dein Inquisitor glaubt nicht an Gott, das ist sein ganzes Geheimnis!»[44]

Dostojewski weist jedoch auf grundlegende Weise prophetisch darauf hin, was im orthodoxen Russland zu Beginn des 20. Jahrhunderts geschehen wird. Er ist nicht nur dem westlichen Christentum gegen-

43 Friedrich Nietzsche, Die fröhliche Wissenschaft, der tolle Mensch, in: ders., Werke in drei Bänden, München 1954, Bd. 2, 126–128.

44 Fjodor Dostojewski, Die Brüder Karamasow, übersetzt von Hermann Röhl, Köln 2010 (1924), 368–395.

über kritisch. Am Ende des Kapitels *Der Grossinquisitor* wendet sich Ivan an seinen Bruder Aljosa:

> «‹So, nun geh zu deinem Pater Seraphicus, der liegt im Sterben.› Aljosa fragt sich, wer diese Person namens Pater Seraphicus ist: ‹Pater Seraphicus, diesen Namen hat er irgendwoher, doch woher nun genau?› überlegte er … Da ist ja die Einsiedelei, Gott sei Dank! Ja, er ist ein Pater Seraphicus, das ist er! Er wird mich retten … Vor ihm und für alle Zeit!»[45]

Dostojewski wollte nicht direkt mit der orthodoxen Kirche in Konflikt geraten, sondern wies an dieser Stelle auf rätselhafte Weise unter Verwendung des lateinischen Namens «Pater Seraphicus» für den alten Zosima darauf hin, dass das Problem der westlichen Christenheit auch in der orthodoxen Kirche verborgen ist. Besessen von ihren Ideen oder vielleicht auch Interessen fingen die Leute an, immer öfters die Rolle von Christus, unserem Gott, in der Kirche zu vernachlässigen. Wer kann ihn retten? Pater Seraphicus oder Christus? … Das konnten die grossen Visionäre spüren, und sie haben in den vergangenen Jahrhunderten auf ihre eigene Weise Warnbotschaften hinterlassen. In diesem Zusammenhang können wir auch die Arbeit von Nikolai Berdiajew *Von der Würde des Christentums und der Unwürde der Christen* verstehen.[46]

Wenn wir berücksichtigen, dass bedeutende Denker wie Dostojewski im Osten und Nietzsche im Westen Europas den intellektuellen Weg Europas erahnten, den eigenen Gott aus ihrem Leben zu vertreiben oder gar zu töten, so können wir auch die Genialität von Josua Boeschs Beobachtungen verstehen. Dieser befasste sich in seinem Tagebuch immer wieder mit der Religiosität des modernen Europas. Genau darauf weist uns der Künstler mit Bedacht hin, indem er beim Gestalten der Kreuzigung Jesu Christi ganz bewusst auf Gesicht und Leib des Herrn Jesus Christus verzichtete. Es handelt sich hierbei nämlich nicht um ein generelles auf Tradition beruhtes Fehlen einer konkreten Gestalt in seiner Ikonografie, wenn man bedenkt, dass die evangelische Tradition die Ikonografie gar nicht kennt. Diese wird nämlich bloss in der katholi-

---

45 A. a. O., 394.

46 Nikolai Berdiajew, Von der Würde des Christentums und der Unwürde der Christen, Luzern 1947.

schen und vor allem in der christlich-orthodoxen Tradition gepflegt. Er weist generell auf das mangelnde bzw. schief gewordene Bewusstsein über den gekreuzigten und auferstandenen Sohn Gottes, Jesus Christus, und den Verlust des Kerns der biblischen Botschaft in der christlichen Kulturtradition hin. So schrieb etwa Josua Boesch nach seinem Besuch in Rom in sein Tagebuch:

> «6. März 1983. Nichts hatte mehr ein Antlitz. Ich nicht und Gott nicht. Ich war wie verloren.»[47]

Er war in Rom wie erschlagen angesichts der monumentalen christlichen Kulturtradition. Er war entsetzt von der ganzen Macht und Eitelkeit. Im Gegensatz zu diesem Pomp hat er das bescheidene Antlitz Christi gesucht wie sein verehrter Franziskus von Assisi. Für Josua Boesch lag das Problem vielmehr bei der geistlichen Leere in den Menschen und die Abwesenheit des Bewusstseins Christi unter den Menschen seiner Zeit.

Zum Schluss

Anfangs fragte sich Josua Boesch am 15. Oktober 1969: «Kunstwerk und Pfarrdienst? Wie könnte das zusammen gehen?» Einige Jahre später schreibt er:

> «9. Januar 1974, Endlich erwachen! Ja, das bin ich: Pfarrer und Kunsthandwerker. Das Arme trägt das Vollendete. Der Sand wird blühen (Jes 35,7)».[48]

Das Werk des Pfarrers und Künstlers Josua Boesch, das Kreuz ohne Leib und Gesicht des Herrn Jesus Christus, sendet eine starke Botschaft an die Christinnen und Christen unserer Zeit; etwa wenn zehn Jahre nach dem Tod des Künstlers (Dezember 2021) in Gremien der EU tatsächlich zur Debatte steht, den Begriff «Weihnachtsfeier» in der Sprache Europas abzuschaffen! Die Stimme der Demokratie liegt bei uns Europäern, um die Botschaften der Genies aus der Vergangenheit Europas zu verstehen.

47 Boesch, Morgendämmerung, 135.
48 A. a. O., 16, 50.

Andererseits werden wir auch Nietzsches Erkenntnis, Gottesmörder zu sein – also die Mörder, die Gott nach ihrem eigenen Bild erschufen und umbrachten – zustimmen müssen. Denn: «Wenn es keinen Gott gibt, gibt es auch keine Persönlichkeit (*prosopon*)».[49]

Zum Schluss: Hinterliess der geniale Gottessuchender Josua Boesch eine Spur des Antlitzes Christi nach dem Beispiel des Herrn, den der heiligen Franziskus von Assisi in seiner Jugend gesehen hat? Urteilen Sie selbst, indem Sie nur die Umrisse des Christusbildes beobachten …

Epilog: *Weinender Christus*, 2022

Ich bin selber Ikonenmaler. Während ich diesen Text schrieb, brach der Krieg um die Ukraine aus. Das Bild eines *Weinenden Christus* ist in mir erstmals während des Bürgerkrieges im ehemaligen Jugoslawien zwischen 1991 und 1995 aufgestiegen. Die Christen in Europa sind oft durch geopolitische Ursachen in kriegerische Konflikte geraten. Menschen wurden und haben im Namen Gottes getötet. Jedoch war vielen dabei nicht bewusst, dass das nicht der Lehre Jesu und seinem neuen Gebot entspricht, welches bekanntlich lautet:

> «Ein neues Gebot gebe ich euch: dass ihr euch einander liebt. Wie ich euch geliebt habe, so sollt auch ihr einander lieben.» (Joh 13,34)

Aus diesem Grund wurde Jesus Christus weinend gemalt, im Blut seiner Gläubigen, die jedoch sein Liebesgebot durch Kriege missachten. Nun ist angesichts des aktuellen Angriffs auf die Ukraine, die auch die Christenheit spaltet, nach dem Verfassen dieses Textes eine zweite solche Christus-Ikone entstanden, die diesem Beitrag vorangestellt ist (siehe Abbildung Seite 154). Dieser weinende Christus fragt den Betrachter: *Meine Geliebten – tötet ihr euch in meinem Namen?*

---

49 Zizioulas, Being as Communion, 43.

Josua Boesch, Der Schrei von Kain und Abel, 1980

Judith Hélène Stadler

Avodah

Anklänge an Jüdisches bei Josua Boesch

1 Erstes Anklingen

Es muss 1977 gewesen sein, als ich Josua Boesch persönlich kennenlernte. An einem warmen Tag. Bei der Arbeit. In der Anstalt Kappel am Albis. In einem speziellen Raum an der Westseite des ehemaligen Klosters mussten die Schalen von mehreren Kilo Kartoffeln mithilfe einer wasserbetriebenen Kartoffelschälmaschine abgeschmirgelt werden. Genauer gesagt: Ich arbeitete; er gerade nicht. Er sass neben dem Eingang dieses Raumes. Auf einer Bank. Und schaute in die Landschaft. Sehr lieb sah er aus. Und ich setzte mich zu ihm. Ausnahmsweise verrichtete eine Maschine für mich die Maloche.[1] Ich war vom Dorf, das damals wenige Einwohner hatte, die einander alle kannten. Ihn hatte ich nie zuvor gesehen. Es war sicherlich keiner der Verwahrten, die in der Landwirtschaft arbeiteten oder hier ihren Lebensabend verbrachten. Neueintritte gab es keine mehr. Nur jahre-, wenn nicht jahrzehntelang Verwahrte lebten hier, die

---

1 Vom bibelhebräischen מְלָאכָה, mela'kah, was mit *Werk, Arbeit, Aufgabe, Dienst* übersetzt werden kann. Via das Westjiddische und Rotwelsche kam das Verb *malochen* in der Bedeutung von *schwer arbeiten, schuften*, dann das Substantiv in der Bedeutung von *[schwere] Arbeit, Schikanierung* in die deutsche Umgangssprache. Vgl. Hans Peter Althaus, Chuzpe, Schmus & Tacheles. Jiddische Wortgeschichten, München, 2006, 68f. ders., Zocker, Zoff & Zores. Jiddische Wörter im Deutschen, München, 2002, 47.

ich von klein auf kannte: Der Radiohansli zum Beispiel oder der Höhn. Von seiner besonderen Art angezogen, fragte ich Josua Boesch, wer er sei und was er hier tue. So kamen wir ins Gespräch. Er sagte mir, dass auch er hier arbeite. Dass er hier seine Werkstatt habe. Direkt neben dem Raum mit der Kartoffelschälmaschine. So erzählte der schon reife Mann der Kantonsschülerin, die hier ihr Sackgeld als Küchenmädchen verdiente, von seiner Arbeit, einer schönen Arbeit offenbar, denn er strahlte. Aber er erzählte mir auch von seiner Aufbruch- und Umbruchzeit. Er vertraute mir, die ich auf der alleruntersten Hierarchiestufe stand, an, was ihn bewegte. Und dieser Mann und seine Erzählung berührten mich so sehr, dass ich diese besondere Begegnung nie mehr vergessen habe. Es ist anzunehmen, dass das Kartoffelschälen an diesem Tag etwas länger dauerte als sonst. Heute noch lassen seine Ikonen und Texte etwas in mir anklingen. Durch sie spricht Josua Boesch weiter zu mir.

2 Maloche

Beim Wiederlesen seines Tagebuches für diesen Artikel – mehr als zwanzig Jahre nach der ersten Lektüre – begegnete mir Josua Boesch auf neue Weise.[2] Was klang da bei mir an? Plötzlich sah ich Parallelen zu meinem eigenen Leben: Auch ich hatte in meinem Ursprungsberuf als Sekundarlehrerin immer weniger Befriedigung gefunden, Sitzungen waren wichtiger als Kreativität und Kontakt mit Menschen geworden, man hatte mich mit meinem Engagement ins Leere laufen lassen. Wir lesen in Josua Boeschs Tagebuch schon 1969, dass er in seinem Beruf als Pfarrer nicht in dem Masse befriedigt war, wie er sich das gewünscht hatte:

> «[...] wozu bin ich eigentlich Pfarrer geworden? [...] um zur schöpferischen Verwandlung dieses Berufs und der Kirche beizutragen.»[3]

Er spürte Leistungs- und Erfolgsdruck, was seiner Kreativität zuwiderlief, und hatte schon kurz zuvor notiert:

---

2 Die vorliegende Untersuchung gilt Josua Boesch, Morgendämmerung. Tagebuch einer Wandlung, Oberegg 1999. Eine weiterführende zu seinen Ikonen unter gleicher Fragestellung steht noch aus.

3 A. a. O., 16.

> «Leistung entbehrt jeden Anreizes, genauso wie Erfolg. Die tiefste Ursache dafür liegt wohl in meiner Grundstruktur. Und dazu gehören Intuition und Kreativität. Die Intuition ist das Bewegende, die Gestaltungsfreude das Anreizende, die neue Form das Krönende. Das gelungene Werk bestätigt und erfüllt.»[4]

Der Eintrag acht Jahre später klingt verzweifelt, die Amtsfunktionen bereiten ihm immer mehr Mühe:

> «Ich schreie zu DIR: Lass es genug sein, ich kann nicht mehr funktionieren. Nein, nicht bewältigen – leben. Nicht kommissionieren – begegnen.»[5]

Zweimal liess man ihn mit seinem Engagement für die reformierte Kirche bei grossen Projekten ins Leere laufen: In Buchthalen und in Kappel am Albis. So notierte er 1970:

> «Die ausserordentliche Kirchgemeindeversammlung [...] hat das projektierte Zentrum Buchtalen abgelehnt [...]. Bedeutet das vielleicht, dass man sich doch nicht verändern will?» [...] Es grenzt an Torheit, mit achtundvierzig noch immer auf das Eigentliche zu warten.»[6]

Kurz darauf zieht er die Konsequenz:

> «Gestern habe ich [...] meine Absicht bekannt gegeben [...] zurückzutreten. Hat denn keiner die Herausforderung gespürt? Dann haben sie auch nichts begriffen von dem, was ich in den drei Jahren hier gelebt habe.»[7]

1968 wurde er von Bekannten angefragt, ob er bereit wäre, die Leitung eines mit der Anstalt Kappel geplanten kirchlichen Zentrums zu übernehmen.[8] Er begann Ideen für das Projekt zu entwerfen:

---

4 A. a. O., 13f.
5 A. a. O., 77.
6 A. a. O., 21f.
7 Ebd.
8 Vgl. a. a. O., 10.

> «Wir können in unseren Gottesdiensten nicht mehr auf Stille und Meditation verzichten. […] Wir brauchen wieder Orte, wo wir der Informations- und Konsumflut die Stirne bieten können.»[9]

Ein paar Jahre später schreibt er ernüchtert:

> «Jetzt soll das Zentrum Kappel eine Idee des Kirchenrates sein! Hat denn nicht DEIN Geist seit einigen Jahren eine Gruppe von Menschen […] in einen schöpferischen Werdeprozess hineingenommen um die Verwandlung der ‹Anstalt Kappel›? […] Es ist zum Heulen.»[10]

Unterstützung findet er bei einem Pater im franziskanischen Bildungshaus Mattli in Morschach:

> «Auch für ihn steht und fällt alles mit einem inneren und äusseren Trägerkreis. […] Dieser […] könnte aber nur aus einer spirituellen Mitte leben. […] [Er] findet es selbstverständlich, dass wir Pflegepersonal und Insassen des Hauses integrieren. Sonst würden wir Christus vor die Türe stellen.»[11]

Fast zehn Jahre nach der Anfrage erhielt Josua Boesch 1977 die Absage vom Kirchenrat und der Kappeler Kommission auf seine Bewerbung um die Leitungsstelle.[12]

3 *Avodah*

Obwohl Spuren der Verbitterung in Josua Boeschs Tagebuch ab und zu durchscheinen, ermöglichten ihm die enttäuschenden Erfahrungen einen anderen, neuen Weg. Und bei der Schilderung dessen, was an Hauptarbeit nach seiner Demissionierung 1979 – nach Jahren mit viel Maloche – folgt, klingt bei mir als Bibelwissenschaftlerin und Judaistin der Begriff עֲבֹדָה, ʿavodah an, der Arbeit allgemein bedeutet (vgl. z. B. Ex 34,21), Werk (auch Gottes vgl. Jes 28,21), Dienst, Gebet, Gottesdienst

9 A. a. O., 12f.
10 A. a. O., 37.
11 A. a. O., 41.
12 Vgl. a. a. O., 76.

(vgl. z. B. 2Chr 35,16). Arbeit im Alltag und Gottesdienst am Schabbat werden durch das gleiche Wort ausgedrückt. Denn Arbeit an den Wochentagen kann Gottesdienst sein, wenn wir Gott, der Welt und den Mitmenschen mit Freude dienen.

Josua Boeschs Bestimmung, *avodah* zu tun, kommt schon durch seinen Vornamen und seine Familiengeschichte zum Ausdruck. Eine im 17. Jahrhundert gegründete Stiftung ermöglichte es den Söhnen der Familien Boesch, deren Erstgeborene immer Josua hiessen, Theologie zu studieren und Pfarrer zu werden. Die Bedeutung des Namens Josua (hebr. Jehoschua) entspricht dem des griechischen Namens Jesus (hebr. Jeschua/Jehoschua): J/JH (= JHWH) hilft/ rettet. Während Josua Boesch sich anfänglich gegen den Bezug zu Josua, dem Namensträger in der Tora, der das Volk über den Jordan führte, wehrte, konnte er sich in seiner zweiten Lebenshälfte damit identifizieren.[13] Er selber deutete seinen Namen – was seinen Prozess und seine Arbeit mit Feuer anbelangt – auch hinsichtlich Sach 3,2 und bezog sich auf das Bild des Hohenpriesters Josua: Ist dieser nicht wie ein aus dem Feuer gerissenes Scheit? Josua Boesch war überzeugt, dass der Mensch nur durch Feuer verwandelt wird und vertraute darauf, dass ER ihn herausreisse.[14] Obwohl er immer wieder auf die Bedeutungen seines Vornamens zu sprechen kam,[15] klingen bei mir als Bibelwissenschaftlerin weitere Stellen an, die er unerwähnt lässt. In Jos 24,15 erscheint das Verb zu *avodah*, עָבַד, ʿavad, im Sinne von (Gott) dienen וְאָנֹכִי וּבֵיתִי נַעֲבֹד אֶת־יְהוָה – *Ich und meine Sippe, wir wollen JHWH dienen*. Der biblische Josua ist ein עֶבֶד, Diener JHWHs, vgl. z. B. Jos 5,14, also einer der *avodah* leistet!

Josua Boeschs Gottesdienste nehmen nach seiner Demissionierung eine andere Form an. Sie finden in seiner Werkstatt bei der Arbeit an Ikonen oder während des Übertragens hebräischer und griechischer Bibeltexte statt. So schreibt er 1985 über seine Arbeit mit Metallen:

> «Das ganze Leben will zu Gott gehoben werden. Immer. Und mit jeder Geste. Alles will Gebet werden. Selbst die Werkzeuge.»[16]

---

13 Vgl. a. a. O., 9, 11, 80 und hinterer Klappentext.

14 Vgl. a. a. O., 89.

15 Vgl. a. a. O., 11, 64, 81.

16 A. a. O., 159.

Im selben Jahr notiert er zu seiner Übertragungsarbeit:

> «Seit Januar übertrage ich das Johannesevangelium ins Züritüütsch. Es ist eine ganz neue Erfahrung, wie die Ikonenarbeit und das Übersetzen Hand in Hand gehen. Und wie das eine das andere befruchtet.»[17]

Zur Endfassung schreibt er 1986:

> «War das schön, [...] noch einmal alles durchzuarbeiten und vom gleichen Geist bewegt zu sein wie Johannes. Mir wurde auch bewusst, dass ich an einigen Stellen noch über Johannes hinausgegangen bin bis ins Heute Gottes. [...] Mir ist, als hätte ich eine Wort-Ikone geschaffen. Wie Erfüllung des Lebens ist das.»[18]

Auch der grosse jüdische Maler Marc Chagall soll von sich selbst gesagt haben:

> «Ich bin Mystiker. [...] Ich bete, indem ich arbeite.»[19]

Arbeit als Bestimmung des Menschen in der Welt hat das Potenzial, *tikkun olam* zu werden: mitzuwirken, den harmonischen Zustand der Welt wiederherzustellen. Isaak Luria (1534–72) stellt in der *Zimzum*-Legende die Schöpfung als Liebes- und Selbstopfer Gottes für die Welt dar. Gott macht sich zu Nichts und gibt sich hin, damit Schöpfung sein kann. Seine Liebe ist aber so gross, dass sie nicht gefasst werden kann. Die Gefässe, die sie auffangen sollten, zerbersten ob der zu starken Energie. Die überall zerstreuten Lichtfunken Gottes können aber durch die Menschen mittels *tikkun olam* wieder zusammengefügt und die Welt «repariert» werden.[20] In der Erzählung שברירים der berühmten israelischen

17 A. a. O., 153f.

18 A. a. O., 166.

19 Nicole Quint, Zürich – vertraut und ganz anders. Vom Brauer bis zum Bergwerk. 66 Lieblingsplätze und 11 Zünfte, Messkirch 2013, 41f.

20 Luria spricht als Erster von *zimzum*, der Selbstbeschränkung G'ttes, *schewira*, dem Bruch der Gefässe und *tikkun*, der Wiederherstellung der Welt. Weiterführende Information, siehe z. B. Gershom Scholem, Zur Kabbala und ihrer Symbolik, Zürich 1973, 148, 152f.

Schriftstellerin Dvora Baron trachtet die Protagonistin ein Leben lang danach, durch Putzen Gegenständen Glanz zu verleihen, um so ihren Beitrag zu *tikkun olam* zu leisten.[21] Auch Josua Boesch war vom Licht auf seinen Kunstwerken fasziniert:

> «Aber die Ikone […] strahlt in einem Glanz, der nur von DIR kommen kann. Nur in solchem Dämmerlicht werden die Metalle transparent für den allerzartesten Glanz, den ich je gesehen habe.»[22]

Oder:

> «Nur Metalle verbreiten einen Glanz, der an die Kabod Jahwe, die Herrlichkeit Gottes, erinnert, an SEINE stille transparente Gegenwart unter den Menschen.»[23]

Josua Boesch fügte in der Tat Zerbrochenes zusammen, Kain und Abel, Judas und Jesus, aber auch Weibliches und Männliches:

> «In keinem Jahrhundert ist die Versöhnung von Mann und Frau, die Einheit von Männlichem und Weiblichem im Menschen, so gesucht worden wie im zwanzigsten. Welcher andere Beruf könnte den Sinn dieser unserer Epoche schöner zum Ausdruck bringen als der Gold- und Silberschmied? Silber ist von alters her Symbol des Weiblichen, Gold Symbol des Männlichen. Weder Silber- noch Goldschmiede haben früher gewagt, ihr Metall mit dem anderen zusammenzubringen […], wie es in meinen Ikonen geschah […].»[24]

Auch wenn er nirgends Bezug auf Friedrich Weinrebs Ausführungen über *tikkun* mit Metallen nimmt, tut Josua Boesch, was dieser beschreibt:

---

21 Dvora Baron, שברירים, Tel Aviv 1949. Weiterführende Information Judith Hélène Stadler, Dvora Baron: שברירים 2017. www.academia.edu/41178413/2nd_completely_revised_version_2017_Dvora_Baron_שברירים, abgerufen am 20.10.2021.

22 Boesch, Morgendämmerung, 80.

23 A. a. O., 203.

24 A. a. O., 203.

> «Ähnliches äussert sich […] durch die Metalle, mit denen der Mensch einen tikun [sic!] machen kann. […] Eigentlich ist damit gemeint, dass der Mensch es erlöst, indem er es seiner Bestimmung übergibt, die ihm im Rahmen der Schöpfung zukommt. Mit den Metallen soll der Mensch etwas tun, was sich mit keinem anderen Material machen lässt. Metalle lassen sich schmelzen, giessen, ja sogar verdampfen. […] Das Metall gibt sich dem Menschen, damit er etwas Besonderes damit tue und damit er erkenne, dass es sich dazu anbietet. […] Alles Werk des Menschen, von dem Schönheit und Harmonie ausgesagt werden kann, ist eigentlich eine Erlösung.»[25]

4 Jüdische Namen und Anklänge in Josua Boeschs Tagebuch

In Josua Boeschs Tagebuch fallen einige bekannte jüdische Namen. Erwähnt werden zum Beispiel:

- der Maler Marc Chagall (Moische Chazkelewitsch Schagal), dessen Zürcher Chorfenster bei ihm Bewunderung auslösen.[26]
- der Lyriker und Sänger Georges Moustaki (Giuseppe Mustacchi), dessen Authentizität und ihm innewohnendes «Gleichgewicht von Einsamkeit und Gemeinschaft» er in den Worten «Non, je ne suis jamais seul avec ma solitude» aus *A mon ange gardien* spürt.[27]
- der Dichter Franz Kafka (Anschel Franz/František Kafka) durch den er sich bestätigt fühlt, seiner «Sendung» unbeirrt zu folgen.[28]
- der Schriftsteller und Psychoanalytiker Arno Gruen, aus dessen Werk *Vom Wahnsinn der Normalität* er weiss, dass er sich selber verachtet, wenn er sich durch Anpassung verrät.[29]
- der Schauspieler Peter Lotar (Lothar Chitz), bei dem er bestätigt sieht, dass Glaube Realität wird, wenn er seine Existenz darauf baut.[30]
- der Psychiater und Endokrinologe Leopold Szondi (Lipót Szondi, Leopold Sonnenschein), der ihm den Anstoss zur Beschäftigung

---

25 Friedrich Weinreb, Die Symbolik der Bibelsprache. Einführung in die Struktur des Hebräischen, Bern [5]1981, 92f.

26 Vgl. a. a. O., 130.

27 Vgl. a. a. O., 67.

28 Vgl. a. a. O., 200.

29 Vgl. a. a. O., 202.

30 Vgl. a. a. O., 58.

mit Kain und Abel gibt: «Aus Szondis Buch weiss ich, dass […] Kain und Abel typische Gestalten sind […] auch in uns selbst.»[31]

- der Religionsphilosoph und Mystiker Martin (Mordechai) Buber. Er verwendet dessen Übertragung der Bibel[32] und lässt sich von mehreren seiner Werke inspirieren. So bezieht er sich auf dessen Antwort auf die Frage, was der Geist Israels sei: «Es ist der Geist der Verwirklichung. […] Die Schöpfung hat ein Ziel: den Bau des grossen Friedens. […] Die Menschenwelt ist bestimmt, ein einziger Leib zu werden. […] Das Volk Israel war betraut, auf dem Weg dahin voranzugehen.» Josua Boesch fühlt sich in dem bestärkt, was er suchte: «Verwirklichung. Inkarnation. Zeichen des Kommenden. Mehr nicht. Nur Zeichen.»[33]
- der Künstler und Mystiker Alfons Rosenberg, dessen Vorschlag eines Morgenmahls anstelle eines Abendmahls ihm einleuchtet.[34]
- die italienisch schreibende Schriftstellerin Mirjam Viterbi Ben Horin, von der er lernt, dass die dunkle Seite Gottes beim Menschen Hilfe sucht, um sich zu reinigen, zu vereinen und zu versöhnen.[35]

Alle diese jüdischen Menschen scheinen in Josua Boesch etwas zum Klingen gebracht, ihn in seiner Wandlungserfahrung bestätigt und auf seinem Weg angestossen zu haben.

In jedem christlichen Werk finden sich «jüdische Spuren», weil das Christentum Elohim/JHWH unter den Bezeichnungen Gott/der Herr/ Jahwe und den Tanach (TNK) als sogenannt «Altes Testament» übernommen hat. Zudem sind Judentum und Christentum Geschwisterreligionen, die einander während Jahrhunderten gegenseitig beeinflussten. Komplizierter wird die Unterscheidung zwischen Christlichem und Jüdischem, wenn wir berücksichtigen, als was sich Josua Boesch verstand:

---

31 A. a. O., 112, vgl. 35. Gemeint ist Peter Szondi, Kain. Gestalten des Bösen, Bern/ Stuttgart/Wien 1969.

32 Vgl. a. a. O., 71.

33 A. a. O., 179. Gemeint ist Martin Buber, An der Wende. Reden über das Judentum, Köln, Olten 1952.

34 Vgl. a. a. O., 181. Auf Rosenberg kann im Rahmen dieses Artikels nicht eingegangen werden. Weiterführende Information siehe z. B. Alfons Rosenberg, Die Welt im Feuer. Wandlungen meines Lebens, Freiburg i. Br. 1983.

35 Vgl. a. a. O., 217.

> «Ich bin ein Mystiker. Schon von Geburt an. Und ich gedenke, es auch zu bleiben. [...] Ich erkläre auch, dass ich nie bereit sein werde, meine kleine mystische Urkraft durch irgendeine Meditationstechnik zu manipulieren [...]. Ich will sie vielmehr dem Kommen und Gehen des göttlichen Geistes anvertrauen und ihre Absenz wie ihre Präsenz mit der ganzen Lauterkeit des Herzens respektieren. Sie hat teil an etwas viel Grösserem, als ich selber bin.»[36]

Auf die an ihn herangetragene Frage, ob er Mystiker sei, erschrickt er über sein «urtiefes» Ja, das aus ihm herausbricht.[37]

5 Mystiker und Gläubige innerhalb von Religionen, Esoteriker und Okkultisten

Mystiker aus welcher Zeit, welchem Raum, welcher religiösen Richtung und Konfession auch immer, gleichen sich. Sie haben einen gemeinsamen «Grundklang», auch wenn sie sich nicht persönlich kennen. Vor allem die jüdischen Mystiker Friedrich Weinreb, Alfons Rosenberg und Martin Buber finden Resonanz bei Josua Boesch und bringen etwas in ihm zum Klingen. Wenn er sie zitiert, kann er sich von einem bestimmten Satz angesprochen fühlen oder in einem Punkt mit ihnen übereinstimmen, etwas von ihnen übernehmen, was auch seiner Erfahrung entspricht, jedoch nicht einfach in Worten auszudrücken ist. Friedrich Weinreb scheint er fast als eine Art Lehrer betrachtet zu haben, übernimmt er doch einiges von ihm, wendet es jedoch auf seine ganz eigene Art und Weise an und um.

Zunächst geht es darum, sich klar zu werden, was Mystiker von Gläubigen der verschiedenen Religionen, von Esoterikern und Okkultisten unterscheidet. Mystiker aller Religionen bemühen sich, die Wahrheit und den Zugang zum Heiligen bzw. Göttlichen in sich selbst zu suchen und sich damit zu verbinden. Mystische Erkenntnis und Erfahrung der Einheit in der Stille ist das Gegenteil dessen, was konventionelle Religionen den Gläubigen in Gottesdiensten mit ihren Dogmen und ihrem Wissen über Glaubensinhalte vermitteln. Erst wenn die äusseren und

---

36 A. a. O., 242.
37 A. a. O., 190.

inneren Stimmen verstummen, kann es zu mystischer Erfahrung kommen. Obwohl Mystiker diese nur schwer mit-teilen können, verspüren sie das Bedürfnis, ihre Erfahrungen anderen anzudeuten. Josua Boesch formuliert dies so:

> «Freude über das Wunder der Verwandlung in den Schmetterling. Und Trauer über die Unmöglichkeit, mich Raupen gegenüber verständlich zu machen.»[38]

Für das Zelebrieren spezifischer Rituale brauchen Gläubige hierarchisch höherstehende Vermittler der Wahrheit, die ihnen sagen, was sie zu denken, zu tun und zu lassen haben. Ein Mystiker wie Josua Boesch erfährt etwas anderes:

> «Eucharistie nicht mehr zelebrieren, sondern Eucharistie sein.»[39]

In den konfessionellen Religionen ist es oft unwesentlich, ob ihre Vermittler persönlich wissen, wovon sie reden, denn die offiziell gültigen Inhalte sind vorgegeben. Ihre Anhänger müssen über irgendein Kennzeichen verfügen, damit sie von Ungläubigen unterschieden werden zu können.[40] Gott hat die Rolle einer transzendenten, aber vor allem sozialen Instanz inne, was vielen Menschen Sicherheit verspricht. Im Gegensatz dazu sagen Mystiker nicht, was andere tun sollen, sie predigen und missionieren nicht. In konventionellen Religionen wird an definierte Inhalte geglaubt, die Welt in Gut und Böse geteilt, die Menschen in Gläubige und Ungläubige unterschieden, wobei ihre Vermittler genau wissen, wer auf welche Seite gehört. Mystiker gehen von *einem* gemeinsamen Selbst allen Lebens aus. Gut und Böse werden als Folge irrtümlicher Spaltung gedeutet.

Esoteriker und Okkultisten neigen oft dazu, ihren Weg für Mystik zu halten. Durch ihr «geheimes Wissen» fühlen sie sich Uneingeweihten gegenüber überlegen. Für Mystiker hingegen gibt es keine Hierarchien. Sie wissen um die Verbundenheit mit allem. Es kann zu einem

---

38 A. a. O., 173. Vgl. auch 118; 123, 174.
39 A. a. O., 122.
40 Vgl. a. a. O., 125. Vgl. z. B. Gen 17,11–12; Ex 12,3–27; Mt 26,26–30; Mk 14,22–26; Lk 22,14–20; Apg 2,38; Eph 4,5; Kol 2,12.

Verschmelzen des Ich mit Gott kommen. Josua Boesch beschreibt seine Erfahrung so:

> «[…] mir [war] ganz hochzeitlich zumute. […] Unsere Mütter und Väter im Glauben nannten es unio mystica. Ist es ein Einswerden mit Gott und zugleich ein Einswerden mit mir selbst? […] Wir sind unterwegs zum Ganzwerden. Ganz im Innersten und ganz im Äussersten. Im Allerpersönlichsten und im Kosmischen.»[41]

Mystik und Geheimlehren basieren auf unterschiedlichen theologischen Ansätzen. Mystiker sind monistisch. Gläubige, die von der exklusiven Wahrheit und Bedeutung ihrer Gruppe überzeugt sind, denken oft dualistisch. Im monistischen Weltbild existiert im Grunde ein einziges Selbst. Das Verhältnis aller zueinander beruht auf Solidarität und Identität. Die dualistische Sicht betont die Rivalität von Menschen und Gruppen. Damit verbunden sind Vorstellungen über den exklusiven Zugang zur Wahrheit, die Gott nur Auserwählten offenlegt. Deshalb glaubt der Okkultist, er handle religiös, wenn er Wahrheit geheim hält. Er meint, Gott selbst verheimliche absichtlich Wahres und verschlüssle Botschaften, damit nicht jeder Zugang dazu habe.[42]

6 Friedrich Weinreb

Wenn Josua Boesch Zahlen, Zeichen, Buchstaben, Wörter und Namen wichtig sind, liegt dies auch an seinem Interesse am Judentum und insbesondere an Friedrich Weinreb. Er besuchte Veranstaltungen von Martin Cunz oder Mirjam Viterbi Ben Horin, die im jüdisch-christlichen Dialog engagiert waren. Durch Martin Cunz und Friedrich Weinreb wurde er in das jüdische Denken eingeführt, das ihn fortan prägte, insbesondere die Vorstellung, dass es eigentlich keine Zeit(achse) gibt – also kein Vorher und kein Nachher – und alles in der Gleichzeitigkeit zusammenfällt.[43] Diese Erkenntnis wird zur Erfahrung:

---

41 A. a. O., 108, 130.

42 Vgl. Michael Depner, Mystik, unter: www.seele-und-gesundheit.de/spiritualitaet/mystik.html, abgerufen am 12.12.2021

43 Vgl. Boesch, Morgendämmerung, 111.

> «‹Synchronizität›. Gleichzeitigkeit. Auf zwei Ebenen läuft gleichzeitig etwas ab […]. [Die Ikonen] sind sozusagen gestaltgewordene Synchronizität. Ich kann nur SEIN Mund […] sein, wenn SEINE Zeit und meine Zeit zusammenfallen.»[44]

Mehrmals nimmt Josua Boesch Bezug auf Friedrich Weinrebs Ausführungen zur Kabbala. Während wir nicht wissen, ob er ihn persönlich kannte und an seinen Veranstaltungen teilnahm, ist es offensichtlich, dass er einiges von ihm gelesen haben muss.

Zunächst zu Friedrich Weinrebs Leben: Der jüdische Mystiker wurde 1910 als Efraim Fischl Jehoschua im österreichischen Lemberg (heute Lwiw, Ukraine), geboren. Die Eltern waren chassidischer Herkunft, aber wie viele Jüdinnen und Juden dieser Zeit von der deutschen Kultur und Sprache begeistert. Vor allem durch seinen Grossvater mütterlicherseits war er mit dem Chassidismus gut vertraut. 1914 floh die Familie nach Wien, 1916 nach Scheveningen in Holland. Dort besuchte Friedrich Weinreb die Schulen und erhielt daneben Hebräischunterricht. Schon früh war sein Horizont weit: Orthodoxes Judentum mit Tora- und Talmudstudium, Kabbala, Philosophie, Literatur und Mathematik. Nach dem frühen Tod seiner Eltern studierte er aus finanziellen Gründen Volkswirtschaft. 26-jährig doktorierte er über Nachfragestatistik und erhielt bald eine Professur für Ökonometrie an der Universität Rotterdam. 1935 lernte er den Opponenten Herzls, den Kultur-Zionisten, jüdischen Nationalisten und Fürsprecher der Ostjuden Nathan Birnbaum (Mathias Acher) kennen und wurde dessen Sekretär.[45]

1940–1945 war Holland von den Deutschen besetzt. Ab 1941 war es Friedrich Weinreb verboten, an der Universität lehren. Sein einziger Bruder wurde im Lager Mauthausen umgebracht, sein ältester Sohn im Lager Westerbork. Über Friedrich Weinrebs Rolle in den Kriegsjahren scheiden sich bis heute die Geister. Aus seiner Sicht und der seiner Anhänger konnte er durch List sehr vielen Jüdinnen und Juden das Leben retten. Nach dem Krieg wurde er jedoch der Kollaboration

---

44 A. a. O., 232.

45 Vgl. Mark H. Gelber, Nathan Birnbaum, in: Metzler Lexikon jüdischer Philosophen, Stuttgart 2003. www.spektrum.de/lexikon/juedische-philosophen/nathan-birnbaum/147, abgerufen am 11.12.2021

mit den Deutschen verdächtigt und kam in Untersuchungshaft. In diesen drei Jahren studierte er noch eingehender Tora und Talmud und begann, seine Erlebnisse und sein Erleben biblischer Texte aufzuschreiben. In dieser Zeit «begegnete» er Gott und erfuhr er Inspirationen zu den Bibeltexten. Neue Dimension gingen ihm auf, die nicht vom Zeiträumlichen begrenzt waren. Was ihm widerfuhr, nannte er fortan sein «Wunder». Alles bekam für ihn eine geistige Seite.

Nach seiner Entlassung 1948 lebte er einige Jahre in Holland, danach folgten Jahre im Ausland. Von zentraler Bedeutung für sein religiöses Verständnis war sein Aufenthalt in Asien. In Jakarta und Ankara lehrte er Ökonometrie, in Kalkutta arbeitete er am Fünfjahresplan mit, in Genf als Berater bei den Vereinigten Nationen. 1964 kehrte er nach Den Haag zurück. Doch seine Rolle während der Besetzung blieb umstritten, so dass er Holland wieder verliess. 1968–1969 lebte er in Jerusalem, wo er sich noch intensiver mit religiösen Themen befasste und seine Kriegsmemoiren schrieb. Kurz darauf liess er sich definitiv in die Schweiz nieder, wo seine Bücher und Vorträge grossen Anklang fanden. In Zürich lernte er David Eis und Marian von Castelberg kennen. Dank letzterer konnte er in ihrem Haus, dem Brunnenhof, arbeiten. Hier konnte er sein Projekt umsetzen, hier konnte er *avodah* tun. 1980 wurde die Friedrich Weinreb Stiftung gegründet. Am 19. Oktober 1988 starb er in Zürich.[46]

7 Josua Boesch und Friedrich Weinreb

Josua Boesch und Friedrich Weinreb widmeten sich in ihrer zweiten Lebenshälfte der *avodah*. Der Prozess, der dahin führte, die «Wandlung», wie Josua Boesch ihn nannte, begann bei beiden schon in der ersten Lebenshälfte. Im Folgenden geht es um die Gemeinsamkeiten der beiden Mystiker.

7.1 Zugang zum Heiligen

Im Gefängnis erlebte Friedrich Weinreb sein «Wunder». So schreibt er im Rückblick:

---

46 Vgl. Eugen Baer, Ewiges Leben im Wort. Eine Einführung in Leben und Werk von Friedrich Weinreb, Zürich 2010, 28–35, 42–59, 129–144, 195–198.

«[...] seit Sommer 1945 wurde das neue Glück [...] in der Welt der Worte der Bibel, der Erzählungen der Überlieferung, die neue Sicht auf Talmud und Midrasch derart überwältigend, dass alles andere davor verblasste.»[47]

«[Die Zeit im Gefängnis] [...] wurde das neue Fundament meines Lebens. Es blieb die Hauptsache, es blieb mein ewiges Leben. Und sehr, sehr viel geschah dort, geschieht immer noch [...].»[48]

Er verstand nach und nach, was die biblischen Erzählungen in der jenseitigen Wirklichkeit bedeuteten und welche Entsprechungen es zwischen dem, was er biblische Traumbilder nannte, und dem Himmel gab. Er erkannte, dass er ein Hebräer, ein *iwri* war, also einer, der von «drüben» kam, ein schon auf Erden vom Tode Auferstandener, der im Ewigen geborgen war. Er verstand, dass er gleichzeitig im Diesseits und Jenseits lebte. Er begriff, dass das Jenseitige im Menschen seine Gedanken, Gefühle und Träume waren.[49]

Auch bei Josua Boesch finden sich immer wieder Momente der Erkenntnis und der «Erleuchtung», so zum Beispiel im März 1972:

«Habe ich zum Herzen Gottes gefunden? Bisher hat sich alles zwischen DIR und mir [...] abgespielt, mein auferstandener Bruder. Und jetzt ist es, als wären wir gemeinsam unterwegs [...] in den innersten Raum Gottes. Ins Allerheiligste. Ich gehe mit DIR [...] Ohne zu zittern. Ich frage mich zwar schon, ob ein Mensch da noch lebend davonkommt. Und doch ist mir, als käme ich nach Hause. [...] Welch Geheimnis! Jede Intimität zwischen Menschen ist nur ein Gleichnis für das, was sich zwischen Gott und Mensch ereignen will. [...] Jede Begegnung und jede Berührung ist heilig.»[50]

---

47 Friedrich Weinreb, Meine Revolution. Erinnerungen 1948 bis 1987, Weiler im Allgäu 1990, 27.
48 Friedrich Weinreb, Die Haft, Weiler im Allgäu,1988, 223f.
49 Vgl. Baer, Ewiges Leben, 96.
50 Boesch, Morgendämmerung, 32.

7.2 Begegnungen, Zufälle, Träume und andere Realitäten

Zweimal – einmal in Osteuropa und einmal in Asien – erfuhr Friedrich Weinreb prägende Begegnungen auf einer tiefen, «ewigen» Ebene. Er kam zum Schluss, dass Gott zu den Menschen durch tägliche Ereignisse, Begegnungen, Träume und innere Stimmen spricht.[51] Jedes Schriftzeichen, jeder Gegenstand, jedes Lebewesen war für ihn ein heiliges Zeichen, das vom Schöpfer kam.[52] Friedrich Weinrebs Schilderungen seiner Erlebnisse muten manchmal wie die von Wachträumen an. Mythologie und Realität mischen sich in seinem Leben und Werk. Mittelpunkt seines Interesses blieben aber biblische Erzählungen. Gemäss seiner Erfahrung wiesen diese auf Geschehnisse hin, die in jedem stattfänden. Er forderte sein Publikum auf, biblische Erzählungen wie Träume wahrzunehmen. Wer sich ihnen öffne, erkenne sich darin. Biblischen Figuren seien psychologische Archetypen. Friedrich Weinreb ging es bei der Bibellektüre weniger um Wissen als ums Erleben. Die jüdische Tradition, insbesondere die Kabbala, sah er als Geschichte von Menschen, die die Bibel weiterträumen. Er schöpfte aus Talmud, Midraschim und Kabbala und aus chassidischen Erzählungen, eine Gattung, in der Fantasie und Realität verwoben sind. Die Vielschichtigkeit eines hebräischen Wortes lud ihn zum Träumen ein. Seine freien Assoziationen sind losgelöst vom Kausalen und Zeiträumlichen zu verstehen. Dennoch: Die Bibel war für ihn nicht nur zum Weiterträumen da. Sie musste «Fleisch» werden! Die Menschen sollten sich auf die metaphorische Ebene der Worte begeben und sich in deren geistigen Innenseiten bewegen.[53]

Bei Josua Boesch war es eine Begegnung mit einem todkranken jungen Mann, die ihn sehr prägte. Danach erfuhr sein Leben eine entscheidende Wende.

> «Freundschaft mit einem Sterbenden. Mir ist, als käme ich an die Quelle meines Lebens.»[54]

---

51 Vgl. Baer, Ewiges Leben, 64f, 129–144.

52 Vgl. Friedrich Weinreb, Wort, Sprache und Sprechen, Zürich 2008, 308.

53 Vgl. Baer, Ewiges Leben, 9–27, 60–87, 93–101, 170–177, 221–228.

54 Boesch, Morgendämmerung, 11. Miroslav Simijonovic führt in seinem Beitrag die Bedeutung dieser Wende näher aus, siehe Seite 158f in diesem Band.

Er achtete sehr auf Zufälle, die er Zusammentreffen nannte, und mass ihnen Bedeutung zu:

> «Der Auferstehungsweg ist geschrieben. […] Heute vor einem Jahr war Ventura hier. […] Nein, nichts von Berechnung. Nur liebenswürdiges Zusammentreffen. Und genau heute ist ein Brief von ihm eingetroffen.»[55]

In Josua Boeschs Tagebuch nehmen auch Schilderungen und Beschäftigungen mit Nachtträumen viel Platz ein. Er mass ihnen grossen Wert bei und sinnierte ihrer Bedeutung nach. So träumte er zum Beispiel von Tieren, von seinem Arbeitsplatz, von biblischen Motiven, von Beunruhigendem und von überirdisch Schönem. Er hatte auch Tagträume oder innere Bilder. So setzte sich der heilige Franziskus neben ihn oder eine dunkle Gestalt – Kain oder Judas – machte sich bemerkbar.[56]

7.3 Zahlen, Buchstaben, Zeichen, Worte, Sprache

Für Friedrich Weinreb war Bibelhebräisch zentral.[57] Von dieser Sprache her erlebte er die biblischen Erzählungen, in denen gemäss jüdischer Tradition jedes Zeichen wichtig ist. Das hebräische Alphabet (Alefbejt) umfasst 22 Konsonanten. Diese wurden gemäss Buch Jezira von Gott geformt.[58] Vokalbezeichnungen gab es ursprünglich keine. Da die Konsonanten bzw. die hebräischen Worte Zahlenwerte haben, können Wortassoziationen gebildet werden. Beispiel: Der erste Buchstabe des Alphabets, א Alef, hat den Zahlenwert 1. Der zweite, ב Beth, bedeutet 2. Zusammen ergeben die beiden Buchstaben – Hebräisch wird von rechts nach links gelesen – אב *ab*, Vater, ein Wort mit dem Zahlenwert 3. Alef ist ein Konsonant. Erst im Kontext mit weiteren Konsonanten wird klar,

55 A. a. O., 144, vgl. auch 33, 143, 235.

56 Vgl. a. a. O. z. B. 46, 114, 174f.

57 Weiterführende Information: z. B. Friedrich Weinreb, Zahl, Zeichen, Wort. Das symbolische Universum der Bibelsprache, Weiler im Allgäu, 1986. ders., Buchstaben des Lebens, Weiler im Allgäu, 1990. ders., Wunder der Zeichen. Wunder der Sprache, Bern, 1979. ders., Vor Babel. Die Welt der Ursprache, Weiler im Allgäu 1995; ders., Symbolik, [5]1981.

58 Weiterführende Informationen: z. B. Tzahi Weiss: ‹Sefer Yeṣirah› and Its Contexts. Other Jewish Voices, Philadelphia 2018; Gershom Scholem, Zur Kabbala und ihrer Symbolik, 1973: 220–251.

wie das Wort ausgesprochen werden muss. Geht man von ב Beth, Zwei, zu א Aleph, Eins, zurück, entsteht בא *ba,* was «er ist gekommen» bedeutet und ebenfalls den Zahlenwert 3 hat. Das Wort aus der Kombination 1 – 2 und der von 2 – 1 wird אב-בא *ab-ba* ausgesprochen, was die affektive Form von אב ab, Vater, ist, Vati/Papi bedeutet und den Zahlenwert 6 hat. אב בא *ab ba,* bedeutet aber auch «Vater ist gekommen» mit dem Zahlenwert 6.[59]

Immer wieder assoziierte Friedrich Weinreb Wortwurzeln. Dieses Vorgehen ist in der jüdischen Tradition generell von Bedeutung.[60] Die gesamte Schöpfung gründete für Weinreb auf dem Geheimnis des Wortes. Dass der Mensch sich immer innerhalb von Sprache und somit in Gott bewegt, bezeichnete er als Wunder. *Religio,* die Verbindung von Diesseits und Jenseits, versuchte er mit den hebräischen Buchstaben aufzuzeigen, die zusammen mit deren Mythologie in seinem Werk viel Platz einnehmen. Immer begann er mit dem Alphabet (Alefbejt), um Leserschaft oder Zuhörerschaft in «altes Wissen» einzuführen. Er zeigte, dass das Zusammenzählen einzelner Buchstaben einen Zahlenwert eines Wortes ergibt und verwies auf Wörter mit gleichem Wert. Danach erläuterte er seine Assoziationen zur Verbindung der Begriffe bzw. die Bedeutung gleicher Zahlenwerte. Letztere sind ein wichtiger Aspekt in seinem Erleben der Innenwelt eines Wortes.[61] Da Zahlenproportionen für ihn eine Offenbarung des Heiligen waren, hielt er nichts von Zahlenmystik:

> «Kabbala […] hat mit Blindekuh-Spielen mit Zahlen nichts zu tun.»[62]

---

59 Vgl. Baer, Ewiges Leben, 145–153.

60 Das heisst aber nicht – obwohl dies selbst in der judaistischen Fachliteratur ab und zu behauptet wird – dass heute gleich aussehende Wortwurzeln, z. B. אִישׁ ʾîš, Mann und אִשָּׁה ʾiššā, Frau, etymologisch etwas miteinander zu tun haben müssen. Etymologie und Volksetymologie sind zu unterscheiden. Vergleichbar ist im Deutschen die volksetymologische Deutung des Begriffes «Sucht». So wird oft behauptet, dass Sucht und Suche verwandt seien, dass ein Süchtiger auf der Suche nach Sinn sei. Das mag sein. Doch etymologisch gesehen ist diese Aussage falsch: Sucht kommt vom Althochdeutschen suht, was Krankheit bedeutet, vgl. siechen. Vgl. Wahrig, Deutsches Wörterbuch, Gütersloh/München, ^{7}2002, 1223.

61 Vgl. Baer, Ewiges Leben, 120, 163–177.

62 Weinreb, Zahl, Zeichen, 56.

Oder:

> «Es ist doch […] deutlich geworden, dass […] nicht mit Zahlen gespielt wird […]. Jede Arbeit mit Zahlen muss als Basis ein Prinzip haben, das immer seine Gültigkeit behält.»[63]

Für Josua Boesch hingegen waren Zahlen, auch wenn sie sich nicht auf die Bibel bezogen, stets Zeichen, die es ernst zu nehmen galt. Oft interessierten ihn bestimmte Daten oder Jubiläen. Zunächst zu den Zahlen *7, 8 und 50,* die er auch losgelöst vom hebräischen Alphabet und seinem Kontext betrachtete. Das Alter fünfzig stellte für ihn – schon bevor er es erreichte – einen Wendepunkt in seinem Leben dar – und als es zur Trennung von seiner Frau kam, zog er Parallelen zu Niklaus von Flüe:

> «Niklaus von der Flüe hat seine Frau und seine Kinder mit fünfzig verlassen, weil ihn etwas Stärkeres angehaucht hat.»[64]

Eine Erklärung, was ihn in diesem Alter erwartet, glaubt er bei Friedrich Weinreb zu finden, den er genau zu zitieren vorgibt:

> «Sogar die Sache mit der Fünfzig hellt sich auf. Josua ist der Sohn des Nun (Ex 33,11), und Nun ist die Zahl fünfzig. ‹Fünfzig ist eine Zahl, die nach der Zeit kommt. Da beginnt etwas Neues: Die Offenbarung des Geistes. Die Fünfzig gehört zum Achten Tag, der immer nur Zukunft ist, eine andere Möglichkeit, eine kommende Welt. Wenn man diese andere Welt betreten will, muss man einen Fluss durchschreiten, in dem man ertrinken könnte. Aber die Zeit kristallisiert gleichsam und wird zu etwas anderem, als wir gewöhnlich erleben.› Mein Denken und Fühlen ist verwandter mit dem der Hebräer, als ich wusste.»[65]

In Josua Boeschs Tagebuch finden sich am meisten die *Sieben,* die sich auf die diesseitige und die *Acht,* die sich auf die jenseitige Welt bezieht. Friedrich Weinreb erklärt u. a. zum 7. oder 8. Schöpfungstag:

---

63 A. a. O., 79.
64 Boesch, Morgendämmerung, 34.
65 Boesch, Morgendämmerung, 52f. Vgl. Weinreb, Symbolik, 28; ders., Zahl, Zeichen, 69–70. Die Stelle bei Weinreb ist sehr viel ausführlicher.

> «Wir leben in dieser Welt eigentlich am 7. Tag. […] Der siebente Tag [sic] ist gewissermassen der ‹Welt-Tag›, unsere ganze körperliche Realität, über die wir aber hinaussehen können. Deshalb finden wir in der Schöpfungsgeschichte stets die Formel: ‹und es war Abend und es war Morgen, der […] Tag.› Beim siebten Tag wird sie scheinbar vergessen – aber der siebte Tag ist eben noch nicht zuende, er ist diese Welt!»[66]

Oder:

> «Für uns […], die wir in dieser Welt leben, die dem 7. Tag zugehört, ist der 8. Tag immer nur eine Zukunft, eine andere Möglichkeit, eine kommende Welt. Sie könnte schon jetzt sein, wenn Zeit und Raum nicht mehr beherrschenden Einfluss auf uns ausübten.»[67]

Oder:

> «Der 8. Tag ist die kommende Welt, das Gespräch zwischen Gott und dem Menschen.»[68]

Zu Bedeutsamem am 8. Tag eines Monats oder im neuen Jahr schreibt Josua Boesch:

> «Da ist mein Ja zur eremitischen Berufung. […] Und heute ist der achte Tag des Monats: der Achte Tag [sic], der unsere normalen Rhythmen übersteigt. […] DU hast mich ins Darüber-Hinaus gelockt, und ich habe mich verlocken lassen. So ist das mit DEINER Liebe und DEINEN Verliebten.»[69]

Oder:

> «Die via resurrectionis ist geboren. Heute, am achten Tag des neuen Jahres, wurde die achte Station fertig.»[70]

---

66 Weinreb, Symbolik, 24f. Vgl. ders., Zahl, Zeichen, 66.
67 Ders., Symbolik, 28f.
68 Ders., Zahl, Zeichen, 72.
69 Boesch, Morgendämmerung, 79.
70 A. a. O., 133.

Zur Zahl Neun erklärt Friedrich Weinreb:

> «Die Überlieferung sagt uns, tet [9/neunter Buchstabe, Anm. jhs] sei die Gebärmutter, also der Ort, wo sich das Neue entwickelt, wächst und schliesslich hervortritt. Gemeint ist damit nicht nur die menschliche Gebärmutter, sondern überhaupt das Dunkle, in dem sich das Neue vorbereitet, um ans Licht zu treten. Wie der Same in die dunkle Erde gesenkt wird, dort keimt, wächst und ans Licht drängt, so ist tet, die 9, der verborgene Neuanfang nach dem Untergang.»[71]

In Anlehnung daran schreibt Josua Boesch:

> «Das neue Kreuz ist geboren. Neun Jahre nach dem ersten. Neun ist die Zahl der Geburt. Schmerzloser geht es nicht [...].»[72]

Auch bei den Zahlen *Zehn* und *Zwanzig* orientiert sich Josua Boesch an Friedrich Weinreb, der schreibt:

> «Jod [10/zehnter Buchstabe, Anm. jhs] bedeutet [...] die Hand, die wir von oben sehen und die noch nichts tut [...]. Wir betreten damit eine neue Ebene der Spirale: die Ebene der Tat, des sinnvollen Tuns [...]. Bei den hebräischen Zahlen gibt es keine elf, zwölf usw., vielmehr werden die entsprechenden Grössen durch zehn und eins, zehn und zwei usw. ausgedrückt. Die nächste wirklich neue Zahl nach der Zehn ist die Zwanzig [...]. Der elfte Buchstabe, kaf, [...] ist in der Welt der Zahlen die 20. Das Wort kaf bedeutet die zugreifende Hand bzw. die Hand von innen (Jod bedeutet [...] die Hand von aussen oder auch allgemein die Hand.) Auf der neuen Ebene, die wir mit der 10, dem Jod, betreten haben, bringt Kaf, die 20, das Lebendige.»[73]

Mit seiner Rechnerei betritt Josua Boesch das Terrain der Zahlenmystik:

> «Camaldoli habe 1531 nicht die Chance wahrgenommen, ein Zeichen der Erneuerung zu leben, und deshalb eine Spaltung des Ordens erlitten. Ob

---

71 Weinreb, Symbolik, 25f. Vgl. ders., Zahl, Zeichen, 67.
72 Boesch, Morgendämmerung, 140. Vgl. a. a. O., 147.
73 Weinreb, Symbolik, 26f. Vgl. ders., Zahl, Zeichen, 67f.

> sie die Chance 1982 ergreifen werden? Die beiden Zahlen haben bedrängenden Symbolgehalt. Die Quersumme der einen ist zehn, die der anderen zwanzig. Die Chance kehrt ein zweites Mal wieder! Die Zehn ist in der hebräischen Symbolik die offene Hand, die Zwanzig die zupackende und gestaltende Hand.»[74]

Bedeutungsvoll hinsichtlich der «Auferstehung des Judas» ist die *Dreizehn*. Friedrich Weinreb erklärt dazu:

> «13 antwortet auf 12 – denken Sie [...] an die 12 Jünger und Jesus, der unter ihnen als der 13. ihre Fragen und Unruhe stillt. [...] Deshalb gibt es nach der biblischen Zeitrechnung nicht nur 12 Monate, sondern in regelmässigen Abständen einen 13. Damit soll gezeigt werden, dass das Jahr noch etwas anderes in sich birgt als das, was die 12 zum Ausdruck bringt. Von Jahr zu Jahr nimmt so der 13. Monat zu, bis er endlich ganz durchbricht. So wird der 12. Monat, das 12. Tierkreiszeichen manchmal doppelt. [...] Nicht der Mensch hat das so eingerichtet, sondern es liegt in der Natur des Sonnen- und des Mondjahres, dass zum Zweck des Ausgleiches immer wieder ein Monat eingeschaltet werden muss. [...] 12 ohne das Dreizehnte ist ein Zustand des Kampfes [...] Das Dreizehnte erlöst den Menschen von der Unterworfenheit unter das Los der Sterne. Für Israel gelten die Sterne nicht. [...] Daher ist jeder Mensch, in dem Israel lebt, frei von der Herrschaft dieser zwölf.»[75]

Josua Boesch setzt dieses Wissen voraus, führt es aber weiter. Auf seiner Friedensikone aufersteht Judas zusammen mit Jesus und wird wie dieser zum Dreizehnten unter den Zwölfen:

> «13. Judas, der Zwölfte und Letzte aufersteht uns zuerst. Ausgebootet von uns als Zwölfter, ersetzt durch Matthias, holt ER ihn heraus aus dem Abgrund und gibt ihn uns neu als Dreizehnten, der über alles hinausgeht wie ER in das, was *eint*. [...] Auch Judas ist jetzt der Dreizehnte wie ER! Beide gehen über alles hinaus, was bisher war in 12 Stunden, 12 Monaten, 12 Stämmen des Volkes.»[76]

---

74 Boesch, Morgendämmerung, 122.
75 Weinreb, Symbolik, 107–109.
76 Josua Boesch, arte contemplativa. Heilkraft aus dem Schauen, Zürich 2022 (Erstauflage: Oberegg 1988), 56, 59.

Josua Boeschs Judas hat zum Segen aller «seine Erfüllung gefunden»:

> «Kein anderer als der dreizehnte der Apostel [Judas, Anm. jhs] kann uns christlichen Schurken ein neues Kapitel in der Geschichte der Menschheit eröffnen.»[77]

Josua Boesch denkt auch über die Bedeutung der Anzahl Arbeitsjahre im Pfarramt nach:

> «[...] der Pfarrer [starb] nach *dreiunddreissig* Jahren [...]. Genauso alt war ER, als ER ins Grab gelegt wurde. Was will diese Parallele mit mir? Ich habe mein Predigtamt selber ins Grab gelegt [...]. Will es auferstehen wie der Künstler? Der Kunsthandwerker auferstand im Ikonographen.»[78]

Selbst hier klingt Friedrich Weinreb an:

> «[...] die im Neuen Testament angegebene Zahl der Lebensjahre Jesu, nämlich 33. 33 ist eben die Zahl des Herabsteigens dessen, was eigentlich der oberen Welt angehört, in diese Welt.»[79]

Sowohl für Friedrich Weinreb wie auch für Josua Boesch war *Sprache* zentral. Die vom Himmel gekommene, hebräische Sprache war Friedrich Weinreb heilig. Mit Hilfe dieser Sprache können sich die Menschen vom Zeiträumlichen befreien, während sie noch darin leben. Denn einerseits bezeichnet und strukturiert die Sprache Alltägliches, anderseits weist sie metaphorisch auf eine andere Ebene hin. So drückt zum Beispiel der Begriff *Licht* Physisches und Metaphysisches aus. Diese Doppelnatur des Wortes lädt einerseits zu wissenschaftlichen Untersuchungen, anderseits zum persönlichen inneren Erleben ein. Das Assoziieren hebräischer Buchstaben ist in der Kabbala, insbesondere im Buch Sohar, ein zentrales Thema. Friedrich Weinreb wird das Innere der hebräischen Begriffe zum metaphysischen Erlebnis, das er mit Leib und Seele erfährt. Im Wort findet er die Kraft, sich in eine andere Ebene

---

77 Boesch, Morgendämmerung, 177f. Vgl. auch 184.
78 A. a. O., 143f.
79 Weinreb, Symbolik, 49.

hinübertragen zu lassen.[80] Auch hier ist Friedrich Weinrebs Einfluss auf Josua Boesch klar:

> «Schon hie und da haben sich Ikonen ihren Platz auf Steinen gesucht. Nun habe ich eine seltsame Entdeckung gemacht, nicht im Lexikon, sondern im eigenen Herzen: im Hebräischen ist das Wort ‹Stein› zusammengesetzt aus den beiden Begriffen ‹ab› = Vater und ‹ben› = Sohn, ‹äben› = Stein. Der tiefere verborgene Sinn der Steine ist also die tragfähige Gemeinschaft von Vater und Sohn, von Gott und Mensch. Jeder Stein ruft uns in die Verwandlung in diese urkräftige Einheit zurück.»[81]

Josua Boesch gelang jedoch keine Neuentdeckung, sondern eine Wiederentdeckung im «eigenen Herzen». Denn bei Friedrich Weinreb ist zu lesen:

> «Der Begriff des Vaters (ab/aw) ist nur sinnvoll zusammen mit dem Begriff des Kindes (ben). Aus der Eins wird die Zwei, aus dem Buchstaben Aleph der Buchstabe Beth. [...]. Ben beginnt mit der Zwei, mit welcher ab, Vater, endet. [...] Ben endet mit dem Buchstaben nun, [...] 50. Der Sohn findet zu seiner Bestimmung, wenn der durch die Zahl 50 bezeichnete Zustand eintritt (vgl. Erlöser Joschua, Sohn des Nun). 50 aber ist 7×7+1, also über den siebten Tag hinaus! Der Begriff Vater und Sohn ist eine unveränderliche Einheit, auf der die ganze Schöpfung beruht. Dies kommt zum Ausdruck in dem Worte אֶבֶן, ʾeḇen, das heisst Stein. [...] Der Stein wird als unveränderlich gedacht wie das Vater-Sohn-Verhältnis. Wir sehen, dass das Wort ewen (eben) die drei verschiedenen Buchstaben der Wörter aw und ben in sich verbindet.»[82]

Friedrich Weinreb kannte sich im Neuen Testament gut aus, das für ihn ebenfalls eine heilige Schrift war. Er sah im Prolog des *Johannes-Evangeliums* eine Brücke zwischen Altem und Neuem Testament. Vor allem in

---

80 Vgl. a. a. O., 234–40, 170–177

81 Boesch, Morgendämmerung, 129, vgl. a. a. O., 156.

82 Weinreb, Symbolik, 51. Eva Maria Faber führt in ihrem Beitrag diesen Zusammenhang bei Josua Boeschs Handikonen auf einem Stein näher aus, siehe Seite 97f in diesem Band.

Joh 1,1–4a, wird das ausgedrückt, was für ihn zentral war: das verborgene Geheimnis im Wort, das drüben im Ewigen und hier im Zeiträumlichen existiert und wirkt:[83]

> Im Anfang war das Wort, und das Wort war bei Gott, und Gott war das Wort. Dasselbe war im Anfang bei Gott. Alle Dinge sind durch dasselbe gemacht, und ohne dasselbe ist nichts gemacht, was gemacht ist. In ihm war das Leben […] (Lutherbibel 1984).

Auch Josua Boesch stand dieses Evangelium so nahe, dass er es in seine Muttersprache, das Züritüütsch, übertrug. Es war Schwerarbeit …:

> «Die schwierigsten Teile waren wohl der Prolog 1,1–14 und die drei Jetzt-Sätze darin.»[84]

… aber für Josua Boesch auch *avodah*:

> «War das schön, […] vom gleichen Geist bewegt zu sein wie Johannes.»[85]

Für Josua Boesch war es sein Wehntaler-Züritüütsch, mit dem er sich dem «Ursprung der Sprache» näherte.[86] Als es ihm gelang, den Prolog mit den Jetzt-Sätzen zu übertragen, fühlte er vielleicht Ähnliches, wie es Friedrich Weinreb im Umgang mit der hebräischen Sprache erlebte:

> «Stille, Präsenz und Transparenz […] in diesem aufatmenden ‹Jetzt› wie in den Ikonen.»[87]

---

83 Vgl. Baer, Ewiges Leben 191–194.

84 Boesch, Morgendämmerung, 154. Zum Wortlaut dieser Sätze siehe Josua Boesch, S Johannes-Evangeelium Züritüütsch, Zürich 2022 (Erstausgabe Zürich 1986), 13.

85 A. a. O., 166

86 Vgl. a. a. O., 165.

87 A. a. O., 154.

7.4 Mit-teilen

Bei der Auseinandersetzung mit ihrer «Materie» in einem interessierten Personenkreis ging es Friedrich Weinreb und Josua Boesch um das persönliche Erleben jedes Einzelnen. Beide mieden Grossveranstaltungen und liessen dem Publikum offen, was es mitnehmen wollte.

Friedrich Weinreb hielt seine Vorträge frei und liess sich auch von Fragen aus dem Publikum leiten. Er wies es auf sich selbst zurück, im Wissen darum, dass er gerade deshalb viele nicht ansprach. Von der historisch-kritischen Methode hielt er wenig. Er war der Ansicht, dass die meisten Theologinnen und Theologen die biblischen Texte nicht zu erleben vermochten. Diese erforderten einen anderen Zugang als den intellektuellen. Während Gershom Scholem (1897–1982) die Kabbala wissenschaftlich untersuchte, war Friedrich Weinrebs Ansatz intuitiv-schöpferisch. Er «träumte» sie auf seine Weise weiter. Die Wissenschaft sieht in ihm einen skurrilen Fantasten. Friedrich Weinreb aber erhob nie den Anspruch, objektiv zu sein. Sein Anliegen war es, dass Menschen lernen, das «alte Wissen» zu erleben, sich darin zu erkennen und es auf ihre Art weiterzuträumen. Ab 1970 begann er sein Verfahren auf das Neue Testament anzuwenden und zeigte einem christlichen Publikum, wie es das NT vom AT und vom Judentum her verstehen konnte.[88]

Josua Boesch wiederum liess seine Gruppen vor Ikonen meditieren.[89] Er wusste:

> «Ich werde es nie nötig haben, vom Prophetischen der Ikonen zu reden, denn es hängt völlig vom Zusammentreffen der Präsenz Gottes mit derjenigen des Betrachters ab.»[90]

Folgende Sätze sind typisch für seine Haltung:

> «[...] ist das nicht bedeutsam: keine Ikone hat einen fixierten Namen. [...] Wie werden Sie sie nennen, wenn Sie denn nachspüren, was sie in Ihnen auslöst?»[91]

---

88 Vgl. Baer, Ewiges Leben, 116–128. 163–169.199–202, 191–204.
89 Vgl. Boesch, Morgendämmerung, 119.
90 A. a. O., 168.
91 Text auf undatierter Karte an jhs (ca. 1992).

7.5 Biblische Figuren, Liebe, Versöhnung, Auferstehung

Gemäss Friedrich Weinreb sind alle biblischen Erzählungen und Figuren auf nichtbewusste Weise in jedem Menschen vorhanden. Er selber erkannte sich in Adam, Moses, David und vor allem in Josef wieder, dem Träumer, der die Räume wechselt, dem Opfer, das verkauft wird und in Ägypten strandet, der im Gefängnis landet, dem sich aber der Ewige in Liebe annimmt.[92]

Auch Josua Boesch spiegelte sich in biblischen Figuren. Als er sich intensiv mit Jakob, Esau, Kain, Abel und Judas auseinandersetzte, ging es ihm um Transparenz, Integration und Versöhnung eigener Teilaspekte, männliche und weibliche Anteile oder Täter- und Opferanteile im eigenen Innern.[93]

Für Jüdinnen und Juden sind biblischen Erzählungen nicht Vergangenheit, sondern auch Gegenwart und Zukunft und kommen vom Ewigen, von Gott, der war, ist und sein wird. Gemäss vielen jüdischen Gelehrten, auch nach Friedrich Weinreb, erkennt der Mensch bei der Bibellektüre Gott als Du. Dessen Liebe ist das höchste Geheimnis und das Fundament der Welt und der menschlichen Erfahrung. Der Mensch lebt im Wort, das der Ort Gottes ist.[94] Friedrich Weinreb fordert dazu auf, das Denken und Fühlen auf das Gute auszurichten, es zu «fantasieren», warnt aber davor, sich mit den Gegenkräften zu beschäftigen, denn alle Gedanken würden Wirklichkeit.[95]

Versöhnung findet bei Friedrich Weinreb durch Integration statt. Ausführlich setzt er sich mit der Figur Hiob auseinander und interpretiert sie so, dass sie der Feind in jedem Menschen ist, der mit dem Bösen hadert, weil er sie nicht integrieren kann. Gott liebe aber auch den Feind im Menschen.[96]

Zentral in Friedrich Weinrebs Werk ist der Glaube, dass alle – sowohl die im Zeiträumlichen wie auch die «drüben» Existierenden – Auferstandene sind. Beim alltäglichen Tun, bei jeder Begegnung, mithilfe

---

92 Vgl. Baer, Ewiges Leben, 79–101.

93 Vgl. Boesch, Morgendämmerung, 24, 112–116, 143, 172–180, vgl. ders., Das Triptychon von Kain und Abel in Marzabotto, Bologna, Obcregg 1985.

94 Vgl. Baer, Ewiges Leben, 12. Vgl. jüdische Feiertage, z. B. Pessach.

95 Vgl. Friedrich Weinreb, Der Weg durch den Tempel, Weiler im Allgäu, 2000, 103.

96 Vgl. Friedrich Weinreb, Die Freuden Hiobs, Zürich, 2006. Bedeutung Hiob: Feind.

aller Gedanken und Gefühle sollen die Menschen sich nach der Ewigkeit ausstrecken. So wird das Leben in beiden Ebenen zur bewussten Gewohnheit.[97]

Für Josua Boesch ist Liebe das, was zwischen ihm und dem Auferstandenen bzw. Gott da ist. Zunächst bezeichnet er sich als ein in Gott Verliebter.[98] Später folgte die Erkenntnis:

> «Liebe zu Gott ist nicht die oberste Stufe auf einer mühsam erkletterten Leiter, sondern der Boden, in dem ich wurzle.»

Alles in ihm will zu «Brennstoff der Liebe zu Gott» werden.[99] Bei seiner Arbeit an den Ikonen fragt er sich:

> «DU Gott, verrückt vor Liebe nach dem Menschen?»[100]

Durch die Auseinandersetzung mit Esau und Jakob, die für seine männliche und weibliche Seite stehen, leistet er Versöhnungsarbeit.[101] Berührend ist folgender Eintrag, der von tiefer Erkenntnis im Herzen zeugt:

> «Ich verneige mich tief vor meinem innersten Wesen, weil es mich durch alle schmerzlichen Geschehnisse meines Lebens mit absichtsloser Liebe begleitet hat wie eine Schwester. Dieses Verhalten kann nur göttlichen Ursprungs sein, ein Abbild SEINER Weiblichkeit. Ich staune: meine Ikone ist auch dem weiblichen Wesen Gottes ähnlich.»[102]

Opfer- und Täter(an)teile wurden bei Josua Boesch durch Kain und Abel verkörpert. Durch die Auseinandersetzung mit ihnen wurden in ihm

---

97 Vgl. z. B. Baer, Ewiges Leben, 231. Für Weinreb war es ein Wunder, dass er die Verfolgungen im Dritte Reich überlebt hatte. Manchmal dachte er, dass er tot sei und als Auferstandener auf der Welt weiterlebte. Vgl. Weinreb, Revolution, 331f.

98 Vgl. Boesch, Morgendämmerung, 18.

99 A. a. O., 50

100 A. a. O., 101.

101 Vgl. Boesch, Morgendämmerung, 24. Vgl. auch sein Kampf mit dem Engel 138.

102 A. a. O., 201.

diese beiden – archetypischen – Anteile miteinander versöhnt.[103] Einen Höhepunkt seiner Versöhnungsarbeit stellte schliesslich seine Friedensikone *Die Auferstehung des Judas* dar.[104] Dabei ging es ihm vor allem

> «um die Transparenz der beiden: dass jeder den andern bis auf den Kern seiner Person durchschaut und so das eigene Wesen zum Klingen bringt […].»[105]

Treffend sagt es folgender, an Josua Boesch gerichtete Brief:

> «Du […], Josua, bist so manchen Tod gestorben und deshalb ebenso oft auferstanden. Du hast dir Jahre gewährt, um deine Ängste zu verarbeiten und zu verabschieden. […] ‹So ernst nimmt uns Gott›, schriebst du […], ‹und so behutsam lässt er uns reifen zur Ikone. Das ist es doch, was Gott […] transparent machen will: die Urgestalt des Menschen, sein Du als dialogische Existenz.› […] Du bist aus der Einsamkeit zur ‹Allsamkeit› durchgebrochen. Das ist deine eigene Auferstehung.»[106]

7.6 Menschen der Morgendämmerung und des Übergangs – *iwri*

Friedrich Weinreb lebte die jüdische Tradition. Ab 1948 wollte er jüdischen Kreisen sein «Wunder» vermitteln. Weder in den Niederlanden noch in Israel stiess er auf Interesse.[107] Ein Publikum fand er erst viel später in christlichen Kreisen in Deutschland, Österreich und der Schweiz, wo er endlich die Möglichkeit fand, *avodah* zu tun. Auf seine Weise engagierte er sich für den jüdisch-christlichen Dialog. Jeder Mensch war für ihn ein *iwri*, ein Hebräer, einer von «drüben», vom Jenseits. Israel konnte für ihn in jedem Menschen,[108] jeder ein vom Tode Auferstandener sein. Für ihn gab es eine verborgene Einheit hinter

---

103 Vgl. a. a. O., 112–116, 143, 172f, vgl. Boesch, Triptychon. Ulrike Schatzmann geht im folgenden Beitrag als Psychotherapeutin näher auf diese Integrationsarbeit bei Josua Boesch ein, Seiten 209–232 in diesem Band.

104 A. a. O., 174–180

105 A. a. O., 176.

106 Reto Müller, in: Simon Peng-Keller, auferstehungsleicht. Der ikonografische Weg von Josua Boesch, Zürich, 2022 (Erstausgabe: Oberegg 1999), 147.

107 Vgl. Baer, Ewiges Leben, 187.

108 Vgl. Weinreb, Symbolik, 109.

allen Religionen. In seiner ihm eigenen Art zeigte er, dass Sohn בֵּן, *ben* gleich klingt wie בֵּין, *zwischen* und folgerte daraus, dass verschiedene Religionen und Unterschiede *zwischen* den Religionen dazu dienten, dasselbe Heilige unterschiedlich zu erleben.[109]

Josua Boesch lebte die christliche Tradition. An seiner *avodah* zeigte die offizielle reformierte Kirche wenig Interesse. Im Kloster Einsiedeln finden seine *Psalme Züüritütsch* zuerst Anwendung.[110] Josua Boesch schreibt:

> «Meine reformierte Kirche hat […] den Weg zu DEINEN Bildern und Symbolen […] noch nicht gefunden. […] Wir scheinen vergessen zu haben, dass wir DEIN Wort sind und auch DEIN Bild. Eben-Bild. Ikone.»[111]

Nachdem sich die Zürcher Disputation 84 für den Kauf der Judas-Ikone interessiert hatte, liess der Kirchenrat verlauten, dass die reformierte Kirche keine Bilder kenne, und er das Geld dafür lieber einem Hilfswerk geben würde.[112]

Josua Boesch engagierte sich stark für die Ökumene und interessierte sich für den jüdisch-christlichen Dialog. Seinen Vornamen deutet er hinsichtlich der biblischen Figur, die über den Jordan gegangen war und das verheissene Land geschaut hatte. In seinem Denken fühlte er sich den Hebräern nahe. Im Tagebuch spricht er meist von Hebräern, wenn es um Israeliten, Judäer oder Juden geht.[113]

8 Weiterklingen

Beide, Friedrich Weinreb und Josua Boesch, erlebten Ähnliches und beschäftigten sich mit Ähnlichem. Woran liegt das? Hat Friedrich Weinreb Josua Boesch beeinflusst? An einigen Stellen kann dies bejaht werden, an einigen ist klar, dass Josua Boesch Friedrich Weinreb «im Her-

---

109 Vgl. Baer, Ewiges Leben, 156–157
110 Vgl. Boesch, Morgendämmerung, 109.
111 A. a. O., 104.
112 A. a. O., 180
113 Vgl. a. a. O., 52f, 135, 179. Vgl. D Psalme. Us em hebrèische uf zürітüütsch überträit vom Josua Boesch, Zürich, 1988, wo anstelle von Israel manchmal «d'Jude» steht.

zen» weitergedacht, manchmal sogar zu weit gedacht hat. An anderen Stellen wird klar, dass diese Parallelen aufgrund des ähnlichen Grundklanges aller Mystiker erklärt werden kann. Und doch unterscheiden sich die beiden. Ab und zu gebrauchen sie gleiche oder ähnliche Leitwörter, meinen aber etwas anderes. Beide liessen das eigene Wesen zum Klingen bringen, und beide leisteten auf ihre Art mit ihrer *avodah* auch *tikkun olam*. Jeder auf seine Weise war ein Zeichen, ein Mensch der Morgendämmerung, ein Mensch des Übergangs, ein Hebräer, ein *iwri*. Vergangenheit und Zukunft berühren sich in der Gegenwart, wenn wir uns mit ihnen beschäftigen.[114]

114 Vgl. a. a. O., 113f, 176.

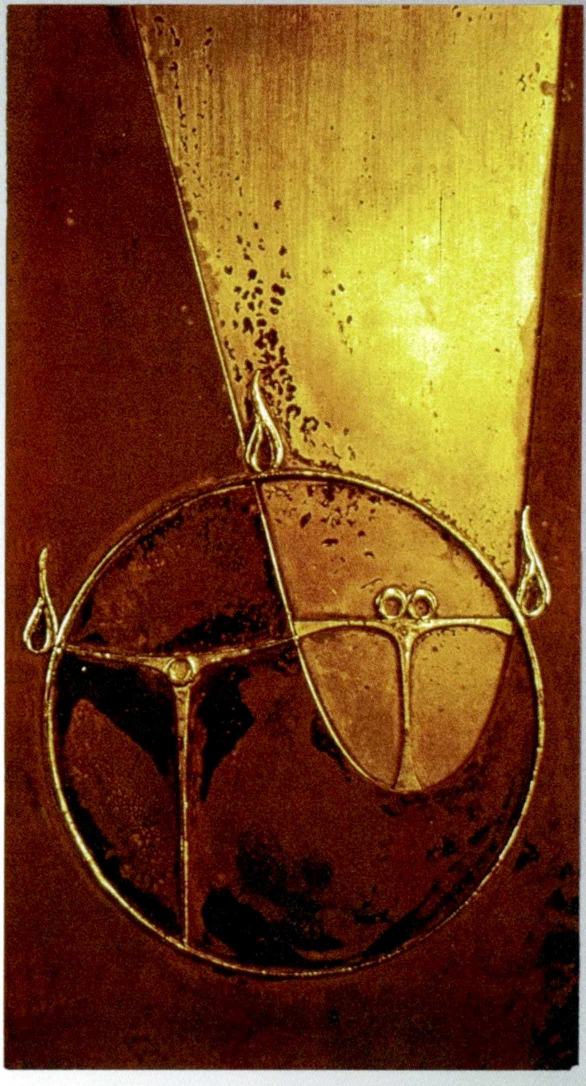

Josua Boesch, Die Geisttaufe von Kain und Abel, 1981

Ulrike Schatzmann

«Vieles ist mir im Traum zugefallen»[1]

Josua Boeschs Bewusstwerdungsprozess aus psychotherapeutischer Sicht

> «[...] Wir sehen die Welt wie durch ein Fenster [...] je klarer die Fensterscheibe, desto weniger sehen wir das Fenster [...]. Wir können nur durch unser Fenster schauen, nicht durch das Fenster unserer Mitmenschen, aber – wir können hören, was der andere uns erzählt, was er durch sein Fenster sieht [...] so treten wir in einen Dialog ein.»[2]

1 Einleitung und Dialogverständnis

Das Anliegen des Priesters und Religionsphilosophen Raimon Panikkar (1918–2010), von dem dieses Zitat stammt, war die interreligiöse Verständigung zwischen verschiedenen Welten. Der folgende Beitrag lädt ein zu hören, was uns Josua Boesch darüber erzählt, was er durch sein ganz persönliches Fenster zu sehen vermochte. In seinem «Tagebuch

1 Aussage von Josua Boesch in der Reportage: Alles muss aus dem Inneren entstehen, Pfarrer, Künstler, Mönch: Josua Boeschs Leben ist von Umbrüchen geprägt, NZZ vom 15. April 2006.
2 Raimon Panikkar, «The Window», Youtube-Video, Übersetzung der Autorin.

einer Wandlung»[3] beschreibt er, wie die Scheiben seiner Fenster immer klarer wurden. Bei diesem Prozess wollen wir ihn begleiten.

Die Leserinnen und Leser werden eingeladen – analog zum Entwicklungsweg Josua Boeschs – mit der eigenen Innenwelt in Dialog zu treten. Dies kann gelingen, indem sie sich durch ausgewählte Tagebucheinträge Boeschs inspirieren lassen und sich Zeit geben, offen und neugierig zu beobachten, was in Resonanz zu einzelnen Träumen und Bildern Boeschs aus dem eigenen Inneren auftaucht und nachwirkt.

In der Psychodynamischen Psychotherapie wird die Haltung der Therapeuten als «gleichschwebende Aufmerksamkeit» beschrieben – als vorurteilsfreie, unmittelbare, offene, direkte und spontane Haltung.[4] Dabei ist die Aufmerksamkeit der Therapeuten geteilt: Sie lauschen der Erzählung ihrer Klientinnen, etwa deren Träumen; zugleich achten sie auf die eigene Resonanz auf diese Erzählungen, – auf die eigenen inneren Bilder die auftauchen: auf Fantasien, Gedanken, Gefühle und Körperempfindungen. Innerer und äusserer Dialog laufen auf diese Weise parallel. Dabei werden die Fenster zu vielen, zunächst nicht bewussten Inhalten, immer klarer. In diesem Prozess wird all das gemeinsam Geschaute – auch viel zunächst scheinbar Nebensächliches – in einer Co-Kreation mit den Klienten stets aufs Neue in ein immer umfassenderes Ganzes integriert.

2 Individuationsprozess

Das «Tagebuch einer Wandlung» mit dem Titel *Morgendämmerung* bildet den Ausgangspunkt für diese innere Reise des Schauens. Josua Boeschs Ikonen sind lebendiger künstlerischer Ausdruck des Erfahrungsweges dieser Bewusstwerdung.

Goldschmied und reformierter Pfarrer

Josua Boesch erzählt in seinem Tagebuch, dass sein Leben schon vor dem 49. Lebensjahr von einer Aufmerksamkeit für die kleinen Dinge geprägt war. Dass er sich in seinem ersten Beruf als Gold- und Silber-

---

3 Josua Boesch, Morgendämmerung, Tagebuch einer Wandlung, Oberegg 1995.

4 Ulrike Anderssen-Reuster (Hg.), Achtsamkeit in Psychotherapie und Psychosomatik, Stuttgart 2007, 17.

schmied *richtig* gefühlt hat, war wohl auch Ausdruck dafür. Dennoch hat er diesen Beruf für 30 Jahre aufgegeben, um reformierte Theologie zu studieren und als verheirateter Pfarrer in verschiedenen Gemeinden der Schweiz in der Seelsorge tätig zu sein.

Weitung der Welterfahrung

Von einem Gemeindemitglied wurde er als «schon recht, aber kein richtiger Pfarrer»[5], bezeichnet. Wie kommt es, dass er diese Aussage als Kompliment aufgefasst hat?

Nach C. G. Jung ermöglicht das Ich-Bewusstsein dem Menschen das bewusste Erfahren der Welt. Dazu dienen vier Grundfunktionen des Ich: Wahrnehmung, Intuition, Denken und Fühlen. Wenn sich nicht alle Funktionen gleichermassen stark entwickeln, bleibt die Welterfahrung eingeschränkt. Durch besondere Lebensereignisse und um die Lebensmitte wird ein Individuationsprozess angestossen, in dem sich das Ich zum «Selbst» erweitert. Ich-Stabilität und Ich-Flexibilität sind notwendige Voraussetzungen, sich auf einen solchen Prozess einlassen zu können.

Gelähmt in einer «Bettlerhaltung»

Am Beginn von Josua Boeschs Individuationswegs stehen um sein 49. Lebensjahr schwierige gesundheitliche Umstände um einen Bandscheibenvorfall mit Lähmung, der erst spät, jedoch erfolgreich operiert wird, mit nachfolgend mehrwöchigen Therapien. Im Rahmen dieser körperlich-geistig-seelischen Erfahrungen wurde ihm eine Haltung bewusst, die er als «Bettlerhaltung»[6] erlebte, und die er als Folge eines unbewussten, als «übermächtig»[7] erfahrenen Verhaltens seiner Mutter verstand.

C. G. Jungs dynamisches Verständnis der menschlichen Psyche geht davon aus, dass sich alle psychischen Vorgänge strukturell aufeinander beziehen, auch wenn sie dem Bewusstsein als isoliert erscheinen. Die psychische Energie oder Lebensenergie verbindet alle psychischen Formen und Tätigkeiten miteinander und durchpulst sie. «Libido» meint diese Energie, die als Bewegung und Kraft oder in ihrem Potenzial als Lage und Kondition erlebt wird. Im Gleichgewicht stehende Gegen-

5 Boesch, Morgendämmerung, 8.
6 Ebd.
7 Ebd.

sätze können als belebende oder als konflikthafte Spannung erfahren werden. Der einseitigen Betonung eines Pols wirkt oft eine unbewusste Kraft entgegen.

Josua Boesch erinnert sich in dieser herausfordernden Zeit an einen solchen Gegenpol: an eine Lebenssituation, in der er ein «befreites Bewusstsein, Straffheit des Gemütes, Angriffslust und Eigenständigkeit»[8] lebendig erfahren hatte. Nach gelungener Operation und Therapie kann er daran anknüpfen und verbindet diese Aufbruchstimmung mit dem biblischen Zitat «Steh auf und geh» (Heilung des Gelähmten, Apg 3,1–10), das ihm in einem Buch von Jörg Zink vor der Operation entgegengekommen war.[9]

Selbsterforschung anhand von Tagebucheinträgen und Träumen

Er entscheidet sich, seine Träume, Erfahrungen wie auch die inneren Dialoge festzuhalten, zu reflektieren und sie mit seinem Leiden, seinem alltäglichen Erleben und seinen Visionen in Verbindung zu bringen. Damit erweitert er seine Bereitschaft, die manchmal als seltsam erlebte Sprache des Unbewussten, «die ihm von ewigen Wahrheiten berichtet»[10] anzunehmen und ihr damit auf eine neue Weise zu begegnen.

> «30. Juli 1968. Sich einer Sache bewusst werden ist gar nicht harmlos. Der ganze Mensch kommt in Bewegung und Aufruhr, als schlügen die Wasser der Tiefe ans Ufer. Man muss ihr Tosen aushalten und ihm standhalten lernen. Wir haben heute einen Grad von Bewusstheit erreicht, wie ihn unsere Vorfahren noch nicht kannten. Und damit eröffnen sich uns gewaltige Energien. Ach DU, lehre uns, sie zu zähmen, zu integrieren und dienstbar zu machen für DICH und die Menschheit. DEINE Welt steht auf dem Spiel.»[11]

Brücken bauen, um ganz zu werden

Inspiriert durch C. G. Jung, ergreift Josua Boesch eine Leidenschaft und Begeisterung für den Menschen und seine Ganzwerdung, die ihn zunächst ganz auf sich selbst zurückwirft. Er erkennt die Notwendigkeit,

---

8 Ebd.
9 Ebd.
10 C. G. Jung, Briefe I 1906 – 1945, Olten 1972, 473f.
11 Boesch, Morgendämmerung, 10.

Brücken zu bauen zwischen scheinbar unüberbrückbaren Gegensätzen. Sein Respekt vor diesem Weg lässt Josua Boesch in der Einführungsmeditation zum Triptychon von Kain und Abel in Marzabotto feststellen: «Wir müssen die Geschichte von Kain und Abel noch einmal schreiben. Völlig neu.»[12]

Dieser Prozess, derjenige Mensch zu werden, der als Potenzial in einem steckt, kann wie der künstlerische Entstehungsprozess der Ikonen von Josua Boesch nur ein Erfahrungsweg sein. C. G. Jung schreibt in einem Brief an Father White: «Wir wissen seit langem und zur Genüge, wie die Dinge sein sollten, aber wir wissen nicht, wie sie zu gestalten sind.»[13]

Josua Boesch teilt dessen ganzheitspsychologischen und erweiternden Blick auf sich selbst, auf die Menschen und die Welt, wenn er reflektiert:

> «21. Juni 1969. […] Die Intuition ist das Bewegende, die Gestaltungsfreude das Anreizende, die neue Form das Krönende. Das gelungene Werk bestätigt und erfüllt. Leistung blockiert mich von vornherein.»[14]

Lebensmitte als Lebenswende

Bald darauf notiert er einen Traum, der einen Beginn der Beschäftigung mit all dem markiert, was noch nicht bewusstseinsfähig ist. Er läutet eine Lebenswende ein, die ihn vor neue Aufgaben stellt, die Vertrauen, Mut und Verzicht fordern – zu entscheiden und zu unterscheiden, was aufgegeben werden muss, und was zur weiteren Entfaltung notwendig ist:

> «23. August 1969. Im Traum suchte mich ein Pferd und kam zu mir. Ich gab ihm drei Zuckerstücke. Da merkte ich, dass mich aus ihm die Augen eines Mannes mit liebevollem Verständnis anschauen. Ein grosser Friede erfüllt mich bis ins Innerste, trotz des Gewitters, das mich weckte.»[15]

---

12 Bruno Dörig, Triptychon von Kain und Abel, Oberegg 1985, 2.
13 Jung, Briefe, 473f.
14 Boesch, Morgendämmerung, 14.
15 Ebd.

Die entwicklungsfördernde Erfahrung ist die Begegnung mit dem komplementären Seelenbild, hier in einem Traum. Diese Seelenbilder sind wie Brücken, die die Begegnung mit den Archetypen (Urbilder) vorbereiten. In ihnen begegnet der Mensch dem, der er nicht sein möchte – seinem Schatten bzw. dem, was nicht er, sondern der andere ist – der Wirklichkeit des Du und all jenem im kollektiven Unbewussten enthaltenen, was (noch) Nicht-Ich ist.

Auftauchende Widersprüche und Unmöglichkeiten stellen das Ich umfassend infrage. Mit dem freieren Blick auf die Landschaft jenseits des Fensters aus dem Eingangszitat verschieben sich schliesslich die Grenzen der Existenz und des Lebens, wodurch die Frage nach Transzendenz und dem Numinosen unaufschiebbar aktuell wird.

> «24. Januar 1970. Das Dunkel hinter meiner Fassade beginnt mich zu interessieren. Mein Schatten. Das Verdrängte soll nicht länger meine Energien stauen oder verschlingen. Der andere Josua will nicht länger im Dunkeln munkeln. Sonst wird er böse und destruktiv.»[16]

> «25. Januar 1970. […] Mein Schatten gibt seine Abspaltung auf und zeigt sich bereit zur Zusammenarbeit.»[17]

Die Begegnung mit bisher nicht Bewusstem geschieht als Begegnung mit archetypischen Gestalten, die eine mächtige Faszination ausüben. Bilder des kollektiven Unbewussten berühren und fordern die Menschen heraus. Im Individuationsprozess haben diese Bilder eine unterstützende Funktion. Die nach und nach oder plötzlich eintretende Befreiung in eine grössere Bewusstheit zeigt sich wie eine Zentrierung in die Mitte. Zugleich erweitert sich – wie im Bild des Fensters – die Wahrnehmung, indem sie immer mehr Gegensätze und scheinbare Widersprüche umfasst, und dadurch in einem momentanen Gleichgewicht in einer schöpferischen Kraft zum Ausdruck kommt.

> «10. August 1970. Im Traum entsteht in der Werkstatt meines Meisters eine Abendmahlskanne aus Stahlblech. Schöne runde Bewegungen werden hin-

---

16 Boesch, Morgendämmerung, 17.
17 Ebd.

eingeschliffen, und zuletzt wird sie vergoldet. Dann muss ich für eine Mitarbeiterin eine Mozartfrisur bestellen. Zuletzt stehe ich in einem strahlend hellen Gebäude wie in einem grossen Tor. Im Erwachen fühle ich meinen Körper wie ein weisses Tor. Ist es das Tor zur Ganzheit?»[18]

«11. August 1970. Der Traum beschäftigt mich. Sind Strukturen, Traditionen, Prägungen so hart wie Stahl? Vergoldet nur, damit wir das Stahlharte daran nicht sehen müssen? Ist unsere menschliche Trägheit so hartnäckig und zäh gegen jede Form von Veränderung und Verwandlung? Das wäre ja zum Verzweifeln. Gottlob ist im Abendmahl der Wein wichtiger als die Kanne! Und Gottlob gibt es unter den Gästen solche mit Mozartfrisuren, die noch spielen und singen und tanzen können! Und das Gebäude hatte im Traum transparente Wände und ein offenes Tor. Will mich der Traum vor Illusionen mir selbst und der Kirche gegenüber warnen? Und die richtigen Akzente setzen für meine Arbeit?»[19]

Auf dem Weg zur Ganzheit

Nach C. G. Jung besteht das Ziel von Individuation, Selbstverwirklichung und Selbstwerdung in einem Ganzwerden der Psyche. Dies geschieht durch die Vereinigung der Polaritäten menschlicher Existenz. Diese Ganzwerdung und Bewusstseinserweiterung erfährt der Mensch durch Integration nicht bewusster und nicht gelebter Persönlichkeitsanteile und durch Bewusstwerdung von Inhalten des persönlichen und kollektiven Unbewussten.

Als Symbol der Ganzheit wählt Jung das archetypische Bild des Mandalas. Mandalas haben einen Mittelpunkt, der das Selbst meint, auf das hin alles bezogen ist. Ein Kreuz zeigt an, wie durch Bewusstwerden die Ganzheit verloren geht und sich polare Gegensatzpaare bilden. Im Individuationsprozess werden diese Gegensätze zugunsten eines grösseren Ganzen durch Integration aufgehoben.

«Im Symbol der Zahl Vier glaubt C. G. Jung den Archetypus für die Gottesidee gefunden zu haben. Er berichtet, dass er in einer Serie von 400 Träumen 71 mal auftauchte. Wahrscheinlich stammt dieser Archetypus bereits

18 A. a. O., 19.
19 Ebd.

aus prähistorischer Zeit. Den Gelehrten des Mittelalters bedeuteten Kreis und Kugel, die vier enthaltend, eine Allegorie der Gottheit, und nicht ohne Grund bewegt daher das Problem der Quadratur des Kreises die Naturphilosophen und Naturwissenschaftler des ausgehenden 17. Jahrhunderts. Die vier Elemente, in denen Gott sich nach Meinung der alten Philosophen als Erstes offenbarte, stellten symbolisch in den vier Teilen des Kreises dar. Jung weist auf die Tatsache, dass die Wahrheit nicht eine vom Christentum hervorgebrachte Idee sei, sondern in vielen Teilen der Erde zu allen Zeiten vorkam, und nennt die Annahme, dass Gott nur ausserhalb des Menschen zu suchen sei, ein Vorurteil der christlichen sowie einiger anderer Religionen. Viele Überlieferungen bezeugen das.

Auf jeden Fall schliesst er aus dem heutigen Auftreten des Symbols, dass es bei den modernen Menschen den inneren Gott bedeutet. Sie erkennen es nur deshalb nicht als solches, weil das wissenschaftliche Denken unserer Zeit die unwissenschaftliche Hypothese der Gottesidee symbolisiert. Sein Ursprung im Numinosen hebt ihn jedoch auf die Stufe einer religiösen Erfahrung. Jung zieht daraus allerdings sehr weitreichende Schlüsse. So meint er, dass das Symbol der Quaternität ausser dem inneren Gott auch die Identität von Mensch und Gott spiegele.»[20]

Träume

Eine Reflexion und Deutung von Träumen kann Einsichten in unbewusste Zusammenhänge geben. Wesentlich in diesem Einsichtsprozess ist auch in einer Selbsterforschung ein empathisches Verstehen, in dem Sinne, dass man die Traumszene und die Welt aus der subjektiven Perspektive der im Traum vorkommenden Personen und Gegenstände betrachtet. Im folgenden Traum begegnet Boesch Animus und Anima, männlichen und weiblichen Seiten:

«16. Februar 1971. Im Traum bin ich Jakob und liebe meinen Zwillingsbruder Esau. Sind in mir so viele Spannungen wie zwischen diesen beiden Gegensätzen? Bin ich vor Esau, meiner männlichen Seite, geflohen und kehre nun nach Hause und zu ihm zurück? Macht mir die Begegnung mit ihm zu

20 Herbert Gottschalk, C. G. Jung, Berlin-Dahlem 1960, 61f.

> schaffen? Muss ich, bevor ich über den Jordan kann, über den Jabbok und dort mit dem Engel kämpfen? Ich spüre ein grosses Verlangen in mir, mich mit meiner männlichen Seite zu versöhnen. Werde ich erst dann wieder handlungsfähig?»[21]

Stille – Erleben von Daseinsberechtigung

Nach diesen Träumen beschreibt Josua Boesch seine Vision, angelehnt an Worte von Roger Schutz (Taizé, Ostern 1970) in dem er von einer Kirche träumt, die über keine Machtmittel mehr verfügt – bereit, mit allen zu teilen; ein Ort sichtbarer Gemeinschaft für die ganze Menschheit. In einer späteren Retraite erspürt Josua Boesch die Notwendigkeit einer Übung: sich mehr Zeit für Stille und Gebet zu nehmen. So schreibt er:

> «19.–23. April 1971. Mein Suchen nach mehr Zeit und Raum für inneres Leben will offensichtlich meine dunklen Seiten integrieren. Ich vermute, dass meine Sensibilität gesunden und sich in Theophilie verwandeln möchte.»[22]

Weitere Erfahrungen der Stille und Präsenz öffnen ihn für die Elemente des Lebens – nach Feuer und Wasser jetzt auch für die Erde: Kruste, Karst und Fels – den nackten Stein. Er notiert am 26. November dieses Jahres: «Wie gerne würde ich Schmuckstücke daraus formen!»[23]

Auch in der Formulierung «Ehre sei Gott in der *Tiefe*», intuitiv so formuliert in einem Weihnachtsgottesdienst, drängt Unbewusstes an die Oberfläche. Josua Boesch sieht seine spontane Umformulierung (das berühmte Weihnachtslied lautet ja: *Ehre sei Gott in der Höhe*) nicht als Fehlleistung, ganz im Gegenteil: für ihn deutet dieser Ausruf das für ihn beginnende «Jahr der Steine» an. Sein Bezug zum inneren Steinthema: Da geht es um Daseinsberechtigung, Schweigen und eine offene Frage: «[...] und jetzt, was tust du damit?»[24]

---

21 Boesch, Morgendämmerung, 74.
22 A. a. O., 26f.
23 A. a. O., 29.
24 A. a. O., 30.

Selbstbeobachtung und Selbstwahrnehmung in Stille

> «In der tiefenpsychologischen Psychotherapie stehen Selbstbeobachtung und Selbstwahrnehmung im Zentrum des Individuationsprozesses. In einer achtsamkeitsbasierten Psychotherapie wird dieses Beobachten durch die Haltung und Praxis der Achtsamkeit unterstützt. Achtsame Selbstbeobachtung meint ein Umschalten in einen Modus des achtsamen Erkundens der eigenen Person: aus dem Alltagsbewusstsein auszusteigen um aus seinem schnellen Reagieren, aus dem assoziativen Denken, dem Verlass auf Automatismen in die Beobachterposition zu wechseln und darin zu verweilen.»[25]

Eine regelmässige Praxis der achtsamen Selbstbeobachtung wirkt zunächst Ich-stärkend. Sie übt viele jener Funktionen ein, die dem Ich zugeschrieben werden: Wahrnehmen, Impulse und Emotionen zu regulieren, Empathie und Reflexionsfähigkeit.[26]

Der «Schweigeschopf» als Ort der Einkehr – Suche nach einem neuen Lebensstil

Josua Boesch führt seine innere Auseinandersetzung immer wieder zurück in seinen «Schweigeschopf» – an den in einem Schuppen neben dem Pfarrhaus von ihm geschaffenen Ort für Stille und Gebet –, in dem er auf heilsame Weise immer mehr seine Daseinsberechtigung erfährt.

Dabei findet er herausfordernde Antworten und fühlt den Drang, einen neuen – einen authentischen und heilsamen – Lebensstil zu finden. Das scheinbar Unmögliche und die Widersprüche findet Josua Boesch jetzt in Begegnungen und den dadurch angestossenen äusseren Veränderungen:

> «28. April 1972. Einen neuen Lebensstil finden. Einen authentischen Lebensstil. Ezechiel 47: ‹Dann führte ER mich hinaus […] Hast du gesehen, Menschensohn? Wasser quillt vom Heiligtum hervor und die Flut wird gesund.› Einen heilenden Lebensstil finden, das wäre es, was wir alle nötig hätten. An der Tagung der Kirchenpflege sagte eine Frau: ‹Unserer Zeit fehlen die Hei-

---

25 Michael E. Harrer, Halko Weiss, Wirkfaktoren der Achtsamkeit – wie sie die Psychotherapie verändern und bereichern, Stuttgart 2016, 206.

26 Vgl. Harrer, Weiss, Wirkfaktoren.

> ligen, bei denen wir wieder beichten könnten.› Wenn das eine Reformierte sagt, muss sie schon etwas begriffen haben von ‹heilig›. Etwas Quellfrisches muss sie geahnt haben, etwas Heilendes und Befreiendes. Ist ein Heiliger, wer anspruchslos sich selbst ist und andern absichtslos begegnen kann? Ist er ein unbekümmerter Narr? Der das, was er im Allerheiligsten empfangen hat, im Alltäglichsten weitergibt? Einfach so? Ist er ein so herzlicher Mensch, weil er Gott am Herzen liegt und von ihm wie verzaubert ist? Etymologisch kommt ‹heilig› von heil, unversehrt, ganz. Ein Heiliger ist ein ganzer Mensch und kein halber, ein gesunder und kein kranker. Und ob ich nicht ein ganzer Mensch werden möchte! Wer weiss, dann würde auch von mir etwas Heilendes ausgehen. Meintest DU das, als DU sagtest: ‹Geh zu den Menschen›?»[27]

Disidentifikation: Beobachten, Distanz gewinnen und neu bewerten

Der Prozess der Disidentifikation[28] zielt nicht primär auf eine Veränderung von Gefühlen ab, die sich aufdrängen bzw. von denen man überrollt wird. Vielmehr stellt sie einen heilsamen Zwischenschritt dar, in dem die Veränderung der *Beziehung* zu den Gefühlen angestrebt wird. Diese ermöglicht es, die Position der Beobachtenden beizubehalten, eine innere Distanz zu gewinnen und Entgegenkommendes aus diesem Abstand heraus neu zu bewerten. Das Unterbrechen von Kopplungen zwischen Reizen und automatisierten Reaktionen ermöglicht «Nicht-Reaktivität»; vorschnelles Urteilen oder Handeln entfallen wie von selbst. Die daraus folgende Haltung der gelassenen Offenheit ermöglicht das Auftauchen von Verdrängtem, das Annähern an bisher Vermiedenes:

> «27. Februar 1972. Kain und Abel haben mich schon immer interessiert. Aber nur, weil ich mir immer als der Schwächere vorkam. Nur wie Abel, ein Hauch. Szondi setzt in ‹Kain: Gestalten des Bösen› die Akzente neu. Ich war doch auch Schmied. Nur schmiedete ich Silber und Gold, aber der Schmied ist immerhin vorhanden. Lebt Kain doch auch in mir? In einem Zerstörungstrieb? Ist dieser Trieb in Abel auch vorhanden und wendet sich gegen ihn selbst? Wie unheimlich: Masochismus?»[29]

---

27 Boesch, Morgendämmerung, 35.
28 Vgl. Harrer,und Weiss, Wirkfaktoren.
29 Ebd. Siehe auch Leopold Szondi, Kain – Gestalten des Bösen, Bern 1969.

> «29. September 1972. ‹Jeder muss seine Feuerprobe bestehen› (Mk 9,49). Jetzt muss ich durchs Feuer.»[30]

Akzeptanz statt Vermeidung, Flucht oder Kampf

In einem nächsten Schritt verhindert eine Haltung von Akzeptanz jene Leidenszustände, die durch Ablehnung und Vermeidung hervorgerufen werden. Indem man sich selbst besser versteht, kann das Vermeidungsverhalten aufgegeben werden. So erweitert sich der eigene Handlungsspielraum und neue korrigierende Erfahrungen werden möglich.[31]

> «8. Oktober 1972. Im Traum lösen sich Gesteine von einem Berg und stürzen zu Tal. Ein Haus, das nur eine Fassade hat, stürzt ein. Zum Glück fällt sie mit einer offenen Stelle auf mich und bringt mich nicht um.»[32]

Diese bewegende Traumsequenz erzählt von Akzeptanz: mit dem übereinzustimmen, was gerade ist. Das bedeutet auch, aufzuwachen aus dem Traumbild von Minderwertigkeit und geringem Selbstwertgefühl. Im Traum ermöglicht das Beobachten der Situation einen Verzicht auf Kampf und Flucht. Das Nicht-Reagieren lässt Energie freiwerden.

Gelassenheit und Selbstmitgefühl

Akzeptieren bedeutet gerade auch in schwierigen Bereichen, dass sich die Beziehung zu den Erfahrungen verändern kann. Sie wird breiter, tiefer und intensiver, Gelassenheit und Selbstmitgefühl werden auch im Leiden möglich.

Der inneren Transformation folgen – Veränderungen im äusseren Lebensstil

Die im langen Entwicklungsprozess entstandenen Mundartgebete werden gedruckt. Josua Boesch ist entschieden, die Berufe des Kunsthandwerkers und des Pfarrers zu vereinen.

---

30 A. a. O., 36.
31 Vgl. Harrer und Weiss, Wirkfaktoren.
32 A. a. O., 37.

«9. Januar 1974. Im Traum schaue ich ‹vollendete Armut›: Abendmahlskelche und Teller, Wandbehänge aus Metall, Kreuze und Schmuck, alle aus Kupfer, Messing, Silber und ganz wenig Gold, zu einer Einheit geworden im Feuer. Im Erwachen spriessen die Ideen nur so, als würden sie vom Lebensbaum fallen. Was ist nur mit mir geschehen? Es ist wie erwachen. Endlich erwachen! Ja, das bin ich: Pfarrer und Kunsthandwerker. Das Arme trägt das Vollendete. Der Sand wird blühen (Jes 35,7).»[33]

Neugier und ihr Ausdruck in seinem Werk

Der Individuationsprozess setzt sich fort. Josua Boesch gibt das Pfarramt auf und lebt ab dem 57. Lebensjahr für mehrere Jahrzehnte in der klösterlichen Gemeinschaft von Camaldoli in der italienischen Toskana und danach als Eremit in einem umgebauten Stall im Umland des Klosters. Dieser Lebensabschnitt ist geprägt von der künstlerischen Tätigkeit, die aus seinem «neuen, klaren Lebensstil» wie aus einer nicht versiegenden Quelle gespeist wird. Seine Werke zeigen, was entsteht, wenn jemand jene Neugier lebt, die als Komponente einer achtsamen Haltung die Beziehung zu äusseren und inneren Objekten prägt.

Schönheit, Achtsamkeit und Spiritualität

«17. Juli 1985. Würde mich jemand fragen, was mich am tiefsten beruhigt, ich antwortete ihm: Schönheit und Stille. Beide gehören für mich zusammen, denn Schönheit verbreitet Stille. Gott muss so unsagbar schön sein, dass man in SEINER Nähe verstummt oder höchstens ein staunendes ‹Oh› oder ein ‹DU› stammeln kann. Schönheit hat mit dem Geheimnis des Mangels und mit der Erfüllung des Mangels zu tun. Doch viele können nicht warten, bis der Mangel in ihrem Innern wie von selbst aufgefüllt wird. Sie greifen gierig nach der Schönheit und verschlingen sie, nach dem Motto: ‹Ich hab dich zum Fressen gern.› Wie könnte Gott ihnen in SEINER Schönheit begegnen, wenn sie schon mit Pflanzen, Tieren und Menschen so umgehen? Sie würden auch IHN noch verschlingen und dadurch dem Anblick ihrer eigenen Schönheit für ewig verlustig gehen. Denn die eigene Schönheit lässt sich nur im Anblick eines anderen schauen. Darin liegt das Geheimnis unse-

33 A. a. O., 50.

> rer Ebenbildlichkeit. Hat Dostojewski das gemeint, wenn er sagte, die Welt werde durch Schönheit erlöst?»[34]

Achtsamkeit intensiviert und vertieft das bewusste Wahrnehmen. In seinen Tagebucheinträgen schildert Joshua Boesch die beruhigende und erlösende Wirkung des achtsamen Erlebens von Schönheit und Stille. Wenn sich dieses Erleben durch einen spirituell durchdrungenen Blick auf die Schönheit in und um sich mit einem grösseren Ganzen verbindet, stellen sich darüber hinaus oft Gefühle von Ehrfurcht, Dankbarkeit, Übereinstimmung und Lebendigkeit ein.[35]

3. Kulmination des Individuationsprozesses im Auftauchen des Themas von Kain und Abel

Ein weiterer Traum und dessen Reflexion bereiten den Boden für die tiefere Auseinandersetzung mit inneren Themen und Gegensätzen und deren Klärung. Als Frucht der Auseinandersetzung mit dem biblischen Kain-und-Abel-Thema, die weit über den psychischen Prozess hinausweist, kann schlussendlich auch die Entstehung des Triptychons von Marzabotto betrachtet werden. Als besondere Blütezeit soll dieser Abschnitt seines Individuationsprozesses noch ausführlicher dargestellt werden.

> «18. Dezember 1980. Im Traum will mir einer drei Schmuckstücke mit Brillanten aus der linken Hand rauben. In mir höre ich eine Stimme sagen: ‹Lass sie ihm nur!› Denn in meiner rechten ist noch ein rohes Diamantstück, dem man den Wert nicht ansieht und das mir viel mehr bedeutet. Im Erwachen weiss ich, dass ich diesen rohen Stein mit Franziskus zum Brillanten schleifen muss. Wie soll ich SEIN Licht reflektieren können, ohne geschliffen zu werden? Ist mein Franziskus härter als Diamant?»[36]

---

34 A. a. O., 155.

35 Vgl. dazu Ryan M. Niemiec, Pninit Russo-Netzer, Kenneth I. Pargament, The Decoding oft he Human Spirit. A Synergy of Spirituality and Character Strength Toward Wholeness, in: Frontiers, in: Psychology, September 2020, Volume 11, Article 2040.

36 Boesch, Morgendämmerung, 111f.

Der Schrei von Kain und Abel, 1980

Individuation als Versöhnung von Gegensätzen (statt Spaltung)

Beim Kain-und-Abel-Thema lässt sich Josua Boesch auch von Leopold Szondis Schicksalsanalyse inspirieren, die sich zum Ziel setzt, zur bewussten Bejahung und Verneinung «erbgemäss mitgebrachter Schicksalsmöglichkeiten zu leiten».[37]

> «Jung versteht den Konflikt zwischen Kain und Abel als eine metaphysische Zwiespältigkeit, denn der Mensch wird erfüllt vom göttlichen Konflikt. Die Bibel erzählt nach Jung vom Individuationsprozess Gottes als paradigmatischem Weg der Seele, deren innere Gegensätzlichkeit in der Kain- und Abel-Episode, dem Archteypus der Spaltung, hervortritt und deren Heilung in Jesus Christus als ‹Symbol und Möglichkeit der Gegensatzvereinigung› vorgestellt wird.›»[38]

Abel – Persona als Kompromiss verstanden

In der Jung'schen Landkarte der Psyche wäre Abel aufseiten der Persona zu verorten. Diese Persona versteht Jung als ein «Kompromiss zwischen Individuum und Sozietät», als eine vorgefertigte Maske, die Individua-

---

37 Frauke Berndt, Eckhart Goebel (Hg.), Handbuch Literatur und Psychoanalyse, Berlin/Boston 2017, 201.

38 A. a. O., 205.

lität vortäuscht. Das Oberflächliche und Gesichtslose der Abel-Figur hängt mit ihrem Persona-Sein zusammen. Die Persona dient als Schutz gegen unbewusste Schattenanteile. Ihre Auflösung führt zur Entfesselung unwillkürlicher Fantasien. Die ihnen entspringenden Bilder nehmen nach Jung oft kosmischen Charakter an.[39]

Ein neuer Blick auf einen Schattenanteil

> «24. Dezember 1980. Ich war nicht imstande, zum Mittagessen zu gehen. Ich arbeitete weiter am Entwurf der neuen Ikone. So kehrte der Friede zurück. Mir schien auf einmal die ganze Weltsituation ein Kain/Abel-Drama zu sein: Starke und Schwache, Täter und Opfer. Und in den Kirchen und zwischen den Kirchen wirken da nicht dieselben Mechanismen? Schicksal? Das ist eine zu billige Ausrede. Wir müssen uns endlich dem stellen, was wir uns selber eingebrockt haben. Was heisst Versöhnung wirklich? Beim Einnachten ging ich zu den Novizen, denen ich meine Mitarbeit zugesagt hatte. Wir bereiteten unter dem Altar ein Strohlager. In eine Vertiefung legten wir ein Stück Stoff unseres Novizenmantels und darauf ein frisches Brot. Dazu einige volle Ähren und ein paar grüne Lorbeerblätter mit roten Beeren. In der anschliessenden Vesper hielt der Hebdomedar spontan eine kleine Meditation über den ‹Weg des Brotes›, und der eine oder andere fügte einen Gedanken hinzu. So wenig genügt, um zum Dialog zu finden mitten im liturgischen Gebet. Weihnachten: Dialogfähigkeit zwischen Kain und Abel. Welch stille Überraschung!»[40]

Kain – Wunsch nach erfülltem Leben und (Not) wendende Versöhnung

Nach Jung ist eine Identifikation mit der Figur des Kain «vom Wunsch nach einem erfüllteren Leben»[41] motiviert, dem Wunsch, den engen Grenzen von Konventionen zu entkommen und sich mit Ausgestossenem zu versöhnen.

---

39 Ebd.

40 Boesch, Morgendämmerung, 113.

41 Jonathan Kassner, Kain und Abel, in: Berndt, Goebel (Hg.), Handbuch, 206.

Die Geisttaufe von Kain und Abel, 1981

«8. Januar 1981. Eine zweite Ikone von Kain und Abel ist am Entstehen. Taufe im Abgrund. Das Leiden Gottes um Kain und Abel steigt in der Form des Tau in ihr abgrundtiefes Drama und umhüllt sie mit seinem Mantel. Jetzt sind sie eins. Freunde, nicht mehr Feinde. Vom Auferstandenen getauft mit heiligem Geist. Hat die Geistesflamme auch meine Angst vor Kain verzehrt, als wir durchs Feuer gingen? Ist Kain mein Zwillingsbruder, den ich seit Jahren suche?»[42]

«18. Februar 1981. Während der Meditationsstille in der Matutin schaute ich auf einmal das innere Bild: Eine stille dunkle Gestalt kniete vor mir, als suche sie Schutz bei mir. Sie legte ihren Kopf und ihre Hände auf meine Knie. Ich blieb sitzen und rührte mich nicht. Ich liess sie einfach gewähren. Meine blosse Nähe schien ihr wohl zu tun. Als wir aufstanden und den Psalm 88 sangen, war mir, Gott selber flehe mich mit diesen Worten an. Geht es IHM so schlecht im Himmel? Oder ist ER gar nicht dort, sondern hier auf Erden? Und sucht Schutz beim Menschen? Als ich in die Cella zurückkam und die Ikone mit ‹dem Stein, den die Bauleute verworfen haben› (Ps 118,22) in der Ecke sah, ging mir ein Licht auf: Wir haben SEIN Elend verursacht, also müssen wir es wenden. Wer aber glaubt es und zieht die Konsequenzen?»[43]

42 Boesch, Morgendämmerung, 114.
43 Ebd.

Verwandlung zum wahren Antlitz

«11. Oktober 1982. Wir sind unterwegs zum Ganzwerden. Ganz im Innersten und ganz im Äussersten. Im Allerpersönlichsten und im Kosmischen. Ich bin von tiefem Respekt vor meiner kleinen Einmaligkeit und meiner kosmischen Bezogenheit durchflutet. Wenn ich verschwinde, geht es auch ohne mich weiter. Und doch, mein Schrei nach Verwandlung in mein wahres Antlitz verhallt nicht im Leeren. Klingt vielleicht dein Schrei, Franziskus, in mir nach? Und deiner, Niklaus? Pflanzen sich alle heiligen Schreie der Menschen weiter, von Generation zu Generation, bis in den Kosmos? Und bis zum Geburtsschrei einer neuen Welt?»[44]

Heilung durch Begegnung und Verinnerlichung eines neuen Blickes

Josua Boesch erzählt seinen Traum vom 23. August 1969 zu Beginn dieses Beitrages[45] Jahre später nochmals neu – mit einem geweiteten Blick, wie durch blankgeputzte Fensterscheiben und wie aus einer neuen Perspektive:

«11. Juli 1982. Die kleine Schwester Maria Carla aus Ägypten ist da, eine Ikonographin der koptischen Tradition. Sie hat mir DEINE grossen koptischen Augen gebracht. [...] Das sind die Augen, die ich schon immer suchte: DU hast mir ins Innerste geschaut und dort DEINE Augen zurückgelassen. Denn niemand schaut ins Innerste eines anderen, ohne seine Augen dort zurückzulassen. [...] Die koptischen Augen haben die Form von zwei Parabeln, die sich gegenseitig öffnen. Sie spiegeln DEINE unendliche Offenheit gegenüber den Menschen. Und wenn unsere Augen diese unendliche Offenheit gefunden haben, können sie die DEINEN schauen. Erst der gesprengte Kreis hat sie mich finden lassen. DEINE kleine Schwester ist im rechten Augenblick gekommen.»[46]

---

44 Boesch, Morgendämmerung, 130.
45 Siehe Seite 213 in diesem Band.
46 A. a. O., 127.

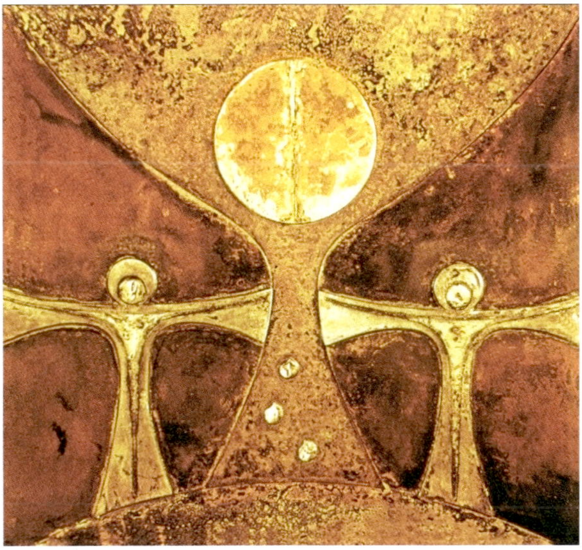

Das gemeinsame Opfer von Kain und Abel, 1984

Ganzwerden und Transformation durch Integration im schöpferischen Handeln

> «23. Juni 1986. Es entsteht eine neue Ikone: Kain und Abel in *einer* Gestalt. In der des neuen Menschen. Mein neuer Kain ist das golden transparente Innere des Tau-Kreuzes, mein neuer Abel sein Silbermantel. Geeint sind beide königlich geworden. Habe ich schon so viel vom alten Josua verzehrt, dass sich der neue sichtbar macht?»[47]

In seiner Meditation zum Triptychon von Kain und Abel beschreibt Josua Boesch:

> «[…] es ist wahr, auch ich habe als Künstler mitgearbeitet mit ‹Bruder Feuer›. Und er hat mich nicht ausserhalb des Verwandlungsprozesses gelassen. Ich bin ein anderer geworden. Es hat sich vieles geändert. Mein manifester Abel hat sich versöhnt und vereint mit meinem latenten Kain, der

---

47 A. a. O., 173. Alle drei Ikonen zum Triptychon von Kain und Abel sind abgebildet in Simon Peng-Keller, auferstehungsleicht, Der ikonografische Weg von Josua Boesch, Zürich 2022 (Erstauflage Oberegg 1999), 55–59.

Theologe mit dem Künstler, meine männliche Komponente mit der weiblichen. Ich fühle mich ganz. Es hat sich wirklich vieles geändert. Nach dreissig Jahren Pfarrdienst in der deutschsprachigen Schweiz in der reformierten Kirche von Zürich, lebe ich jetzt in Italien, in der katholischen und eremitischen Ordensgemeinschaft von Camaldoli. Ich hoffe, es sei ein kleines Zeichen der Versöhnung und der Hoffnung, und ein Beitrag zur Einheit der jetzt noch getrennten Kirchen. Ich mache mir keine Illusionen. Der Verwandlungsprozess wird weitergehen und ich werde nicht wieder dahinter zurückgehen können. Es ist zu schön, was das Feuer der Liebe geschaffen hat. Ich kann es nicht vergessen.»[48]

Verantwortung – Der Bewusstwerdungsprozess geht weiter

Der spontane Ausdruck jener Verantwortung, die diese Erweiterung der Bewusstheit mit sich bringt, findet sich ein Jahr später in einer Notiz:

> «18. Juli 1986. Ich aber erinnerte mich, dass letztes Jahr an der ökumenischen Konferenz auf dem Mendelpass einer gesagt hatte, als ich ihm [Name wird nicht genannt – Anm. us] das Büchlein des Triptychons von Kain und Abel geschenkt hatte: ‹Jetzt erwarte ich von dir nur noch die Versöhnung von Jesus und Judas.› Es war kein Scherz, denn jetzt spürte ich den Ernstfall. […]»[49]

Heilung durch eine verinnerlichte behütende Gestalt

> «29. Juli 1984. Ökumenische Konferenz auf dem Mendelpass. Bevor ich gestern wegfuhr, hatte ich einen bedrückenden Traum. Eine mir vertraute Person schoss mir durch ein Blasröhrchen einen giftigen Pfeil in die rechte Handwurzel. Ich erwartete jeden Moment eine Lähmung oder den Tod. Heute früh spürte ich auf einmal eine Gestalt neben mir, die behutsam meine vergiftete Wunde berührte und heilte. Ein urtiefer Friede kam über mich: mein Bruder Kain behütet mich.»[50]

Josua Boesch lässt sich, wiederum in einem Traum, von der «gelungenen Form» finden. In der Weiterentwicklung der Metapher des Fensters

---

48 Dörig, Triptychon, 8.
49 Boesch, Morgendämmerung, 175.
50 A. a. O., 146.

Der geeinte Mensch, 1986

erreicht er einen Rundumblick, der ihn zu Gelassenheit und über die achtsame Wahrnehmung hinaus in die spirituelle Erfahrung von Ganzheit führt.

Einswerden – Vereinigung von Polaritäten im Innen und im Werk

> «26. November 1985. Mein Tauftag. Elf Tage nach meiner Geburt wurde ich ins Einswerden getaucht und mit diesem Talent wieder herausgehoben. Ich hatte nur dieses eine Talent. Aber es genügte, um Theologie und Kunsthandwerk eins werden zu lassen. Auch Kain und Abel wurden eins, Männliches und Weibliches, Dunkles und Helles, Kollektives und Persönliches, Reformiertes und Katholisches, Nördliches und Südliches. Hundertfältig hat sich das Eine vermehrt. Dieses Talent hat nicht einmal vor dem Gegensatz Mensch-Gott haltgemacht. Ich habe zwar gezögert, das Talent aber nicht. Es kam ja von DIR, weil DIR so viel am Einswerden liegt. Sogar mit dem Menschen.»[51]

51 A. a. O., 164.

Künstlerischer Ausdruck – Umsetzung innerer Prozesse als weltumspannende Dimension

> «2. Januar 1986. Gestern habe ich das Triptychon von Kain und Abel der politischen Gemeinde Marzabotto offiziell übergeben. Mir war, als hätte das Leben der eintausendachthundertunddreissig Opfer des Massakers sich in die Botschaft dieser drei Ikonen verwandelt. Jetzt haben die Metall-Ikonen ihre politische und weltumspannende Dimension offenbart: die Transparenz der neuen Welt am schwächsten Punkt der alten Welt.»[52]

4. Was Josua Boesch Suchenden heute zu sagen hat

Im Sinne eines «zu Diensten sein» ging Josua Boesch einen zutiefst therapeutischen Weg, indem er mit Akzeptanz, Offenheit und Neugier dem Vielen, das ihm aus inneren und äusseren Quellen entgegenkam, allumfassend Beachtung schenkte – gespeist aus einer Verpflichtung gegenüber der inneren Vielfalt und der Würde des Einzelnen.

Im Laufe seines Lebens fand er immer wieder neue, für sich heilsame Formen des Lebensstils. Sein Vorbild kann uns inspirieren und ebenfalls auf eine heilsame Weise ansteckend wirken, gerade in einer Zeit, in der das Interesse von Menschen, die sich auf die Suche begeben, aber auch das gesellschaftliche Interesse für neue, authentische und gleichzeitig heilsame Lebensstile stetig zunimmt. In seinem Tagebuch gibt er beachtenswerte Impulse, den Umgang mit den Herausforderungen und Schwierigkeiten des Lebens eingeschlossen. Von seinen künstlerischen Schöpfungen springen auch heute noch Funken von Begeisterung und Lebendigkeit über.

Sein in der *Morgendämmerung* zusammengefasster Erfahrungsweg wurde in diesem Kapitel anhand einer subjektiven Auswahl von Tagebucheinträgen und Träumen nachgezeichnet, zumindest angedeutet. Er vermag jedem suchenden Menschen Bedenkenswertes mitzugeben,

---

52 A. a. O., 165. Die Kleinstadt in der Nähe von Bologna wurde bekannt durch das Massaker von Marzabotto, dem schlimmsten Kriegsverbrechen deutscher Soldaten in Italien während des Zweiten Weltkrieges Ende September 1944. Josua Boeschs Triptychon zu Kain und Abel hängt seit 1986 im dortigen Gemeinderatssaal.

vor allem für jene wichtigen Momente, Lebensabschnitte und entscheidenden Situationen, die nach einem Innehalten, nach Stille, und einem Vertrauen in den inneren Dialog rufen.

Viele Tagebucheinträge geben Hinweise auf Dialoge mit all dem Heilsamen, das aus inneren Quellen auftauchen kann und in die Transzendenz weist. Für die therapeutische Praxis kommt Josua Boesch eine Vorreiterrolle zu, indem er uns an seinem Weg der notwendigen Verbindung von Psychotherapie und Spiritualität teilhaben lässt, auf dem Menschen in ihrer Ganzwerdung angemessen begleitet werden können.

Indem wir ein Stück seines Weges mit ihm mitgegangen sind und seine Quellen der Verbindung zum Göttlichen kennengelernt haben, sind wir auf unsere persönliche Verantwortung zurückgeworfen. Harald Walach stellt in seinem Buch *Brücken zwischen Psychotherapie und Spiritualität* für diesen Grenzbereich wesentliche Fragen:

> «Ist jemand aufgrund seiner Ausbildung dazu imstande, selbstkritisch über seine eigenen Grenzen zu sehen? Können Therapeutinnen und Therapeuten aufgrund ihrer Doppelqualifikation die Bereiche sorgfältig voneinander trennen und verstehen sie es, die Übergänge sowohl inhaltlich zu vermitteln als auch sachlich richtig zu gestalten?»[53]

Bei Josua Boesch finden wir Beispiele für eine konstruktive Brückenbauarbeit zwischen den verschiedensten Welten. Er machte dem Namen «Brüggli», den er in seiner Jugendzeit bei den Pfadfindern bekam, in vielfältiger Weise Ehre: Er entdeckte innere wie äussere Gegensätze, nahm sie ernst und deckte sie mit Beharrlichkeit und Ausdauer auf. Diese *Perseverance*, die bereits von den Wüstenvätern und -müttern der christlichen Tradition als wesentlich für das Gelingen von Bewusstwerdungsprozessen erkannt wurde, hat Josua Boesch als notwendige – Not wendende – Haltung neu thematisiert.

Er hat vorgelebt, dass ein Dialog Gegensätze zwar nicht aufheben kann, aber sehr wohl weiterführt und auf dem Weg zur Ganzheit über deren Integration Gesundheit, Entwicklung und Individuation fördert. Im Sinne Raimon Panikkars ermöglicht das zunehmend klare Fenster

53 Harald Walach, Brücken zwischen Psychotherapie und Spiritualität, (Stuttgart 2021, 97f.

einen neuen Blick und damit neue Erfahrungen. Dieses Neue integriert zuvor nicht Wahrgenommenes; eine neue Ganzheit kann entstehen und sichtbar werden.

Sein Sich-Ausstrecken nach einem bleibenden Erleben der Einheit mit seinem «Kyrios», seine immer intensiveren spirituellen Erfahrungen, selbst Teil eines grösseren Ganzen zu sein und gleichzeitig zunehmend sicher gebunden in äusseren Beziehungen, führten ihn in immer unmittelbarere Begegnungen. Eine Quelle, aus der sich auch das reiche künstlerische Schaffen nährte.

Erinnern wir uns abschliessend nochmals an seinen Tagebucheintrag vom 11. Juli 1982:

> «Das sind die Augen, die ich immer schon suchte: DU hast mir ins Innerste geschaut und dort DEINE Augen zurückgelassen. Denn niemand schaut ins Innerste eines anderen, ohne seine Augen dort zurückzulassen.»[54]

Diese Aussage kann als ein zentrales Vermächtnis Josua Boeschs hervorgehoben werden – für jedwede Form von Begegnung und für die Gestaltung unserer Beziehungen. Indem wir uns immer wieder dieses zutiefst heilenden Potenzials bewusst werden und bleiben, das jeder Begegnung innewohnt – diesem mehrfachen Dialog: im Blick auf uns selbst und unsere inneren Anteile, im inneren Dialog mit dem grossen DU, aber auch in allen alltäglichen oder professionellen Begegnungen mit anderen Menschen und der Natur.

---

54 Boesch, Morgendämmerung, 127.

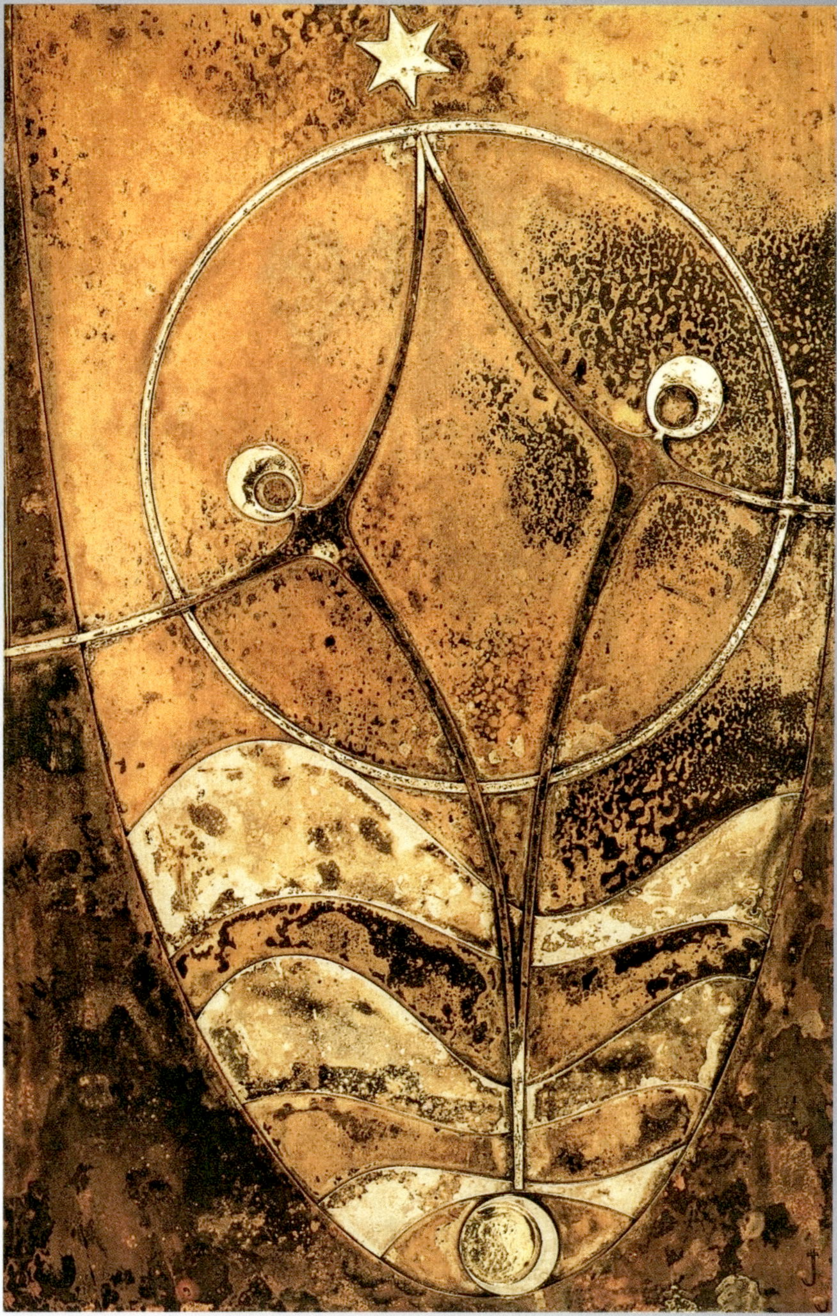

Josua Boesch, Auferstehung des Judas, 1986

Samuel Jakob

«Identität oder Ikone, das ist die Frage»

Mystik – von Josua Boesch zu Cynthia Bourgeault und zurück

Die Zeit, in der wir leben

> «Es steht viel auf dem Spiel: Das Leben auf dieser Erde. Zu viele Bilder und Worte überschwemmen die Welt. Eine wahre Sintflut von Wörtern und Bildern. Wo ist die rettende Arche? Wo ist noch Raum für Stille? Gibt es noch Zeit, in der die Bilder einander nicht pausenlos folgen und da sich Wörter und Sätze nicht ständig jagen? Gibt es eine Arche des Schweigens, in der Worte atmen und Bilder verweilen dürfen, urfrisch und lebendig? Wo ist diese Arche?»[1]

1988 geschrieben – ein Jahr vor der Lancierung des *WorldWideWeb* – erfassen diese Sätze exakt auch unsere Zeit, fast 35 Jahre später. Inzwischen ist diese Überflutung nicht nur laut, aufdringlich und rasend, sondern auch immer penetranter mit Werbung durchsetzt, emotionalisiert, brutalisiert und polarisierend. Hoffnungslos erscheint heute auch

---

1 Josua Boesch, arte contemplativa. Heilkraft aus dem Schauen, Zürich 2022 (Erstauflage: Oberegg 1988), erste Sätze der Einleitung, 6.

das Unterfangen, die pandemisch gewordenen *Fakenews* und die gegenseitige Bezichtigung ihrer Verbreitung zu durchschauen. Mittlerweise leben die meisten Menschen in ihren *bubbles,* ignorieren andere oder betrachten diese schlicht als moralisch verwerfliche Feinde. *Shitstorms* verbreiten sich allüberall, meist entzündet an Banalitäten, während Wichtiges in diesem *«Grossen Rauschen»* (Roland Barthes) nicht mehr durchkommt: es geht in sich den süffigen Infotainment-Fluten schlicht unter, die bloss momentanen Einschaltquoten folgen anstatt wirklicher Qualität. Die gesellschaftlichen Spannungen haben derweil bedrohlich zugenommen. Dies auch angesichts vieler Fragen unserer immer komplexer gewordenen Welt. Und die scheinbar nicht gelöst werden können, weil in unserer *Anspruchsgesellschaft* Lösungsversuche von interessengesteuerten Lobbygruppen entweder schon im Keim erstickt – oder spätestens bei Volksabstimmungen (bei uns in der Schweiz) mit viel Angstkampagnen-Geld blockiert werden. So liegen die Nerven in unseren Zeiten ziemlich blank; es sei denn, man habe resigniert, und sich von der Gesellschaft – und damit oft zugleich auch vom Gemeinwohl – abgemeldet, und sich ins Private, und in eine passive Gleichgültigkeit zurückgezogen. Was ist zu tun in dieser Lage?

Die Suche *nach* – und der Kampf *um* Identität

Die Suche nach Orientierung und Halt inmitten dieser «Neuen Unübersichtlichkeit» (so Jürgen Habermas schon 1985) und einer inzwischen weiter fragmentierten Gesellschaft wurde seither dringlicher. Verschiedenste sogenannte Narrative versprechen Identität: Das Stichwort *Identitätspolitik* hat in diesen Jahren Konjunktur, sei es, wenn nach einer westlichen (säkularen oder christlichen?) *Leitkultur* gefragt wird, oder rückwärts gesucht, indem frühere Zeiten verklärt werden *(Make America great again),* oder andersherum, Heil in einer Flucht nach vorn versucht wird: Zum Beispiel in einem weiteren Digitalisierungsschub (noch schneller, noch totaler!), in dem Künstliche Intelligenz (KI) und Möglichkeiten der Gentechnologie in einem *Mensch 2.0-Transhumanismus* münden sollen, durch einen vom WEF propagierten *Great Reset* – oder, indem gruppenspezifische Identitätsmerkmale in den Vordergrund gestellt werden (Nationalismen, color identity, LBGTQ und grassierende Fundamentalismen aller Art: religiöse, identitäre, marktliberale, wissenschafts- und technikgläubige usw.). Dies alles wird begleitet von einer entsprechenden Sprachpolitik (inkl. *cancel culture*), die um Deutungshoheit ringt, jedoch in ihrem absoluten Auftreten mehr kontraproduktive denn integrative Effekte zeitigt, und Spaltungen derweil fast allüberall weiterhin zunehmen.

Für Josua Boesch ist jedoch die Frage nach der Identität, auch nach einer christlichen Identität, eine Sackgasse:

> «War nicht Judas daran gescheitert, weil er eine genau umschriebene Identität des versprochenen Messias hatte, die Jesus nicht erfüllte? Und hatte nicht das Christentum nach Konstantin Träume eines ‹corpus christianum›? Die christliche Welt. An christlicher Identität war kein Zweifel. Aber war es das, was ER wollte? [...] Identität oder Ikone, das ist die Frage. Genau umrissenes Bild – klar fixierte Idee – Ideologie. Oder offenes Inbild – ähnlich werdendes Abbild – gemeinsamer Weg.»[2]

Er fand auf seinem Weg in die Stille immer tiefer in ein solch offenes «Inbild» hinein, die dem Menschen zugesprochene Ebenbildlichkeit Gottes. Dafür schien im das Wort *Ikone* naheliegend (*eikon*, griech. = Bild). Auf diese Perspektive kontemplativ ausgerichtet, führte ihn dieser Weg zu neuen – und heilsamen – Bildern und Worten. Altes verwandelnd, Altbekanntes in neuem Licht aufscheinen lassend. Was er fand, teilte er mit andern Menschen, mit Suchenden,

> «[...] die fragen und suchen und nicht resignieren. Die leiden und doch nicht verzweifeln. Sie sagen nicht: Man kann da nichts machen, es war immer schon so. Sie fragen und suchen nach einem Ausweg. Mit aufmerksamen Ohren und wachen Herzen [...] Es ist aber nicht leicht, mehr zu hören, als man so hört und mehr zu sehen, als man so sieht.»[3]

Josua Boesch wurde auf diesem Weg zu einem Mystiker, wie ihn Heinz Brauchart in seinem Beitrag in diesem Sammelband porträtiert. Er wagte, sich selber als solchen zu bezeichnen. Mystiker sind Menschen, die einem inneren Weg radikal folgen. Folgen müssen. Bei ihm war dies

2 A. a. O., 58f.
3 A. a. O., 7.

immer wieder auch sein Leiden an bestimmten Dingen, das ihn Station für Station weiterführte. *Erschrocken-unerschrocken* ging er seinen Weg, wurde Eremit, weltliche Vorteile und auch Verpflichtungen hinter sich lassend. Obschon bedeutende Mystiker wie Franziskus von Assisi und Niklaus von Flüe für ihn Vorbilder waren, war er zurückhaltend mit dem Lesen von mystischer Literatur, da er sich die Unmittelbarkeit der eigenen Gottesbeziehung bewahren wollte, wie Brauchart von Boesch berichtet. Jedoch: Kann man von Mystik lernen? Und was? Und wie zeigt sich darin der Unterschied zwischen der Suche nach Identität und einer Existenz als werdende «Ikone»?

Der radikale Weg nach innen

Auffallend häufig wird in den letzten Jahren die Formulierung des grossen katholischen Theologen Karl Rahner zitiert, «Der Christ der Zukunft wird ein Mystiker sein, oder er wird nicht sein.»[4] Gemeint ist damit, dass der Glaube mehr ist als ein reines Bekenntnis oder eine Lehre, der man folgt, sondern dass seine Basis die eigene Erfahrung ist: was wir fühlen und was mit unserem Innersten in lebendiger Resonanz steht. Damit ist ein weites Feld eröffnet. Tatsächlich wäre es paradox, Mystik eindeutig und konkret definieren zu können – sozusagen ihre Identität festzuhalten; sie hat immer eine individuelle, immer wieder eine lebendig-überraschende, und deshalb auch nie eine definitive Gestalt. Umgekehrt ist Mystik mehr als bloss etwas ungreifbar «mystisch» Nebulöses oder nur eine gefühlsromantische Schwelgerei. Mit Ignatius von Loyola gesagt, geht es um nichts Geringeres, als Gott in allen Dingen zu suchen und zu finden. Unsere gewöhnliche Wahrnehmung ist jedoch diesbezüglich mannigfach getrübt. Und mit dem Herzen steht es im Prinzip nicht besser als mit dem Kopf: Im eigenen Innenleben hausen allerlei Stimmen, und da gibt es harte, verletzte, verkümmerte, egozentrische, verzerrte und gar taube Bereiche. Selbsterkenntnis – sich selber gut kennenzulernen und auf die Schliche zu kommen – ist deshalb entscheidend, um die Stimme Gottes nicht mit dem Echo des eigenen Egos zu verwechseln. Wer einen derart konsequenten Weg der Stille wie Josua Boesch einschlägt, kommt in die-

---

4 Karl Rahner: Frömmigkeit heute und morgen, in: Geist und Leben 39 (1966), 335.

ser Schule schneller in Berührung mit tieferen Schichten der Wirklichkeit als andere, die zu Hause bleiben, in ihrem bürgerlichen Leben. Natürlich gibt es mystische Naturtalente. Josua Boesch hat sich rückblickend sogar als von Geburt her mystisch veranlagt erkannt.[5] Aber solche Naturtalente sind selten, und man sollte sich hüten, jedes spontane «Bauchgefühl» gleich mit einer substanziellen Intuition, gar Inspiration zu verwechseln.

Das breite Feld der Mystik kann in etwa mit folgenden Stichworten abgesteckt werden:

- Seit den Wüstenmönchen des 4. Jahrhunderts kennt die christliche Tradition die Schritte *lectio* (das Lesen heiliger Texte), *meditatio* (Verinnerlichen des Gelesenen), *oratio* (Hingabe, sich von Gottes Gegenwart absorbieren lassen) und *contemplatio* (das Alltagsbewusstsein weitet sich zu einer Schau Gottes).
- Christliche Mystiker bleiben nicht dabei stehen: Sie wollen Christus gleichgestaltet werden, in Christus sein, Tempel des Heiligen Geistes werden.
- Klassisch wird der Stationenweg mystagogischer Praxis auch mit den drei Stufen *katharsis* (Reinigung), *photismos* (Erleuchtung) und *unio (mystica)* (Vereinigung mit Gott/Christus) beschrieben.
- Mystik ist die Verkörperung (Inkarnation) unsterblichen Bewusstseins in Raum und Zeit, in christlicher Terminologie: Himmel und Erde in sich – in seinem Erleben und Verhalten – zu verbinden.
- Mystik ist die Öffnung des Herzens für die Fülle des Verbundenseins mit dem Lebendigen (hierhin gehört auch die *Naturmystik*).
- Mystik ist das Erwachen des menschlichen Bewusstseins zu seinem vollen Potenzial, Aufwachen zur Wahrheit; mit diesem Fokus sind die so genannte *philosophia perennis* und die *Hermetik* unterwegs.
- Mystik bewegt sich in einem Feld, das allen Religionen gemeinsam ist, weshalb sich Mystikerinnen und Mystiker aus verschiedenen Religionen leicht verstehen und gegenseitig schätzen; dies im Gegensatz zu fundamentalistischen Vertreterinnen und Vertreter ihrer Religionen.

---

5 Josua Boesch, Morgendämmerung. Tagebuch einer Wandlung, Oberegg 1995, 242: «Ich bin ein Mystiker. Schon von Geburt an.»

Sichtbar wird in dieser unvollständigen jedoch facettenreichen Auflistung: Mystik ist – in unserer verwirrten Zeit erst recht – ein «Radikaler Weg nach Innen» (so der Psychoanalytiker Franz Renggli).[6] Dieser Weg hat vielgestaltige Formen, und führt zu individuell verschiedenen Orten und Ergebnissen. Josua Boesch fand zu Lebzeiten mit dem, was er auf diesem Weg fand – mit seinem Werk – im katholischen Milieu viel breitere und tiefere Resonanz als bei Protestanten und in seiner reformierten Kirche. Die spirituelle Grosswetterlage hat sich jedoch seither verändert: Spiritualität und Mystik üben heute eine viel breitere Anziehung aus. Dies bei Menschen, die nach Alternativen zur heutigen Reizüberflutung suchen, und dies auch ausserhalb der Kirchen, weil ihnen der kirchliche Religiositätsbetrieb zu sehr nach Kopf, blosser Moral oder abgestandenem Brackwasser schmeckt. Gleichzeitig wird jedoch oft verkannt, welcher Anspruch mit Mystik eigentlich verbunden ist. Erleuchtung *(illuminatio)* wird allerorts gesucht und angeboten, aber bitte ohne lange Schulung der Wahrnehmung oder einer Reinigung der eigenen Psyche, einer gründlichen *(katharsis)* gar.

Im Folgenden soll auf diese Reinigung besonderes Gewicht gelegt werden, weil dadurch eine *Durchlichtung* geschieht (um eine Alternative zum Allerweltsbegriff Erleuchtung einzuführen), die uns dem näher bringt, was Josua Boesch mit *Ikonisch-Werden* meint. Es geht dabei um die Frage: Kann man Mystik lernen? Können sogar alle zu Mystikerinnen und Mystikern werden, weil ein Potenzial dazu in uns allen angelegt ist – und wir alle auf diesen Weg berufen sind? Oder ist das nur etwas für dafür besonders Begabte bzw. speziell dazu Berufene?

Ist Mystik lernbar?

Als etwas vom Ersten auf diesem Weg gehört dazu eine permanente Achtsamkeitsschulung, um «aufmerksame Ohren» und «ein waches Herz» nur schon für die konkreten Phänomene des Alltags zu erlangen. Bereits

---

6 Franz Renggli, Verlassenheit und Angst – Nähe und Geborgenheit. Eine Natur- und Kulturgeschichte der frühen Mutter-Kind-Beziehung, Giessen 2020. Dass in unserer kulturellen Situation ein «radikaler Weg nach innen» angesagt sei, formulierte Renggli in einer Diskussion zu seinem Buch am 1. Oktober 2021 in Basel, zu finden auf youtube.

dies ist anspruchsvoll, geht es doch um Achtsamkeit auf verschiedenen Ebenen: der unvoreingenommenen Wahrnehmung auf der mentalen, der emotionalen und der körperlichen Ebene; und dies in *doppelter Präsenz*: sich selbst gegenüber als auch bezüglich anderer, ja unserer gesamten Aussenwelt, wie sich diese uns präsentiert (welch treffendes Wort!). Der radikale Weg nach innen endet jedoch nicht auf der Ebene dieser Realitäten, er führt tiefer: Diese Radikalität (was nichts anderes meint, als bis zu den Wurzeln hinabzusteigen), die uns auf die mystische Ebene führt – die Ebene der Wirklichkeit – beschreibt auf eindrückliche Weise die zeitgenössische Theologin, Mystikerin und Weisheitslehrerin *Cynthia Bourgeault*:

> «Bis unser Herz zu einer Präsenz für das Göttliche fähig wird, muss es meist einen längeren Weg im Unterholz seines inneren Dschungels zurücklegen, Verletzungen heilen, sicher in sich werden, offen und unbeirrbar zugleich, und auch erfahren, um nicht Täuschungen zu unterliegen. Sowohl in der frühkirchlichen, dann vor allem der ostkirchlichen Tradition gehört dazu – sogar als ‹Löwenanteil› […] der *Kampf mit den Leidenschaften*: jenen ungestümen, selbstbezogenen Gefühlen, die unsere Aussichtsplattform stets vernebeln und das Empfinden unserer Selbstheit wieder hinab in das Gravitationsfeld der niedrigen Reiche ziehen. […] Die Sufis nennen diese Arbeit *Den Spiegel polieren*. Das Bild eines *Hausputzes* kann dabei für christlich geprägte Menschen eine erfrischend neue Herangehensweise anstelle der langen Tradition von *Reue* und *Busse* darstellen: es geht weniger um moralische Verfehlungen (dies auch!) oder Gewissensbisse, als vielmehr eine bewusste Anstrengung, den *Bildschirm rein zu halten*, damit das, was darauf fällt, nicht sogleich durch niedrigere Gedankenformen verzerrt wird. Zu diesen Gedankenformen gehört auch das meiste unserer Erinnerungen, die wir aufgrund unserer Erfahrungen gesammelt haben. Mit ihnen – unseren Erfahrungen, die zu Glaubenssätzen geronnen sind – nehmen wir die Wirklichkeit wahr, und verpassen damit Wesentliches und das immer Neue der Gegenwart. Indem wir das Jetzt in diesen vergangenen Wahrnehmungsrastern wahrnehmen, verwandeln wir es dadurch andauernd in Vergangenes, noch bevor es uns unverzerrt erreichen kann – ohne dies jedoch als das zu realisieren, weil sich diese Prozesse weitgehend unbewusst abspielen.»[7]

---

7 Cynthia Bourgeault, Das Auge des Herzens. Eine spirituelle Reise ins Reich des Imaginativen, Xanten 2021, 109. Ich folge in meinen weiteren Ausführungen dem Kapitel *Imaginative Läuterung*, 109ff.

Diese – hier nur skizzierte – Reinigung bedarf weniger einer unmenschlich-perfektionistischen Anstrengung, sondern primär einer radikalen Ehrlichkeit mit sich selber, sowie Geduld und die Erfahrung, sich mitsamt seinen Schattenseiten, die einem auf diesem Weg Schritt auf Tritt bewusst werden, gehalten zu fühlen. Es geht dabei konkret darum, diese Schattenanteile genau, und auch in ihren subtilen (jedoch damit nicht weniger potenten) Formen im Alltag *in flagranti* beobachten zu lernen: Um sie jedoch gleichzeitig auch anzunehmen, und *mit* ihnen in Richtung des Lichts weiterzuschreiten: sich mitsamt seinen Schatten dem liebevollen göttlichen Licht auszusetzen, und dabei zu erleben, dass die dabei ans Tageslicht gekommenen Wahrheiten tatsächlich «frei machen» (Joh 8,32). Diese *Reinigungsarbeit* ist zwar anspruchsvoll, vor allem deshalb, weil dabei das Ich immer wieder beleidigt wird.[8] Sie ist jedoch zugleich eine Erfahrung der Gnade, sich nämlich auf diesem Weg zunehmend tiefer von Gott geliebt und in einem umfassenden Ganzen mitsamt seinen Abgründen getragen zu erfahren. Josua Boesch:

> «Da liegen sie, alle meine Identitäten. Gefällt. Kreuz und quer. Über sie kann ich keinen Zugang mehr finden zu meinem Wesen [...] Alle Identitätshüllen sind gefallen. Jetzt bin ich nackt nur noch mich selbst. Und schäme mich nicht. Nur nackt ist einswerden mit Gott möglich.»[9]

Dies bringt nach Cynthia Bourgeault die erstaunliche Erfahrung mit sich, dass sich auf diesem Weg die eigene Identität immer mehr «verzehrt» (!) – und dass sie in etwas Grösseres integriert wird. Das Material des eigenen Lebens, meiner Geschichte, meines Dramas, ... wird dabei Nahrung für eine höhere Ordnung:

> «Mit ‹Substanz höherer Ordnung› meine ich vor allem die erwähnten Früchte des Geistes – Liebe, Freude, Friede, Langmut, Freundlichkeit, Güte,

8 Die Entdeckung des Unbewussten durch Sigmund Freud wird gemeinhin als dritte grosse narzisstische Kränkung des Selbstverständnisses des Menschen nach Kopernikus und Darwin bezeichnet.

9 Boesch, Morgendämmerung, 162f.

> Treue, Sanftmut und Enthaltsamkeit.[10] Aus dem Brunnen unseres ergebenen Wesens, unseres Hingegeben-Seins, fliessen sie hinaus in unser unmittelbares irdisches Umfeld, wo sie tatsächlich dabei helfen, dieses ‹geschmeidiger›, ‹beseelter› und entgegenkommender – beweglicher, wie Teilhard de Chardin sagen würde – zu machen, weniger giftig und weniger gleichgültig, zu einem Ort, an dem empfindende Wesen besser gedeihen und wachsen können.»[11]

> «Der Eintritt in diese neue und intensivere Bandbreite der Wirklichkeit kostet letztendlich unser phänomenales Selbst. Das, was wir *dachten*, dass wir es seien – unsere Biografie, unsere Gefühle, unsere Besonderheiten und unsere ‹Beschreibungen› – sind genau jene Dinge, die dem Feuer der Verfeinerung dargeboten werden, um ein Wesen zu schaffen, das zuverlässig zu hören und zu antworten vermag.»[12]

Es öffnen sich dabei ganze Welten. Neue Welten: Eine *erwachte* Präsenz, die in solche Tiefen reicht, kommt dadurch – unversehens – speziell in eine viel direktere Tuchfühlung mit der Wirklichkeit, aus der heraus sich die Realität des Vorfindlichen Moment für Moment formiert. Die ansonst *harte Grenze* zwischen dem Diesseits und dem sogenannten Jenseits wird dabei mehr und mehr zu einem *weichen Übergang*. Diese Trennwand verwandelt sich dabei in einen dünnen, manchmal gar transparenten Schleier. Durch ihn hindurch wird die *eine* Wirklichkeit immer deutlicher spür- und sichtbar, in der alles mit allem verbunden ist, und ich darin als Teil dieses lebendigen Ganzen: Die (nonduale) Wirklichkeit erscheint, punktuell oder länger – mal weniger, mal vollständiger – als ein einziges dynamisches Hologramm.[13] Zunächst nur für zuerst zufällig erscheinende Momente. Mit zunehmend vollständiger Tiefen-Präsenz

---

10 Bourgeault, die als Schülerin des sogenannten *Vierten Weges* im Gefolge von Georges I. Gurdjieff auch das Enneagramm kennt, kommt hier nicht zufällig auf 9 spirituelle Qualitäten. Sie resultieren als Früchte des bereits zitierten *Kampfs mit den Leidenschaften*, die da sind – in der Reihenfolge dieser Früchte aufgezählt: *Trägheit, Neid, Geiz, Zorn, Stolz, Angst, Eitelkeit, Wollust und Völlerei.* Sie bei sich zu erkennen und freier davon zu werden sind zentraler Bestandteil dessen, was sie als *spiritueller Hausputz* bzw. *Polieren des Spiegels* bezeichnet.

11 Bourgeault, Auge des Herzens, 70.

12 A. a. O., 113.

13 Hier ist nun der Begriff der Erleuchtung durchaus am Platz, jedoch ohne diese direkt gesucht zu haben.

jedoch wird die Erfahrung, sich in dieser Ganzheit und Einheit zu sehen und auch zu erfahren, immer deutlicher – und mit wachsender Erfahrung auch stabiler. Die Realität des Alltags wird auf diesem Weg mehr und mehr durchsichtig auf die grössere Wirklichkeit hin, aus der sie stammt, und mit der sie verbunden ist: «Das, was durchscheint durch das, was erscheint», um es mit dem Buchtitel eines Sufilehrers zu sagen.[14] Noch tiefer zur absoluten Stille im Jetzt vorgedrungen, berührt diese Präsenz schliesslich – sowohl in buddhistischer wie in der Terminologie der Quantenphysik – die Leere. Und kommt hier in Kontakt mit dem Hintergrundfeld, das zwar leer ist, jedoch als Quanteninformationsfeld der Quellort des «ever-acting-process from everything» (so der Physiker *Hans Peter Dürr*). *Karlfried Graf Dürckheim*, einer der Pioniere der Integration von Meditation und asiatischer Körperarbeit in die Psychotherapie nach dem Zweiten Weltkrieg, formulierte diesen Stille-Zustand so: «Transparent werden für die Immanenz der Transzendenz.»[15]

Derart vollständig im Jetzt präsent zu sein, eröffnet Möglichkeiten jenseits der linearen Zeit, trifft sich doch in jedem Augenblick das ewige Jetzt mit der Zeit. So gibt uns jeder Augenblick Gelegenheit, in seinem Fortgang permanent neu zu beginnen, echt und unerwartet kreativ zu handeln. Jedoch nur, wenn wir uns in diesem Augenblick des Jetzt – und nirgends sonstwo – befinden. Während dabei das Herz ganz offen (und auch verletzlich) wird, heisst dies nicht, dass dabei der Kopf ausgeschaltet ist, im Gegenteil: er denkt zwar nichts, aber beginnt in diesem Zustand die Strukturen der Wirklichkeit zu erkennen, die dem sogenannten Normalbewusstsein verschlossen sind, seien dies Strukturen der sogenannten feinstofflichen Wirklichkeit des Menschen (z. B. bei Heiler/-innen oder auch bei den russischen Starzen eindrücklich

---

14 Pir Inayat Vilayat Khan, Das, was durchscheint durch das, was erscheint, Heilbronn 2006.

15 Dies ist, theologisch gesehen, eine panentheologische Formulierung. Überhaupt sei an dieser Stelle darauf hingewiesen, wie schwer sich das westliche Christentum seit dem Filioque-Konflikt mit der Ostkirche (Schisma von 1054) mit diesen Gedankengängen tut, seit sie nur noch vom «Wesen Gottes» spricht, während die orthodox-ostkirchliche Theologie auch die «Energien Gottes» (Plural!) kennt, die sich in allem, was ist, manifestieren; siehe dazu z. B. Kallistos Ware, Der Aufstieg zu Gott. Glaube und geistliches Leben nach ostkirchlicher Überlieferung, Fluhegg 1998, 35ff.

bekannt) oder sei dies das Erkennen darüber hinausreichender Strukturen der Schöpfung, des Kosmos, bis hin zu einer ganzheitlichen Kosmologie (wie z. B. bei Jakob Böhme, Teilhard de Chardin oder Cynthia Bourgeault).[16] Sich in diesem Wahrnehmungs- und Wirklichkeitsfeld zu bewegen hat verschiedene Aspekte, die mit Begriffen wie Nondualität, Quantenfeld, Morphogenetisches Feld, Hologramm, Integrales bzw. Ganzheitliches Bewusstsein bezeichnet werden, theologisch z. B. mit Schöpfungsspiritualität oder der Dimension des Kosmischen Christus.[17] Die biblische Terminologie bringt dies auf den Punkt, zwar «*in* dieser Welt zu leben, jedoch *nicht von* dieser Welt» (Joh 17).

Noch zugespitzter beschreibt dies der Mystiker Valentin Tomberg anhand der 12. Karte des Tarot, der Figur *Der Aufgehängte* – dem «Arcanum des Glaubens»: Dieses Bild zeigt einen kopfüber hängenden, an seinen Füssen festgehaltenen Menschen, der so sein Gravitationsfeld gewechselt hat.[18] Nicht länger die Erde, sondern der Himmel bestimmt symbolisch seine Gravitation. Was ist Religion im Kern anderes, als das geistige Gravitationssystem auf Gott auszurichten?[19] Der Mystiker lebt konsequent solche *Umkehr*.[20] Dies ist eine schwierige Aufgabe, und es

16 Cynthia Bourgeault entfaltet dies für Böhme, Teilhard und ihre eigene Kosmologie eindrücklich in: Cynthia Bourgeault, Die heilige Dreifaltigkeit und das Gesetz der Drei, Xanten 2020.

17 Exemplarisch dazu: Cynthia Bourgeault, Das Herz im Gebet der Sammlung. Non-duales Christsein in Theorie und Praxis, Xanten 2021; Richard Rohr, Alles trägt den einen Namen. Die Wiederentdeckung des universalen Christus, Gütersloh 2019; und ders., Paulus. Der unbekannte Mystiker, Stuttgart 2019 – sowie, für Boesch selber damals ein Schlüsselwerk: Matthew Fox, Der Grosse Segen. Umarmt von der Schöpfung, München 1991.

18 Dies kommt physisch der Umkehrstellung, dem Kopfstand im Yoga nahe (*Shirshasana*). Inzwischen ist der therapeutische Effekt dieser körperlichen Umkehrstellung auch bei uns bekannt, und wird als «Kopfüberhängen» verschieden praktiziert. Dies muss jedoch sorgfältig aufgebaut und gehandhabt werden, da nicht ganz ungefährlich. Diese Umkehrstellung ist sehr ungewöhnlich, jedoch eine Wohltat mit nachhaltigem Effekt, wenn fachgerecht ausgeführt.

19 Meint nicht eigentlich der biblische Begriff *metanoia* im Kern genau das? (vgl. Röm 12,1).

20 In Josua Boeschs Worten, zu unser aller Berufung zur Nachfolge (1. Station seines Auferstehungweges): «Hatten von da an nicht auch wir unsere Basis ‹im Himmel›, wie es das (umgekehrte) Dreieck in der zweiten Ikone zeigt?» Josua Boesch, via resurrectionis. Auferstehungsweg. Im Heute Gottes leben, Zürich 2022 (Erstauflage: Oberegg 1985), 16.

bedarf einer lange Askese – eines konsequenten Trainings in klarer Präsenz – bis Denken, Vorstellen und Handeln auf solche Weise umgestaltet sind. Diese Übung beinhaltet dabei nach Tomberg die Hingabe der drei Seelenkräfte, die dem Himmel (Gott) dargebracht werden: *Gehorsam* (Opferung des Willens zum Usurpator), *Armut* (Opferung des Willens zum Dieb/Horter) und *Keuschheit* (Opferung des Willens zum Jäger, der das Gegenüber zu seinem Objekt macht).[21]

> «Nicht der Glaube geht hier voran, sondern der Wille: dieser muss im Zustand des Gehorsams sein, die diesen erst fähig macht, den Ruf von oben zu empfangen, Inspiration oder Intuition von oben wahrzunehmen und die Einprägung der Berufung zu empfangen, d. h. die *Gabe des Glaubens*.»[22]

Aus solcher Umzentrierung des Willens resultiert nach Tomberg schliesslich der «priesterliche Mensch», der nicht mehr um sich selber kreist, sondern Gott fragen kann:

> «Wie geht es denn DIR bei uns?»[23]

Während der Mensch, der im Gravitationsfeld dieser Welt auf Kosten des Himmels lebt (von Paulus z. B. in 1Kor 2,14 als *fleischlicher Mensch* bezeichnet), letztlich vergangenheitsgebunden bleibt (Denken und Emotionen prägen den Willen), wird der Mensch, der im Gleichgewicht beider Felder lebt, von Tomberg als *seelischer Mensch* bezeichnet. Erst jedoch der Mensch unter der Herrschaft der Gravitation des Himmels: der *spirituelle Mensch*, der sich im Himmel erdet, lebt wirklich frei. Er

---

21 Anonymus d`outre tombe (Valentin Tomberg), Die grossen Arcana des Tarot, Meditationen. Mit einem Vorwort von Hans Urs von Balthasar, Basel 1985, 300ff. Es wäre interessant, führt aber hier zu weit, diese Trias mit den drei Seelengiften des Buddhismus zu vergleichen: Hass, Gier/Anhaftung und Verblendung/Unwissenheit/Gleichgültigkeit. Klar wird bei beidem, dass die Auseinandersetzung damit ein anspruchsvoller Weg der Wandlung ist. Er beginnt bei Tomberg mit dem Gehorsam, einer Umkehr des Willens. Bourgeault hat das Werk des christlichen Hermetikers und Mystikers Tomberg (1900–1973) durch den Trappistenmönch Thomas Keating (1923–2018) kennengelernt, der durch seine Mystik des Gebets der Sammlung bekannt ist.

22 A. a. O., 344.

23 Boesch, Morgendämmerung, 55.

wird zukunftsfähig, indem er ganz im jederzeit Neuen des Jetzt lebt – dies erfassen, und *damit* mitgehen kann. Sein Wille zur Liebe/zu Gott geht dabei voraus, und seine Emotionen und sein Denken *folgen*: Sie werden in diesem Modus vom Himmel inspiriert statt – wie gewöhnlich – alleine von den psychosozialen Programmen des irdischen Gravitationsfeldes. Der Wille, der sich auf diesem «Radikalen Weg nach innen» in reine Hingabe verwandelt, wird dabei allmählich mit Gott vereint.

Es ist das *Herzzentrum*, welches Himmel und Erde verbindet, und – in Tombergs Sprache der *esoterischen Psychophysiologie* – als mittleres Chakra die drei unteren Chakren mit den oberen Chakren verbindet, diese damit unter deren Herrschaft stellt, und damit neu ausrichtet. Das weiter oben zu den drei so genannten *Evangelischen Räten* Armut, Keuschheit und Gehorsam Gesagte, die exakt den Themen der drei untersten Chakren entsprechen (!), bekommt dadurch nochmals eine nähere Bestimmung: Es geht nicht darum, die mit den drei Basis-Chakren verbundenen Instinkte zu unterdrücken – in ihnen steckt unsere elementare Lebenskraft!– sondern sie zu *integrieren*, d.h. sie unter der Führung eines von den oberen Chakren gereinigten (reinen) Herzens zu *erziehen*. Tomberg räumt hier mit einem in vielen Religionen vorhandenen gravierenden Missverständnis auf, das die menschliche Triebnatur meint bekämpfen, unterdrücken oder verdrängen zu müssen, um Spiritualität zu fördern; eine falsch verstandene und gefährliche Askese, mit entsprechenden Folgen.[24]

24 Hierhin gehört Friedrich Nietzsches berühmte Sentenz: «Das Christentum hat dem Eros Gift zu trinken gegeben – er starb zwar nicht daran, aber entartete, zum Laster.» Friedrich Nietzsche, Jenseits von Gut und Böse, Vorspiel einer Philosophie der Zukunft, Leipzig 1886, Aphorismus 168). Diese Diagnose wirft auch ein wichtiges Licht auf die in den letzten Jahren ans Tageslicht gekommenen Missbrauchsskandale in der Kirche, fast epidemischen Ausmasses in der römisch-katholischen. Zum mit solch falsch verstandener Askese verhinderten «aufrechten Gang» äussert sich Josua Boesch in einer eindrücklichen Formulierung in seinem Tagebucheintrag vom 21. Oktober 1990: «Die konstantinische Ära der Christenheit wäre als Schurkenstück gegen das Urbild vom aufrechten Gang entlarvt: sie hat den Menschen in der Gegend des Beckens geschlagen und verwundet, um ihn als gebeugten armen Sünder unter Kontrolle zu haben … Nur das offene Ruhen und Atmen im Becken gewährleistet den aufrechten Gang.» Boesch, Morgendämmerung, 219.

Mit diesem Ausflug zu Valentin Tombergs Meditation der 12. Station des Tarots – dem Arcanum des Glaubens – wird sichtbar, um was es im Letzten geht in der Mystik: Wir alle sind dazu eingeladen und auch fähig, diesen Weg zu gehen, obschon ihn wenige in dieser Konsequenz (Kon-Sequenz) unter die Füsse nehmen; viele auch in Unkenntnis davon, dass es diesen Weg überhaupt gibt! Es ist wichtig zu wissen, was dazugehört, und wohin dieser Weg eigentlich führt. Er ist nicht einfach: Es gibt auf ihm viele Abzweigungen, auch Verführungen, vermeintliche Endpunkte, die jedoch noch nicht das Ende sind ... und auch spirituelle Gefahren (wehe, in die Fänge von *Halberleuchteten* zu gelangen: Es gibt auch mannigfache Formen egozentrierter Halb- und Pseudospiritualität, die in spiritueller Tarnung potentere Schäden anrichtet als ein unmaskiertes Ego).[25] Es gibt jedoch auch viele Menschen, die ganz schlicht auf diesem Weg unterwegs sind, ohne dabei in ein Kloster zu gehen oder spezielle Übungen vollziehen zu müssen, weil der Alltag ihr Übungsfeld ist. Sie gehen diesen Weg ohne grosses Aufheben, sondern in einer natürlich anmutenden Selbstverständlichkeit, sozusagen als namenlose Heilige (und Vorbilder für uns).

Das Auge des Herzens – Läuterung des Imaginativen

Mit diesen durch Tomberg radikalisierten (d. h. vertieften) Einblicken in die Welt der Mystik, kehre ich zurück zu Cynthia Bourgeaults *Auge des Herzens. Eine spirituelle Reise in die Welt des Imaginativen,* um aus dieser erweiterten Perspektive abschliessend einen zentralen Aspekt in Josua Boeschs Mystik deutlicher sehen und einordnen zu können. Klar sollte inzwischen sein, dass Bourgeault mit der Welt des Imaginativen alles andere meint als im Reich des allerlei Vorstellbaren unverbindlich herumzuschwadronieren. Auch Bourgeault ist radikal, wenn sie auf den Punkt bringt, dass wir eigentlich vor der Wahl stehen, unser Leben entweder als *unbewusste Sklaven* oder als *bewusste Diener* zu ver-

---

25 Darauf machen in ausgezeichneter Weise aufmerksam z. B. Jack Kornfield, Nach der Erleuchtung Wäsche waschen und Kartoffeln schälen: Wie spirituelle Erfahrung das Leben verändert (München 2010) oder Mariana Caplan, Auf halbem Weg zum Gipfel der Erleuchtung: Die Gefahren und Irrtümer verfrühter Ansprüche, erleuchtet zu sein, Petersberg 2002.

bringen.[26] Betrachten wir, was sie weiter zur Reinigung und Transformation des Imaginativen sagt: Zu diesem «Hausputz im Untergehölz des eigenen Inneren» gehört auch die Heilung von Verletzungen. Mit dem ungewöhnlichen Begriff «absichtliches Leiden»[27] meint sie, sich den unabgeschlossenen Leiden, die wir Menschen in uns tragen, aktiv zuzuwenden. Seien dies solche aus der eigenen Biografie oder seien dies *Transgenerative Traumata* (um einen Begriff der zeitgenössischen Traumatherapie zu verwenden), die wir als Kinder unserer Eltern, deren Geschichte und unserer Gesellschaft geerbt, unfreiwillig übernommen, und als z. T. alte Lasten in uns tragen. Inzwischen ist dafür der Begriff *Komplextrauma* (ein neuer Begriff von Michaela Huber[28]) erhellend, da Traumata selten isoliert-abgegrenzte private Sachverhalte sind, sondern oft ganze – mit unserer Umwelt verbundene – Traumakomplexe darstellen.[29] Sie machen immer wieder aus Opfern Täter, und sie vergiften unsere Psyche, ob mit Rache, Härte, Unverzeihlichkeit, Gleichgültigkeit oder mannigfachen Selbstwertproblemen in einem Spektrum, das von narzisstischer Überheblichkeit bis zur Dauerdepression reicht,

26 Bourgeault, Auge des Herzens, 71. Neurologen zeigen, dass unser Bewusstsein – auch unsre «Bauchgefühle» – weitgehend Ergebnisse («Sklaven») neurologischer, weitgehend unbewusster Programme sind. Viele unter ihnen behaupten dies gar als einzige Wahrheit über den menschlichen Geist, weswegen sie dem Menschen echte Freiheit absprechen – so erneut einer ihrer bekannten Repräsentanten, Gerald Roth, Über den Menschen, Berlin 2021.

27 Sie übernimmt diesen Begriff von Gurdjieff, der so etwas unglücklich übersetzt ist. Insbesondere darf er nicht masochistisch verstanden werden oder als sinnlos-dummes Leiden. Gurdjieff spricht auch von «freiwilligem Leiden». Er meint dabei, dass wer seine Themen anschaut und ihre Botschaft beherzigt, bevor ihn das Leben dazu zwingt – z. B. mit Konflikten oder dem berühmt-berüchtigten «Schuss vor den Bug» – sich viel «obligatorisches Leiden» ersparen kann.

28 Z.B. in ihrem Standartwerk: Michaela Huber, Wege der Traumabehandlung: Trauma und Traumabehandlung, Bände 1 und 2, Paderborn 2020 und 2022.

29 Weite Teile dieser Traumakomplexe sind gut versteckt: Schwierige Befindlichkeiten und Verhaltensweisen im Jetzt haben oft darin ihre Wurzel, ohne jedoch, dass dies uns bewusst ist. Von da her gesehen macht der Begriff des «absichtlichen Leidens» Sinn: Es geht darum, dass wir diesen Mustern auf den Grund gehen, wobei wir den Traumakomplexen darunter begegnen, und unter den Puffern, die uns vor ihnen schützen, das damit verbundene Leiden aufspüren, d. h. wieder fühlen, annehmen und verwandeln lassen. Therapeutische Unterstützung für diese Katharsis unserer Psyche ist hilfreich. Dafür gibt es in unserer Zeit Möglichkeiten, die noch keine Generation vor uns derart reichhaltig zur Verfügung hatte!

sich ungenügend und ungeliebt zu fühlen. Diese Leiden gilt es, achtsam wahr- und zugleich anzunehmen, dem göttlichen Licht und seiner Liebe auszusetzen, und dadurch verwandeln zu lassen. Was hier in diesen Schritten nur aufgezählt, nicht jedoch im Einzelnen näher ausgeführt werden kann, fasst Bourgeault so zusammen:

> «Wir empfangen hier Wohltaten; doch wir haben hier auch ein Kreuz zu tragen. […] Ganzheit wird geboren aus der Akzeptanz des Konflikts zwischen dem Menschlichen und dem Göttlichen in der individuellen Psyche.»[30]

Dies lädt uns ein – und macht uns alsdann auch fähig – Verantwortung zu übernehmen und bereitwillig einen Teil dieses universellen Leidens zu tragen, weil es unser gemeinsames Los ist als empfindende Wesen auf dieser Erde. Es geht darum, denjenigen Anteil, der sich in einem selber vorfindet, bewusst, entschieden und unparteiisch anzunehmen. Auf ihn scheint es zunächst keine andere Antwort als Tränen zu geben, wenn wir dieses Leid wirklich in seinem vollen Umfang fühlen. Wenn wir jedoch – in bewusster Präsenz – die Anstrengung übernehmen, schwierige Gefühle des auch in uns vorfindlichen Schmerzes lediglich zu fühlen, statt blind darauf mit unseren Mustern zu reagieren – sprich: sie auszuagieren – erfahren wir die Gnade, dass sie in etwas Grösserem gehalten sind, und darin heilen können. Viel Gewicht fällt ab, und Energie wird frei, die für unsere Reaktionsmuster aufgewendet werden mussten, um sie zu verdrängen oder uns dafür schadlos zu halten – und uns und andere dadurch nur weiter zu beschweren und zu vergiften. Anstatt in unsere Gewohnheiten im *Autopiloten-Modus* abzurutschen, finden wir zu *neuer Lebendigkeit*. Wir erfahren dabei, dass sich die Strömungsrichtung des so durchlichteten Leids umzukehren beginnt: statt dass es uns niederdrückt (Bourgeault: «ins Reich der Hölle»), werden wir zu unserer vollen Menschlichkeit aufgerichtet – wachsen in unsere wahre Grösse als «Söhne und Töchter Gottes» (Boesch) hinein – und kommen dabei in unsere innere Kraft. Die erarbeitete Präsenz bekommt durch dieses zweite Element ein Herz:

---

30 Bourgeault, Auge des Herzens, 131.

> «Während bewusste Arbeit unsere Fähigkeit erhöht, präsent bleiben zu können, steigert absichtliches Leiden die Warmherzigkeit dieser Präsenz radikal.»[31]

Die von Bourgeault dergestalt beschriebene Katharsis/Reinigung/Läuterung der eigenen Psyche mündet für sie in eine Art «kosmische Dialyse»: Diese Reinigung entfernt Toxine, die durch Angst, Gier, Gewalt, Rache und Gemeinheit hervorgerufen werden – den «Gestank der Welt» (S. 192). Solche Entschlackung – eine Aufgabe, zu der wir alle im Tiefsten berufen sind! – setzt vieles frei: eine unverzerrte Schau der Wirklichkeit durch ein sehend gewordenes Auge, welches tiefer sieht, was in diesem Kosmos andauernd geschieht (sogenannte Zu-Fälle, Synchronizitäten usw.) ... sowie, damit verbunden: ein reines – rein gewordenes – Herz, welches die Stoffe/Düfte der Geistesfrüchte (*Liebe, Freude, Besonnenheit, Güte etc ... s.* oben) in diese Welt hinein verbreitet, ohne die unser menschliches Zuhause schnell unbewohnbar wird. So dass alsdann auch (wieder) eine lebendige Kreativität aufblühen kann:

> «Die furchtbar metronomisch-starre Regelmässigkeit unserer vertrauten Welt wird plötzlich lebendig, pulsierend, kreativ, sinnhaft [...] Die imaginative Zeit webt sich dauernd in die lineare Zeit hinein und hinaus; es geht nicht darum, *dass* Ereignisse einfach geschehen, sondern darum, dass sie *genau dann* geschehen und in eleganten und präzisen Konvergenzen. [...] Diese ‹Enthüllungen› sind nicht einfach nur interessant für unsern Verstand, sondern sie *wirken*, verändern eine Situation.»[32]

Dabei werden auch ungeahnte Kräfte freigesetzt: Inspiriert durch den andauernden Kairos, der in diesem Kosmos jederzeit stattfindet, kann eine zu solcher Wachheit fähig gewordene Präsenz nun viel direkter an diesen Kairos anschliessen – sozusagen im Reich des Imaginativen mit der eigenen Präsenz in einen Tanz mit der Präsenz der Wirklichkeit eintreten; und sich in direkten Kontakt sowohl führen zu lassen, als auch auf diesen Kairos zu antworten, in eine offene Zukunft hinein, die sich

---

31 A. a. O., 65
32 A. a. O., 98f.

in solch co-kreativem Geschehen gestaltet.[33] Der dabei stattfindende Austausch von Energien ist zwar oft nicht genau lokalisierbar, jedoch hochreaktiv und effektiv in seinen Wirkungen:

> «Transformiertes Bewusstsein ist ein grosses Viadukt radialer Energie und es erzeugt tatsächlich ein energetisches Feld um sich herum, in dem eine vollkommen andere Kausalitätsordnung herrscht. Mit der Transformation unseres eigenen Verstandes können wir die Arbeit immer beginnen, und so wie wir darin fortschreiten, werden sich die äusseren Auswirkungen früher oder später bemerkbar machen.»[34]

Sein Kreuz tragen – auferstehungsleicht!

Indem Bourgeault die Reinigung unserer spirituellen Organe – und den mit ihr verbundenen Metamorphismus bis hin zur kosmischen Dialyse – in Verbindung bringt mit dem Auftrag, wir hätten auch ein Kreuz zu tragen, stossen wir zu einer zentralen jesuanischen Aufforderung vor: «Wenn einer mir auf meinem Weg folgen will, verleugne er sich und nehme sein Kreuz auf sich, und so folge er mir» (Mk 8,34; Mt 16,24; Lk 9,23). Das bisher Dargelegte verdeutlicht, wie die beiden Komponenten «Selbstverleugnung» und «sein Kreuz tragen» zu verstehen sind: Die eigene Ich-Identität wird auf diesem Weg relativiert; wir können und müssen sie nicht ausrotten, sie verliert jedoch auf diesem Weg ihre absolute Position, weil sie sich in ein grösseres Ganzes hingibt, und darin partiell auch auflöst:

> «[D]as phänomenale Selbst hat seine Allüren verloren, es sei der Sitz unseres Wesens.»[35]

---

33 Das Kunstwort *co-kreativ* hat bei Josua Boesch folgende Gestalt: «Schaffen aus der Stille, aber mehr noch aus einer inneren Präsenz, der eigenen und einer anderen. Der anderen zuerst. Die macht dann die eigene erst möglich, in der Gestalt liebender Aufmerksamkeit.» Boesch, arte contemplativa, 5.

34 Bourgeault, Auge des Herzens, 100.

35 A.a.O., 141, siehe dazu auch die schon ältere, bis heute immer wieder neu aufgelegte Schrift: Joseph S. Brenner, Das unpersönliche Leben, Bietigheim-Bissingen 2020 (Erstauflage 1917).

Das Zweite: Sein Kreuz auf sich zu nehmen bedeutet, Leiden – individuelle sowie kollektive Anteile, die sich in uns vorfinden – auf diese Weise der «kosmischen Dialyse» (Bourgeault) anzuvertrauen, die Arbeit dieses Anvertrauens jedoch auch konkret zu tun; in der gebotenen Ehrlichkeit, Achtsamkeit und spirituellen Präsenz.[36] Damit kommt zu einem Ende, unser Kreuz andern aufzubürden anstatt es selber zu tragen (analog dem Gleichnis in Mt 7,5 zum Balken im eigenen und den Splittern in den Augen der andern). Andererseits kann von da her nun auch in einer geklärten Weise Verantwortung dafür übernommen werden, einen Teil des universellen Leidens bereitwillig und bewusst mitzutragen, mit dem wir als Mitmenschen zwangsläufig verbunden sind.[37] Dies bedeutet *nicht*, wir müssten das Kreuz der ganzen Welt tragen – eine Anmassung und zugleich heillose Überforderung, obschon Mass und Themen dieser Dimension individuell sehr unterschiedlich zugeteilt sein können. Es geht jedoch konkret darum, die eigenen Anteile – beide: sowohl als *Opfer,* wie auch als *(Mit-)Täter* des Leids dieser Welt! – konkret zu erkennen, um dies in der oben beschriebenen Weise aufzuräumen, loszulassen, sowie die Konsequenzen daraus zu ziehen.[38] Und so tiefer zu sich selber heimzukehren, dabei seiner göttlichen Ebenbildlichkeit (Ikone) immer ähnlicher werdend: von Neuem – und zu Neuem – nochmals geboren werdend.[39] Dieses «neue Tragen» (um es einmal so zu sagen) geschieht in einem breiten Spektrum: Es reicht vom Gebet über Vergebungsarbeit (andern und sich selber gegenüber)[40] bis hin zu konkreten

---

36 Dies entspricht genau dem von Judith Hélène Stadler mit *avodah* und *tikkun olam* Gemeinten: dem eigenen Beitrag zur Wiederherstellung der verlorenen Schönheit, Harmonie und des Friedens in dieser Welt, siehe Seite 182ff in diesem Band.

37 «Anstatt unseren Schmerz zu durchleiden, versuchen wir ihn an andere abzugeben, und so wird er immer grösser. Das ist die wahre Hölle.» Safi Nidiaye, Das Gott-Experiment, München 2014, 98.

38 Es ist von Bedeutung, dass Jesus der Zusage: «Dir sind deine Sünden vergeben», oft die Aufforderung beifügte: «Sündige hinfort nicht mehr!» (z. B. Joh 8,10f).

39 Hierzu passt die Begegnung von Nikodemus mit Jesus und dessen Aufforderung, Nikodemus müsse (und könne!) von neuem geboren zwerden (Joh 3,1–9) – oder eine Formulierung von Stephen Levine: «Wir alle versuchen lediglich, geboren zu werden, bevor wir sterben.» Stephen Levine, Auf der Suche nach dem Mysterium. Höhen und Tiefen meiner spirituellen Entwicklung, München 2009, 306.

40 Zur konkreten Praxis z.B. Colin C. Tipping, Ich vergebe, Der radikale Abschied vom Opferdasein, Bielefeld 2010.

Engagements, zu welchen es – neben einem reinen – auch ein mutiges Herz, und oft auch die Bereitschaft braucht, sich selber nicht zu schade zu sein für Dinge, um die wir gewöhnlich einen Bogen machen. Der in solcher Weise geklärte Raum der Imagination weckt angesichts mannigfacher «Sachzwänge» auch eine intelligente und kreative Phantasie, die mit neuen Ideen auch aus schon lange festgefahrenen Sackgassen hinauszuführen vermag!

Im Durchgang durch Cynthia Bourgeault bekommt die Entdeckung des *Leeren Kreuzes* von Josua Boesch[41] eine konkretere Bedeutung. Wenn wir bewusst *und* (mit-)fühlend eigenem Schmerz und dem Leid begegnen, und bis in seine Tiefen und Untiefen hinabsteigen, folgen wir der *kenosis* Gottes, wie sie sich in Jesus, dem Christus ereignet.[42] Wir erleben, wenn wir uns diesem Leid ganz öffnen, seine ganze Schwere. Und es fliessen zunächst die Tränen, wenn dies uns wirklich berührt. Sich ihnen in der oben dargelegten präsenten Weise zuzuwenden, sie ans Licht zu bringen und ins Licht zu halten, führt jedoch durch dieses Sterben hindurch. Diese Altlasten bleiben nicht an ihrer vermeintlichen Endstation stehen, sondern finden – meist unspektakulär still und unendlich zart – zu neuem Leben, erfahren eine Art Auferstehung: Aus Schuld- und Verhängniszusammenhängen Abgetötetes und zu Gift Gewordenes löst sich auf, erfährt Ver-Gebung und damit Verwandlung. Und neues Leben, das aus dem immerwährenden Heute Gottes schöpft, kann – davon endlich ungestört – spriessen. Eine tiefe Erleichterung stellt sich ein: Die Gravitation und Strömungsrichtung nach unten, in Richtung Tod und hinunter in unserer Höllen, in dir wir vor lauter Kausalitäten und Sachzwänge hineingeraten sind, drehen sich langsam um:

---

41 Vgl. hierzu den Beitrag von Reto Müller Seiten 61–67 in diesem Band.

42 Siehe Phil 2,5–10. Das Apostolicum kennt neben und nach der Menschwerdung und seinem Tod am Kreuz noch eine dritte Stufe der *kenosis* Gottes in der Person Jesu: «Niedergefahren zu den Toten» (*kenosis*, griech., meint den «Herabstieg» Gottes aus der Transzendenz in die Immanenz unserer menschlichen Realität, offenbart in der Person von Jesus). Dieser – zwischen Karfreitag und Ostersonntag lokalisierte – *descensus ad inferos* Jesu nach seinem Tod wird von den orthodoxen Kirchen zugleich als Tiefpunkt wie als Beginn der Auferstehung Jesu betrachtet, so dass man den Karsamstag durchaus als im wörtlichen Sinn *«tiefstes Zentrum»* der christlichen Theologie und des christlichen Glaubens verstehen kann. Siehe Felix Gietenbruch, Höllenfahrt Christi und Auferstehung der Toten, Ein verdrängter Zusammenhang, Wien/Zürich 2010, 86ff.

Höllenfahrt Christi (Auferstehung), Russland, Anfang 16. Jh., Ikonenmuseum Recklinghausen

Wir werden durch die göttlichen Gegenwartskräfte des Lebens (wieder) aufgerichtet, und wachsen in die volle Grösse unserer Spannweite zwischen Erde und Himmel hinein.[43] Die *ostkirchliche Ikone zum Karsamstag*: Christi ‹descensus ad inferos› – der Niederstieg des göttlichen Lichts mit ihm ins Totenreich – sowie Josua Boeschs Ikone *Die Auferstehung des Judas* (siehe Abbildung Seite 234) drücken diesen Vorgang in seiner radikalen Bedeutung bildhaft aus.

Solcherart Gestorben-Auferstandene strahlen – da und dort – Wirkungen aus, dass «SEIN Wille geschieht, wie im Himmel, so auf Erden» (Mt 6,10). Dies allermeist jedoch, ohne dass sie davon wissen (und das

---

43 Josua Boesch: «Figur des aufrechten Menschen, wenn Gott und Mensch wieder eins sind. Ureinfach, eindeutig und klar. So sind wir gemeint von Anfang. Aufrecht, nicht gekrümmt und gebeugt. Nicht gekreuzigt, nicht Opfer. Auferstanden.» (Boesch, arte contemplativa, 10)

ist auch gut so). Auf diese Weise bewahrheitet sich die schlichte Wahrheit, die Martin Buber von Rabbi Mendel von Kozk überliefert:

> «‹*Gott wohnt, wo man ihn einlässt.*› Buber fährt dann fort: ‹Das ist das Einzige, worauf es letzten Endes ankommt: Gott einlassen. Man kann ihn aber nur dort einlassen, wo man steht, wo man wirklich steht, da wo man lebt, wo man ein wahres Leben lebt. Pflegen wir den Umgang mit der uns anvertrauten kleinen Welt, helfen wir in dem Bezirk der Schöpfung, mit der wir leben, der heiligen Seelensubstanz zur Vollendung zu gelangen, dann stiften wir an diesem unserem Ort eine Stätte für Gottes Einwohnung, dann lassen wir Gott ein.›»[44]

Indem die Einladung Jesu zur Nachfolge in dieser Weise gelebt wird, kann die göttliche Wirklichkeit *mit* den Augen des Herzens erkannt, und *durch* unser Herz in unsere menschliche Realität hineinfliessen. Nicht nur das Kreuz Jesu, sondern auch unsere Kreuze werden auf diesem Weg leer: Wir bleiben nicht daran festgenagelt, sondern werden daraus zu neuem Leben entlassen. Nur noch die ausgeschnittene Körperform in Josua Boeschs Kreuzen erinnert vielleicht an unser ganz persönliches Kreuz. Aber durch die hinterlassene Leere kann nun Gott und die göttliche Wirklichkeit hindurchscheinen, und andauernd Neues schaffen. Im Rückgriff auf Cynthia Bourgeault ist diese Leere nichts anderes als die *Leere präsenter Stille*, die das oben angeführte Quantenfeld berührt – diesem Quellort alles Lebendigen, diesen *Innenkreis der Null*, wie der Sufi-Mystiker Jelaluddin Rumi ihn bezeichnet. Derart offen, transparent und verfügbar geworden, gehen von Menschen, die den Kontakt zu dieser Mitte gefunden haben, mächtige kreative Effekte aus, gespeist aus den höheren bzw. tieferen Wirklichkeiten, den Wirklichkeit Gottes/des Göttlichen. Dabei ist schon viel, dass in diesem Zustand hinreichend offene Augen sehend erfassen, wie und auf welche Weise alles stimmig ist, was sich Moment für Moment unter uns ereignet, und wir diese Ereignisse *richtig lesen* können. Weiter zeigt sich dabei konkreter, *wie* wir in einer Welt stehen und leben, in der alles zu allem gehört und aufeinander wirkt, wenn wir uns in ihr bewegen – so oder so.

---

44 Martin Buber, Der Weg des Menschen nach der chassidischen Lehre, Gütersloh [14]2001, 56f.

Weil dies ein Schreiten und Wachsen in eine offene – uns noch unbekannte – Zukunft ist, sind wir als Ebenbilder – und Ikonen – Gottes nie fertig auf diesem Weg. Gibt es ein grösseres Abenteuer? Deshalb auch die Leere nicht nur des Kreuzes, sondern auch auf dem Antlitz der Figuren in Josua Boeschs Ikonen: Da ist nichts definitiv, vielmehr alles am Wachsen. Und so ist das Tragen seines eigenen Kreuzes zwar anspruchsvoll und manchmal nicht leicht, jedoch «auferstehungsleicht». Welch wunderbares – und zugleich notwendiges – Wort, auf das der Mystiker Josua Boesch auf seinem Weg Ende des 20. Jahrhunderts gestossen ist – und das uns in seinem Werk immer wieder entgegenleuchtet!

Seine Entdeckung des leeren Kreuzes hat eigentlich epochale Bedeutung: sie führt das Karfreitagschristentum, welches immer noch tief in den Knochen des westlichen Kollektivs sitzt – Boeschs Tagebuch einer Wandlung legt dafür exemplarisch Zeugnis ab – in die *Morgendämmerung* eines neuen, eines *Auferstehungschristentums,* zu dem der aufrechte Gang gehört.[45]

Der Weg vom Gaukler zum Narren

Nochmals auf Tombergs christliche Meditationen der Grossen Arcana des Tarots zurückgreifend, wird aus dem unverbindlich-naiven «*Gaukler*» der 1. Station auf seinem inneren Weg – wenn er denn den radikalen Weg nach innen geht! – über viele Stationen und seine Umkehr bei der 12. Station (dem «*Aufgehängten*») – schliesslich bei der letzten Station der «*Narr*». Im Gaukler erkennt Tomberg das *Arcanum der Mystik* (!), im Aufgehängten das *Arcanum des Glaubens,* im Narr nun das *Arcanum der Liebe*: Ledig aller Lasten – wie Hans im Glück im gleichnamigen Märchen – trägt er an seinem Wanderstab über seiner Schulter nur sein kleines Bündel; ohne Altlasten und ohne jeglichen unnötigen Ballast: Frei, sorgenlos *(seht die Lilien auf dem Felde)* und lauter zieht er durch die Landschaft. Er wagt es, ein originales Leben zu führen, notfalls ganz

45 Der in Fussnote 24 erwähnte Tagebucheintrag stellt diesen leidvollen Strang der Christentumsgeschichte in komprimierter Form vor Augen. Er blitzt auch an vielen andern Stellen im Werk von Josua Boesch immer wieder auf. Seine *Theologie des leeren Kreuzes* kann füglich im Rahmen eines theologischen Paradigmen- und Zeitenwechsels gesehen werden.

alleine, in wacher Präsenz verbunden mit seiner inneren Stimme, der alleine er folgt; niemandem verpflichtet, doch aller Diener. Freimut zur Wahrheit und unerschütterliche Liebe haben in ihm zu einer Einheit zusammengefunden. Er ist nicht am Ziel, aber als *Pilger* offen für das Heute Gottes, das ihn immer weiter führt:

> «Der Narr ist die Erfahrung des Menschen, der als Vermittler zwischen die göttliche und die menschliche Welt gestellt ist, das Arcanum des Überschreitens der Schwelle in zwei Richtungen – von unten nach oben und umgekehrt, von oben nach unten […] Der Narr vereinigt die Offenbarung von oben mit der menschlichen Weisheit.»[46]

In Diskursen zum Thema Mystik wird immer wieder diskutiert, ob der Mensch wie ein Wassertropfen seine Identität verliert, wenn er seine Identität transformiert, und in einer unpersönlichen Form im Meer des Bewusstseins mündet, sich wie ein Tropfen darin integriert und dabei auflöst. Cynthia Bourgeault nimmt dazu eine dezidiert andere Perspektive ein: Im Wassertropfen, wenn er denn klar ist, stellt sich in unvergleichlich persönlicher und schöner Weise das Meer dar. Die Persönlichkeit ist dabei nicht verschwunden, ihre Geschichte hat jedoch den «Tropfen» strukturiert; und man sieht auch noch die Narben seiner geheilten Verwundungen. Transparent geworden, scheint in diesem lebendigen Prisma das Antlitz Gottes hindurch, sein lebendiges Licht, so weit unser Auge dies erfassen kann: das *menschlich gewordene Herz,* der einzige – jedenfalls handfesteste – Gottesbeweis auf Erden. Die ikonisch gewordene Persönlichkeit erweist sich dabei als kleines Hologramm im grossen Hologramm, das sich mit uns und der ganzen Schöpfung weiter entfaltet:

> «Menschensohn und Menschentochter, Gottessöhne und Gottestöchter, Seiltänzer zwischen Gott und Menschen wie ER.» – oder, in Anspielung auf den Titel dieses Aufsatzes: «Unsere Ikone ist mehr als das, was wir Identität nennen.»[47]

---

46 Tomberg, Die grossen Arcana des Tarot, 677, 683.
47 Boesch, arte contemplativa, 55, sowie Boesch, Morgendämmerung, 65.

Wie schreibt Paulus? Die ganze Schöpfung wartet («seufzend») auf dieses Offenbarwerden des menschlichen Menschen, auf sein Erscheinen als Ebenbild - als Ikone - Gottes (Röm 8,22–25). Josua Boesch war ein solch transparenter Mensch. Kein Glaubensheld (wie sein Tagebuch zeigt), aber als Mystiker ein *heiliger Narr,* der uns weiterführende Wege im Dschungel der conditio humana aufzeigt, die er selber als *Pionier* rekognosziert hat und gegangen ist (streckenweise sogar auf dem Seil![48]): erschrocken-unerschrocken ... und schliesslich *auferstehungsleicht.*[49]

48 Boesch, via resurrectionis, 46: «Ich vermute, dass ich erst auf dem Seil richtig aufrecht gehen lernte».

49 Erst nach Abschluss dieses Textes entdeckte ich zufällig, dass auch in Josua Boeschs Tagebuch einmal das *Motiv des Narren* erscheint: Am 28. April 1972 - schon lange vor seinem Rückzug 1979 in die Stille - notiert er: «Ist ein Heiliger, wer anspruchslos sich selber ist und andern absichtslos begegnen kann? Ist er ein unbekümmerter Narr?» Boesch, Morgendämmerung, 35.

Christoph Stückelberger, Globalance, 2021

Christoph Stückelberger

Inspiration – Innovation – Aktion

Kraft zum Handeln aus der Tiefe

Ich trat zwei Stufen hinunter in einen kleinen, leicht gewölbten Raum. Gartenraum? Werkstatt? An einer Werkbank stand ein kleiner Mann mit Bart, ein Metallstück an der Zange, der mit einer kleinen Flamme aus einer Art Lötkolben etwas Winziges, Flüssiges auf ein Messingstück fixierte. Er war sehr fokussiert auf die knifflige Arbeit, die eine sehr ruhige Hand brauchte. Ich schaute ihm schweigend zu. Während sich das Metall abkühlte, schaute er auf. «Gold auf Messing», sagte er geheimnisvoll. Wir kamen ins Gespräch. Er sei Goldschmid, auch Pfarrer. Hier im Klosterabstellraum suche er nach neuen Ausdrucksformen. Ich war in einer Einzelretraite für ein paar Tage. Allein in der grossen Klosterkirche von Kappel mit meiner Querflöte, Töne nachklingen lassen, beten, die Bibel lesen mit den Augen von Mönchen, nach ethischen Grundlagen der Aktion suchend, in dieser Zeit-Oase, als 26-jähriger Theologiestudent.

Es muss um Ostern 1977 gewesen sein. Die erste, schweigende Begegnung mit Josua Boesch. Eine sanfte, tastende Begegnung zwischen zwei suchenden Menschen, beide durstig danach, hinter den Kirchenworten und Theologiekonzepten die Quelle zu finden, Spiritualität, gelebten Glauben – und mit neuen Worten und visuellen Ausdrucksformen vom «Wasser des Lebens» zu trinken und aufzubrechen. «Du» nannte Josua liebevoll und direkt den Namen des Unaussprechlichen, Ewigen, die Energiequelle allen Lebens.

Das ehemalige Kloster Kappel war ein alter Gebäudekomplex, im Übergang von ehemaliger Armenanstalt und Altersheim auf der Suche nach einer neuen Nutzung und Bestimmung (ab 1983 war es dann «Haus der Stille und Besinnung» der Zürcher Landeskirche, heute ihr *Kloster Kappel*). Ein Ort in Transition – für Menschen wie Josua Boesch und mich im Übergang, auf der Suche nach dem Neuen.

Aus dieser zu-gefallenen Begegnung ist eine langjährige Freundschaft geworden. Wir haben uns nur sporadisch und eigentlich selten gesehen. Aber der innere Dialog war kontinuierlich da, mit den Mundartübersetzungen biblischer Texte von Josua, mit seinen inspirierenden Ikonen, mit meinem ethischen Engagement in der Verbindung von «Aktion und Kontemplation». Die Aktion, in den 1970ern, stand bei mir im Vordergrund: gegen AKW, gegen Atomwaffen, für Umweltschutz mit «Jute statt Plastik», mit ethischen Konzepten der Nachhaltigkeit und eines neuen Lebensstils. Dabei war mir klar, dass ich diese Energie zur Weltveränderung in Kontemplation verwurzeln und ‹erden› musste und wollte, um langfristig daraus Kraft zu schöpfen. In der kleinen Stadtwohnung an der lärmigen Weststrasse gestalteten meine Frau und ich, frisch verheiratet, eine Ecke für die tägliche Morgenmeditation, einmal pro Monat feierten wir mit vier Theologen-Ehepaaren in einem Raum im Niederdorf alternative Gottesdienste, genannt Oase. Anfänge von «Stadtkloster»? Taizé blieb eine andere Quelle der Inspiration und Öffnung.

Viel später, intensiver erst nach der Pensionierung, suchte ich nach visuellen, dreidimensionalen Ausdrucksformen für die Energie des «Du», der Lebensquelle. Skulpturen aus Holz, Figuren aus Eisen (geschmiedet vom Hufschmid in der Nähe unseres Ferienhauses im Burgund), Kupferikonen, oft unbewusst oder halbbewusst inspiriert von Josua Boeschs Werken. Die Kombination von Elementen wie Stein und Metall, Gold und Messing waren für Josua auch Ausdruck für Versöhnung, eines seiner Grundthemen.

Eines Tages sagte ein Freund zu mir: «Du bist ein Künstler.» Ich hätte mich nie als solcher bezeichnet, vielleicht als Handwerker und Gestalter. «Aber Du bist ein Künstler», insistierte er. Ich bezeichne mich nun als «Assistant Artist», Assistent des Künstlers. Der wahre Künstler, die wahre Künstlerin ist «Du»: «Du», wie Josua Boesch Gott nennt. Jene Ikone von ihm, die immer noch am nachhaltigsten auf

Christoph Stückelberger,
Trinität, 2013

Leeres Kreuz, 1975

mich wirkt, ist jene vom leeren Kreuz: Das Kreuz ist ein leeres, ausgespartes Nichts. Der Auferstandene ist eben nicht mehr am Kreuz. Die Befreiung ist geschehen. Das Kreuz ist auch leer in meiner Messing-Ikone zur *Trinität*: die schöpferische, befreiende und innovative Kraft des trinitarischen Göttlichen. Die drei-eine Kraft in Schöpfung, Erlösung und Geist.

Ich versuche bescheiden, die umwerfende Schönheit, unfassbare Vielfalt und umwälzende Erneuerungskraft sichtbar zu machen. Dabei ist meinen Werken und jenen von Josua Boesch in aller Verschiedenheit besonders eines gemeinsam: Alles ist in Bewegung. *Panta rei,* alles fliesst. Das Lebendige ist immer in Bewegung. Leben ist Tanz. Wohl in den 1980er Jahren haben meine Frau und ich die Ikone *Der Seiltänzer* von Josua gekauft.

Sie begleitet uns seither im Wohnzimmer. In meiner Skulptur *Globalance* sind es zwei Seiltänzer, die auf dem Hochseil aufeinander zugehen und dabei zusammen ständig die dynamische Balance suchen müssen. Das Motiv hat einen ethischen Aspekt und bildet das Cover meines neuen

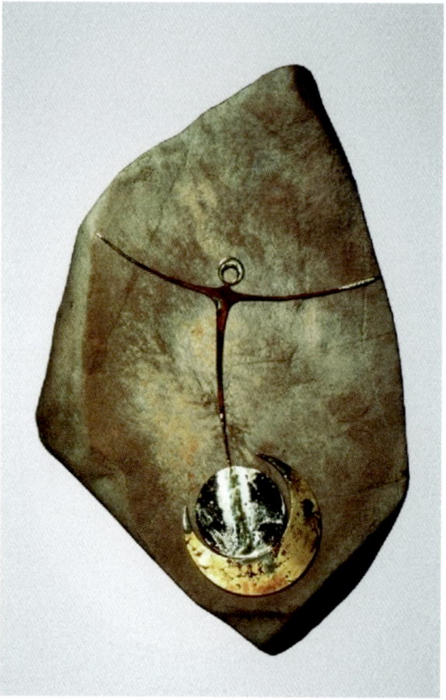

Der Seiltänzer, 1985

Buches *Globalance.*[1] Ich erwähne es als Beispiel für die Unterschiede: Josua Boeschs Werke haben eine grosse spirituelle Tiefe, Mystik im besten Sinne. Der ethische Handlungsbezug bleibt dabei im Hintergrund. Demgegenüber zielt für mich Kontemplation immer hin zur Aktion.

Seine Kunst-Werke – ob dreidimensionale Gestaltungen als Ikonen oder Text-Werke in Form von Mundart-Bibeln oder Meditationen – haben eine bleibende dreifache Wirkung:

Inspiration: In-spiration – den göttlichen Geist hereinlassen durch Offenheit, durch Ent-leerung der «inneren Gerümpelkammer», um Platz zu schaffen für Neues. Die Wahrnehmung verändern, indem wir die Immanenz der Welt mit dem Blick der Transzendenz neu sehen. Inspiration überwindet Mauern (politische, konfessionelle, ökonomische, kulturelle, zwischenmenschliche). Inspiration führt zu überraschenden Zugängen, entdeckt neue Lösungen. Sie führt zu «Erleuchtung» im Alltag: nicht das grosse mystische Entschweben in den Wolken als Heilige

---

1 Christoph Stückelberger, Christliche Perspektiven für eine menschengerechte Globalisierung, Bern 2006; jetzt: ders., Globalance. Ethics Handbook for a World Post-Covid, Globethics.net, Geneva 2020, erweiterte 2. Auflage 2022. Kostenloser Download: www.globethics.net/globalance.

oder Gurus, sondern die Wahrnehmung des Alltags mit der Kraft der prophetischen Vision, mit Empathie und Mitleiden, mit den Augen der göttlichen Liebe und Versöhnung.

Innovation: Die Umsetzung von Inspiration in praktikable Lösungen. Inspiration ohne Innovation ist wie ein Hirn ohne Hände. Sie bleibt folgenlos. Innovation ohne Inspiration ist wie Hände ohne Hirn. Sie ist keine Innovation, sondern nur mehr vom Bisherigen. Innovation braucht Sachkenntnisse, Analysen, Instrumente, Kapital und Einfluss bzw. Macht.

Aktion: Die von Inspiration genährte Innovation umsetzen in den entsprechenden Lebensbereichen, sei es Wirtschaft, Politik, Familie, Kultur, Kirche, Kampagnen ... Aktion sucht, um inspirierte Innovation in die Breite zu tragen und zur Wirkung zu bringen. *Scaling up,* wie wir neudeutsch sagen. Dies ist der ethische Imperativ, sich nicht mit einer guten Idee und einem Testversuch zufrieden zu geben. Klimaerwärmung, Migrationsströme, geopolitische Spannungen mit Anzeichen eines neuen kalten Krieges, Pandemien als globale Gesundheits- und soziopsychische Herausforderung brauchen eine grosse und rasche Breitenwirkung von inspirierter Innovation.

Um in Innovation und Aktion nicht zu erlahmen, braucht es ständig neu das Trinken vom Wasser der lebendigen Quelle, die Inspiration als die *Kraft zum Handeln aus der Tiefe.*

Die grosse Stärke von Josua Boesch und sein bleibender Beitrag lag in der Inspiration. Innovation im Sinne des Umbaus von Kirchenstrukturen, einer internationalen Bewegung für Versöhnung oder einer neuen Weltwirtschaft war nicht seine Aufgabe, ebenso wenig wie die konkrete Aktion. Ein Mangel? Nein. Josua Boesch ist in seiner Bescheidenheit und Fokussiertheit ein leuchtendes Beispiel dafür, seine Möglichkeiten anzunehmen und seine Grenzen anzuerkennen. Mystiker müssen nicht auch Aktivisten sein, Innovationsforscherinnen müssen nicht auch Mystikerinnen sein. Aber das Zusammenspiel von Inspiration, Innovation und Aktion – von Kontemplation und Aktion – verändert die Welt.

Der Dialog mit Josua, auch nach seinem Übertritt ins ewige Licht des «Du», geht weiter. Die Inspiration und Freundschaft, die in der Werkstatt im Kloster Kappel vor 45 Jahren – zu-gefallen – seinen Anfang nahm, wirkt nach und führt zu tiefer Dankbarkeit.

Nachwort

Josua Boesch: Theophil und Theologe
Anmerkungen zu einer in der Mystik verankerten Spiritualität

Josua Boesch litt an der Kirche, an der Theologie («schwere Lehre»[1]), auch am klassischen Pfarramt. Immer wieder blitzt dies in seinen Texten auf, insbesondere in seinem Tagebuch. Warum? Eine bisher offene Frage. Im Entstehungsprozess dieses Sammelbands ereigneten sich viele Begegnungen. Einige davon entpuppten sich plötzlich als Puzzleteile, die zusammen unvermutet sinnhafte Bilder und Einsichten ergaben. Da war z. B. der Brief, auf den Boeschs Tochter während dem Verfassen ihres Beitrags stiess; er ist im Beitrag von Verena Frei-Boesch in voller Länge wiedergegeben, und richtete sich an einen Mönch, der – laut Reto Müller – als junger Theologe, mit einer Dissertation über Martin Heidegger ausgestattet, selber eine Zeit lang in Camaldoli mitgelebt hat und heute in der Camaldulenser-Kommunität in Berkeley/Kalifornien lebt.[2] Daraus ein Mosaikstein, der sich mit weiteren, nach diesem Zitat aufgeführten, zu einem interessanten Bild fügte:

> Es war in einem Kreis von Theologen, die mich seit dem Studium kannten. Ich drückte wieder einmal mehr mein Leiden an der Theologie aus. Da legte einer brüderlich seine Hand auf meine Schulter und sagte: «Weisst Du, Du bist eben kein Theologe, Du bist ein Theophil.» Dieses Wort durchfuhr mich wie eine *grosse Erleuchtung*. War das befreiend, kein Theologe mehr

---

1 Ein Begriff, der bei ihm als Gegenpol zum «leeren Kreuz» mehrmals auftaucht, z. B. Josua Boesch, arte contemplativa, Heilkraft aus dem Schauen, Zürich 2022 (Erstauflage: Oberegg 1988), 12.

2 Siehe Seite 33ff in diesem Band.

> sein zu müssen, sondern nur ein Theophil! [...] Endlich durfte ich sein, wer ich war: kein Schalterbeamter, der über Gott alle Auskünfte zu geben weiss, sondern ein in Gott Verliebter. Ja, das war ich, in Gott verliebt und von Ihm geliebt. *Ein theophiler Mensch.*[3]

In den Tagen, als Josua Boeschs Tochter auf diesen Brief ihres Vaters stiess, telefonierte ich – nach vielen Jahrzehnten – mit einer ehemaligen Heilsarmee-Offizierin, die ich aus meiner Jugendzeit kannte, in familiärer Angelegenheit. Als ich ihr von Josua Boesch und den Vorhaben zu seinem 100. Geburtstag erzählte, nicht wissend, ob sie ihn kennt, brach aus ihr heraus: *Wie schön, Josua Boesch!* Und es sprudelte aus der über 80-Jährigen, als ob es gestern gewesen wäre: «Ich habe über Jahre begeistert die Psalmen von Josua Boesch gelesen – sie lassen sich ganz leicht ins Berndeutsche übertragen mit gewisser Übung, weil's einfache und erlebte Worte sind, die Josua Boesch verwendet – wenn man das ‹züridütsch› (so die Bernerin) kennt, geht's leicht. Er hat sein Herzensanliegen in Worte gefasst – das ist die Liebe zu Gott. Um das auszudrücken, braucht es Zeit und Geduld ... Manchmal liest man bei ihm: ‹Oh Du!›». Nach kurzem Nachdenken fügte sie dem bei: «Das sagt man nicht einfach so nebenbei einem Menschen; das sagt man, wenn man sehr vertraut ist miteinander, und einander sehr gern hat. So ist es auch mit Gott.» Weil wir beide Berner sind, wies ich Käthiruth Burkhardt auf die berndeutsche Übersetzung der Psalmen von *Hans und Ruth Bietenhard* hin.[4] Diese Übersetzung habe sie ebenfalls geschätzt, und viel verwendet in Gottesdiensten. Bietenhards übersetzten mehr vom Kopf her, sagte sie, wissenschaftlich exakt. Und weiter: «Bei Josua Boesch geht's jedoch direkt durch ihn hindurch. Ich las mal bei Boesch, dass er vom Hebräischen her den Klang nahm, und auf sich wirken liess: *juble, briegge* – er konnte die gefühlsmässigen Dinge in Worte fassen, nicht allein über den Kopf. Die Betroffenheit ist einfach eine andere, geht tiefer, während Bietenhards Übersetzung irgendwie flacher ist. Es braucht Geduld, bis

---

3 Josua Boesch erwähnt diese Episode auch in seinem Tagebucheintrag zum 26. Januar 1970, Boesch, Morgendämmerung, 18.

4 Hans und Ruth Bietenhard, D' Psalme bärndütsch, Bern 1994. Er damals Professor in Bern für Neues Testament und Spezialist für Spätjudentum, sie Romanistin und Spezialistin für Berndeutsch.

man in dieser Tiefe die richtigen Worte findet. Seine Texte kommen aus dieser Atmosphäre. Man darf sie dann aber nicht verzwecken, um besondere Effekte damit bewirken zu wollen. Dann geht's schief, *chunnts lätz use.*» Dies erzählte mir die alte Dame so frisch, als lägen nicht viele Jahre zu diesen Erlebnissen dazwischen.

Parallel dazu war in meinem Mailwechsel mit Pierre Bühler in diesen Tagen die Frage aufgetaucht, weshalb bei Josua Boesch immer wieder eine Aversion gegen die Theologie aufblitzt, und woran das liegt: ob an der Theologie, der er in seinem Studium in Zürich, Basel und Bielefeld begegnet ist, oder an seinem Naturell. Ich realisierte alsdann, dass Josua Boesch kurz nach dem Zweiten Weltkrieg sein Studium begann – dem Höhepunkt der *Theologie Karl Barths* (1886–1968), die auch noch Jahrzehnte lang nachwirkte. Noch als ich 1981 meine Arbeit in der Zürcher Landeskirche begann, mit einem Besuch aller 13 Pfarrkapitel zum kirchenrätlichen Projekt der *Zürcher Disputation 84* [5] (meine Initiation in die Zürcher Kirche!), gehörte Barths *Kirchliche Dogmatik,* dieses grösste Monumentalwerk der Theologie des 20. Jahrhunderts mit seinen 14 grossformatigen und dicken Bänden (zusammen wohl ca. 1 Meter lang, wahrlich eine «schwere Lehre»!) zum Stolz jeder Pfarrbibliothek, die etwas auf sich hielt. Barth hatte sich – nach dem Ersten Weltkrieg – mit seiner *Dialektischen Theologie,* fundamental gegen den damaligen theologischen Mainstream, erst recht gegen den aufkommenden Nationalsozialismus und die damit verbundene «Deutsche Kirche» in Deutschland, kritisch abgesetzt. Dies führte so weit, dass er lange Jahre nichts übrig hatte für religiöse Erfahrung, Frömmigkeit, Religiosität überhaupt (heute oft «Spiritualität» genannt), deshalb auch seine Kritik am Pietismus, an der Mystik erst recht: Das war für ihn alles «natürliche Theologie» des gefallenen Menschen, der sich einen Gott nach seinem Gusto zurechtzimmert – und angesichts des Evangeliums, des Wortes Gottes, keinerlei Wahrheitsanspruch geltend machen kann. Gott war für Barth «der ganz Andere», jenseits unserer Erfahrungsmöglichkeiten.

Zu Barths Gegenspieler wurde der frühere Freund und Mitstreiter *Emil Brunner* (1889–1966). In seiner Theologie versuchte dieser Zürcher

5 Die kantonale Disputationsversammlung erwarb 5 Jahre später Boeschs Judas-Ikone, s. Boesch, Morgendämmerung, 179.

Professor für Dogmatik, menschliche Erfahrung und Bibel, Leben und Glauben aufeinander zu beziehen. Mit seiner *Vermittlungstheologie* biss er bei seinem ehemaligen Freund Barth jedoch inzwischen auf Granit: Seine Kritik und Anfrage im Buch *Natur und Gnade. Zum Gespräch mit Karl Barth,* in welchem er für einen «Anknüpfungspunkt» plädierte, an welchem der Mensch für Gott offen sei, wurde im selben Jahr 1934 von Barth schroff mit dem Buch *Nein! Antwort an Emil Brunner,* und der Aufkündigung ihrer ehemaligen Weggenossenschaft als Theologen beantwortet. Dieser Konflikt überzog die protestantische Kirchenlandschaft während fast 40 Jahren. Ich erinnere mich an heftige Debatten zwischen den beiden Schulen in den Pfarrkapiteln des Kantons Zürich, die erst in den späteren 80er-Jahren allmählich ausklangen (und danach, leider, fast eigentlich einer Scheu vor theologischen Diskussionen wichen, verständlich angesichts von Verletzungen, die die gegenseitigen Schulmeister einander in dieser Zeit oft auch zugefügt hatten).[6]

Ich denke, dass Pfarrer wie Josua Boesch: eher emotional empfindende Menschen, die auch dem eigenen Erleben nachgehen, indem sie eine Eigenresonanz zu Worten suchen – umso mehr, wenn sie dann noch sensibel sind – sich als Aussenseiter empfanden, und mit einer solchen *Wortgottestheologie* (dies eine damalige Bezeichnung für die barthianische Theologie, die ihre Kritiker andersherum als «abstrakt senkrecht von oben herab» empfanden) Mühe hatten ... sich gar als unfähig, zumindest randständig empfanden, als Minderheit, die argumentativ nicht mithalten konnte – nur mit ihrer Erfahrung, die theologisch nichts galt.

Was gibt es für einen grösseren Gegensatz zwischen «Gott als dem ganz Andern» und Josua Boeschs vertrauter Anrede «Oh DU!»? Dies erklärt auch, weshalb es für ihn – in dieser Zeit Pfarrer geworden – eine Erlösung war, als ihm ein Pfarrkollege im Kapitel angesichts seines Leidens die Lösung anbot, ein *Theophil* anstatt ein *Theologe* zu sein. Damit will

---

6 Der Konflikt zwischen diesen beiden Theologen, und wie er die Kirchenlandschaft der deutschsprachigen Schweiz prägte, ist in der grossen Biografie von Frank Jehle, Emil Brunner. Theologe im 20. Jahrhundert, Zürich 2006, in seiner ganzen Härte gut dokumentiert im Kapitel «Natur und Gnade» und das «Nein!» Karl Barths, 293–321.

ich nicht schmälern, dass Barth einen wichtigen Punkt traf und auch heute trifft. Aber wenn es keine Vermittlung der beiden Pole (Barth und Brunner) gibt, ist das Ergebnis eine unheilvolle Polarisierung, keine Ganzheit – auch keine Verbindung zwischen Kopf und Herz, kein Friede zwischen ihnen – eine Ganzheit, die Josua Fridolin (!) Boesch gesucht und in sich – und in seinen Bildern und Worten – immer wieder auch gefunden hat.

Spiritualität und Mystik werden oft etwas schnell in einer unkritischen Weise für sich in Anspruch und in den Mund genommen: Einzig die eigene Erfahrung zählt! Eigenes Erleben kann zwar durch nichts Anderes ersetzt werden, steht jedoch in Gefahr, absolut und exklusiv gesetzt, in einen *individualistischen Erfahrungsfundamentalismus* zu münden. Josua Boesch war sich dieser Gefahr bewusst, etwa wenn er sich nach eindrücklichen Erlebnissen und Einsichten immer wieder fragte: *Realität oder Fiktion bzw. Projektion?* Wer kennt dies nicht: dass eigene Erfahrungen und Überzeugungen plötzlich erschüttert, ja durchkreuzt (!) werden? Josua Boesch war wichtig, *alle* Identifikationen immer wieder loszulassen, ins Offene Gottes hinein, der oder das (um auch die transpersonale Dimension des Göttlichen mitzubedenken) uns immer wieder in neue, uns zuvor noch unbekannte Landschaften führt.

Es ist wesentlich der *Tiefenpsychologie* zur verdanken, dass unsere Erlebnisse und Überzeugungen, auch spirituelle, nicht einfach automatisch als integre Wahrnehmungen genommen werden dürfen, sondern – oft mehr als uns lieb ist – uns durch *ungelöste Muster* die Wahrnehmung der Wirklichkeit eintrüben und verzerren; und dass uns diese Muster lange, und partiell auch bleibend, unbewusst sind. Josua Boesch hat dies von der Psychologie her beachtet, auch nicht billig Herz gegen Kopf ausgespielt, da unser Herz auch eine Mördergrube ist, und unser Kopf mit dazu passenden blinden Flecken ebenfalls korrumpiert. Beidem gegenüber war Josua Boesch in sich selber kritisch; jedoch ohne sich deswegen herunterzumachen! Er läuterte Beides – Kopf und Herz – in der Stille. Insofern nahm er den Hinweis Karl Barths auf Gott als den unverfügbar «ganz andern» durchaus – und zwar konkret – ernst. Weshalb daneben sein vertrauliches «Oh Du!» eine Echtheit für sich beanspruchen darf, die etwas ganz anderes ist als bloss eine sentimentale Regung. Josua Boesch hat sozusagen die Polarität Barth-Brunner in sich selber in einer fruchtbaren Balance gehalten, ohne diese Spannung aufzulösen. Sein «Oh Du!» mit Gott rechnete immer damit, dass derselbe Gott zugleich «der ganz Andere», uns immer wieder Unbekannte ist, der uns und aller Erfahrung vorangeht, wie er manchmal auf Jesus bezogen in seinen Texten formuliert. Seine Ikonen sind auch alles andere als gefällig-kreative Kreationen, sie sind allermeist aus durchlebten Schmerzen geboren.[7] Der langjährig auf diesem Weg durch Erfahrung (hermeneutisch) klug Gewordene, verlässt sich jedoch nicht auf sein dabei erworbenes Wissen, sondern wird auf diesem diesem Weg *offen für neue Erfahrung*, um es mit Hans Georg Gadamer zu formulieren.[8] Er bleibt nicht stehen, sondern geht im Heute Gottes weiter, lässt sich von ihm überraschen, berühren und tiefer verwandeln ... und bleibt dabei jung, bis zum letzten Atemzug.

Wie in diesem Punkt scheint auch in den Beiträgen dieses Sammelbands als roter Faden auf: Josua Boesch war ein durch und durch *dialogischer Mensch*: Seit dem frühen Pfarramt im Dialog mit Jugendlichen, und lebenslang mit allen, die ihm begegneten. Er stand insbesondere im Dauerdialog mit dem «grossen DU», mit der Bibel, jedoch ebenso konsequent auch im Dialog mit sich selber: der schwierigen dialogischen Vermittlung zwischen innerpsychischen Polaritäten, etwa dem Widerstreit seiner männlichen zu seiner weiblichen Seite, zwischen seinen hellen

---

7 Zu dieser Passage meines Nachworts schrieb Reto Müller am 23.3.2022 aus seinen Erinnerungen mit Josua Boesch Folgendes: «Josua hat in Basel selber Vorlesungen von Karl Barth gehört. Seine Ehrfurcht vor Gott, seine Scheu, den Namen Gottes im Mund zu führen, inspiriert von Weinreb und Buber und dem Judentum überhaupt (‹DU› statt ‹Gott›), das alles ist gar nicht weit entfernt von Barths ‹ganz anderem Gott›. Ich denke, genau aus diesem Gefühl und aus dieser Einsicht, dass Gott der ganz Andere, nicht Fassbare ist, hat er Christus in den Ikonen nie ein Gesicht gegeben. Christus entzieht sich uns. Zu Magdalena sagt der Auferstandene, sie solle (könne?) ihn nicht festhalten. Zu Mose sagte Gott, er könne ihn nur von hinten sehen. Josua hat durchaus theologisch bewusst, theologisch intuitiv seine Ikonen gestaltet und seine Übersetzungen geschaffen: jedes Detail, jede Länge und Breite, jedes Mass, jedes Wort war überlegt und war ihm heilig. Darum stimmt alles, wenn du eine Ikone anschaust oder einen Psalm von ihm liest. Und das leere Kreuz ist der ganz andere Gott ‹in Höchstform›, sozusagen auf die Spitze getrieben. Bonhoeffer formulierte es treffend: Einen Gott, den es gibt, gibt es nicht.»

8 Hans Georg Gadamer, Wahrheit und Methode, Grundzüge einer philosophischen Hermeneutik, Tübingen [4]1975, Sprache als Welterfahrung, 425ff.

und seinen dunklen, auch Kain-Seiten; er stand in einem Dialog mit den verschiedenen Seiten des abendländischen Christentums, und – wie oben skizziert – auch mit theologischen Polaritäten. Polaritäten aller Art gehören zu unserer dualen Realität. Je absolut gesetzt und zueinander unverbunden, wirken sie zerstörerisch und zerreissen sie die Welt in Fragmente, die innere wie die äussere. *Polarisierung,* ein Krebsgeschwür unserer Zeit, dem wir seit der Jahrtausendwende mit wachsendem Erschrecken fast hilflos zuschauen müssen. Josua Boesch litt daran schon vor 40 Jahren – und er befasste sich so lange und tief damit, bis Polaritäten in ihm immer wieder zu einem Ganzen zusammenfanden, zu einem lebendigen Tanz (auf dem Seil), wie sich in seinem Leben zeigt. Um *zum Ferment der Einheit zu werden, mitten in einer gespaltenen Welt,* wie er zur 6. Station seines Auferstehungsweges schreibt.

Auch mit seinen Ikonen suchte Josua Bosch den Dialog mit anderen Menschen; dies nicht als Meister, sondern mit ihnen auf Augenhöhe. Ich erinnere mich: Nachdem er eine Ikone achtsam im Licht platziert hatte, liess er nach einer Zeit der Stille jeweils zunächst die Schauenden ihre Eindrücke äussern (einige seiner Ikonen haben ihren definitiven Namen sogar auf diese Weise erhalten). Was andere zu seinen Ikonen empfanden und sagten, nahm er mit und bewegte es in seinem Herzen weiter, auch wenn er nach solchen Runden durchaus noch Eigenes dazufügte, jedoch nie als letztes Wort. Auch hier lebte er, was er in der 8. Station seines Auferstehungswegs im Dialog mit Ventura schreibt: *Wir sind eben auf Begegnung angelegt.* Einzig im Kontakt mit seiner ehemaligen Lebenspartnerin gelang ihm dies nach seiner Scheidung nicht, was vermutlich auch an ihm lag.

Angesichts der Beiträge in diesem Sammelband und was sie zeigen, kann festgestellt werden, dass Josua Boesch nicht nur ein Theophil war, sondern zugleich auch Theologe blieb, beides in sich vereinigend. Ein Theologe und zugleich spiritueller Lehrer, der bei genauerem Hinsehen – angesichts des Diktum *Karl Rahners,* dass das Christentum des 3. Jahrtausend mystisch sein oder nicht sein wird – füglich als *wegweisender Theologe für das 21. Jahrhundert* gelten kann. Mit einer für unsere allseits polarisierte und aufgewühlte Welt zwar leisen, jedoch zukunftsweisenden und gewichtigen Stimme aus der Tiefe.

Samuel Jakob

Autorinnen und Autoren

Heinz Brauchart (1964), reformierter Pfarrer und Meditationsleiter.

Pierre Bühler (1950), Prof. Dr. theol. Dr. h. c., emeritierter Professor für Systematische Theologie der Universitäten Neuchâtel und Zürich.

Rita Famos (1966), Pfarrerin, Präsidentin Evangelisch-reformierte Kirche Schweiz.

Eva-Maria Faber (1964), Prof. Dr. theol., Professorin für Dogmatik und Fundamentaltheologie an der Theologischen Hochschule Chur.

Verena Frei-Boesch (1953), Tochter von Josua Boesch.

Samuel Jakob (1952), Psychologe Dr. phil., Seminarleiter und Coach im Bereich psycho-spirituelle Entwicklung (Enneagramm), zert. Körperpsychotherapeut (Biosynthese).

Veronika Kuhn (1959), Kunsthistorikerin und Kunstvermittlerin, Präsidentin der Lukasgesellschaft für Kunst und Kirche/SSL von 2013 bis 2019, Beratung für Kunst in kirchlichen und spirituellen Räumen.

Reto Müller (1951), katholischer Priester. Er war Religionslehrer und Jugendseelsorger in Schwyz, Pfarrer an der *Liebfrauenkirche* in Zürich, danach Pfarrer und Spitalpfarrer in Schwyz.

Simon Peng-Keller (1969), Prof. Dr. theol., Professor für Spiritual Care an der Theologischen Fakultät der Universität Zürich, Begleiter kontemplativer Exerzitien im Geistlichen Zentrum in St. Peter im Schwarzwald und dem Lassalle-Haus, Bad Schönbrunn.

Ulrike Schatzmann (1966), Hypnosepsychotherapeutin und Coach (Schwerpunkte Trauma und Entwicklung), Mitglied der Österreichischen Gesellschaft für Angewandte Tiefenpsychologie (ÖGATAP), Kontemplationslehrerin autorisiert durch Willigis Jäger, derzeit Studium der byzantinischen Ikonenmalerei.

Miroslav Simijonovic (1967), Dr. theol., Priester der serbisch-orthodoxen Kirche *Maria Himmelfahrt* in Zürich-Schwamendingen, Ikonenmaler.

Judith Hélène Stadler (1960), Dr. theol., B. A. und M. A. in Jewish Studies, freischaffend im Bereich Beratung und Weiterbildung.

Christoph Stückelberger (1951), Prof. Dr. Dr. h. c., Prof. em. für Ethik an der der Theologischen Fakultät der Universität Basel, Gastprofessuren in Leeds/UK, Peking, Moskau, Enugu/Nigeria, Präsident der Stiftungen Globethics.net, Geneva Agape Foundation, OikosInvest. Video mit dem Autor über Inspiration und Innovation siehe Creation-Art in https://www.christophstueckelberger.ch/creating/ (englisch und französisch).

Marianne Vogel Kopp (1959), Theologin (ref.), Seminarleiterin für Bibliodrama und Enneagramm, Autorin.

Bildnachweis

Alle Ikonen von Josua Boesch:
© Förderverein Josua Boesch, www.josuaboesch.ch
Fotos: Doro Röthlisberger und Marcel Egli
Fotos S. 60, 128, 130, 131, 136, 137, 140, 142 © Veronika Kuhn

S. 24–29, 32, 35, 38f, 41:
Fotos von Josua Boesch und Familie © Privatarchiv Verena Frei-Boesch

S. 29:
Foto Stallikon © Frank Brüderli. Brüderli Longhini Fotografie, Zürich, www.bruederli-fotograf.ch

S. 63 und S. 255:
Höllenfahrt Christi (Auferstehung), Russland, Anfang 16. Jahrhundert, Eitempera auf Holz, 131,0 × 104,2 cm, © Ikonen-Museum Recklinghausen, Inventarnummer 442 (erworben 1960)

S. 154:
Miroslav Simijonovic, Weinender Christus © Miroslav Simijonovic, Zürich

S. 260 und S. 263:
Christoph Stückelberger, Globalance / Trinität © Christoph Stückelberger, Zürich

Weitere Bücher im TVZ von und über Josua Boesch

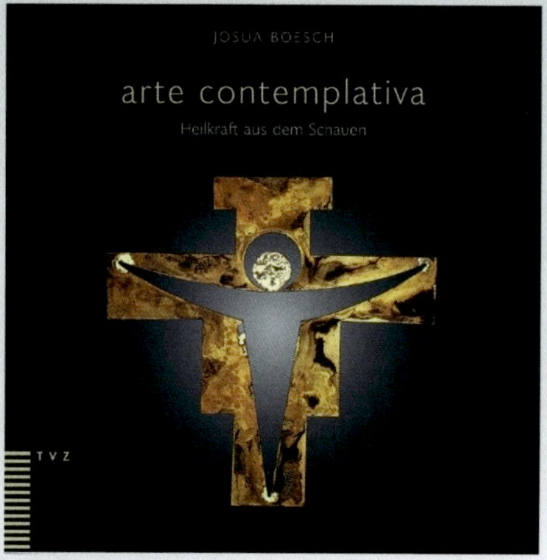

Josua Boesch

arte contemplativa

Heilkraft aus dem Schauen

arte contemplativa: Schaffen aus der Stille, aber mehr noch aus einer inneren Präsenz, der eigenen und einer anderen. Der anderen zuerst.

Josua Boesch hat in kontemplativer Präsenz Ikonen und poetische Texte geschaffen – entstanden aus der Stille, verwoben mit den Fragen des Menschseins. Diese Bilder und Gedichte kommentiert er selbst. Das Ergebnis dieser Arbeit ist radikal im besten Sinn des Wortes: Schnörkellos wird Wesentliches zu unserer Existenz als Menschen und einem Weg des Glaubens in Wort und Bild gefasst. Manch Vertrautes erscheint plötzlich überraschend anders. Frisch und zeitlos dokumentiert «arte contemplativa» die wichtigsten Stationen von Boeschs eigenem Weg und birgt mannigfache Inspiration für eine existenzielle christliche Spiritualität.

2022, 60 Seiten, 21 x 21 cm, Paperback
mit Farbfotografien
ISBN 978-3-290-18472-8
CHF 19.80 - EUR 17.90

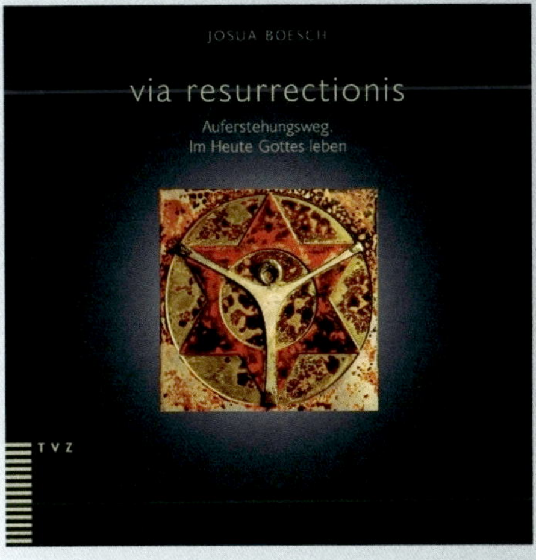

Josua Boesch

via resurrectionis

Auferstehungsweg. Im Heute Gottes leben

Wir sind auf den «Auferstehungsweg» geraten. Fast ohne es zu merken. Je lauter die Medien den «Kreuzweg» von Kindern und Jugendlichen, von Vätern und Müttern und Alten in die Welt schreien, umso leiser und beharrlicher verbreitet sich der Auferstehungsweg der Unterdrückten. Jetzt. Mitten unter uns.

Josua Boeschs meditativer Stationenweg führt in acht Ikonen von Tag zu Tag, von Station zu Station – bis zum achten Schöpfungstag. Die dazugehörigen Texte beschreiben den Weg des Menschen als Auferstehungsweg. Darunter versteht Boesch eine existenzielle Spiritualität in einer christlichen Perspektive. Die Meditationen stellen die je eigene Lebenssituation ins Zentrum und laden ein, sich eingebettet im Heute Gottes zu erfahren. Das Buch ist ein kleines Juwel und eignet sich sowohl für die persönliche Meditation als auch für die Begleitung von Kontemplationsgruppen, besonders in der Passionswoche.

2022, 40 Seiten, 15 x 15 cm, Paperback
mit Farbfotografien
ISBN 978-3-290-18474-2
CHF 14.80 - EUR 13.50

S Johannes-Evangeelium

Zürituütsch

Us em Griechische überträit vom Josua Boesch

Am aafang isch imer es woort,
und daas woort chunnt vo Gott
und isch doch Gott sälber.

Josua Boesch übertrug nicht nur als Erster das Johannesevangelium aus dem griechischen Urtext ins Zürichdeutsche. Er versuchte auch, das Geheimnis des göttlichen Gesandten, ein zentrales Thema des Evangeliums, in der Denkweise der Mundart zugänglich zu machen. Denn kein Evangelist hat so viele liturgische Stücke wie Johannes – und gerade in der Liturgie ist die Mundart noch nicht ohne Vorbehalte angekommen. Diese Übersetzung hilft, Bedenken aus dem Weg zu räumen, gerade weil sie aus der Erfahrung mit vielen Mundart-Gottesdiensten kommt und weil dahinter eine überraschende Entdeckung steht: Die mitunter herbe und allem Pathetischen abholde Zürcher Mundart beinhaltet eine erfrischend neue Poesie.

2022, 96 Seiten, 12.5 x 20 cm, Paperback
ISBN 978-3-290-18480-3
CHF 24.80 - EUR 21.90

Simon Peng-Keller

auferstehungsleicht

Der ikonografische Weg von Josua Boesch

Würde mich jemand fragen, was mich am tiefsten beruhigt, ich antwortete ihm: Schönheit und Stille. Beide gehören für mich zusammen, denn Schönheit verbreitet Stille. Gott muss so unsagbar schön sein [...].

Anhand von Ikonen, Tagebuchauszügen und Gesprächen zeichnet der katholische Theologe Simon Peng-Keller in diesem «Schaubuch» Josua Boeschs künstlerischen Weg nach. Schritt für Schritt begleitet er ihn in seinem Schaffensprozess und auf seinem spirituellen Weg, der ihn ins toskanische Kloster Eremo di Camaldoli und später nach Farneta di Soci führt. Peng-Keller stellt das Werk des reformierten Pfarrers Josua Boesch hinein in die Tradition christlicher Mystik, lässt Text und Bild, Meditation und Kontemplation sich ergänzen. In einer Gesamtschau von Boeschs Werk lädt das Buch ein, in einen Dialog einzutreten und den Weg des Aufbruchs und des Gefunden-Werdens Schritt für Schritt mitzuvollziehen.

2022, 152 Seiten, 21 x 21 cm, Hardcover
mit 90 s/w- und Farbabbildungen
ISBN 978-3-290-18470-4
CHF 29.80 - EUR 26.90